帝國夾縫中的香港

帝國夾縫中的香港

華人精英與英國殖民者

高馬可（John M. Carroll）著
林立偉 譯

HKU PRESS
香港大學出版社

香港大學出版社
香港薄扶林道香港大學
https://hkupress.hku.hk

© 2021 香港大學出版社

ISBN 978-988-8528-63-9（平裝）

10 9 8 7 6 5 4 3 2

迦南印刷有限公司承印

目 錄

鳴 謝

1970年代我還是個香港的年輕小伙子時，有一天我問我的好朋友，他們一家要不要跟我的家人一起去參加公眾示威抗議政府貪污腐敗。我這個朋友是個華人少年，他斬釘截鐵地回答，他沒有興趣參加這種活動。他說，像我這樣的人應當明白香港這個殖民地的情況有多好，尤其是相較於中國大陸，他大陸的親戚大都靠吃每天配給的大米和大白菜過活。我堅持他搞錯了，中國共產黨政府為照顧人民的溫飽已做得很不錯，把中國從西方帝國主義的枷鎖中解放出來。

不久後，我的高中歷史科老師叫我們班的學生做一個專題作業。英女王伊利沙伯將首次到訪香港，這是個重大歷史時刻。這位老師是華人女性，她叫我們製作一本有關女王訪港的剪貼簿。我的華人同學全都對這個作業很雀躍，他們都說伊利沙伯女王總比毛主席好。可是我的興致不太高，並想要做一個更有爭議性的作業，但老師拒絕了。

我提及這些回憶，並非要表示我對於我所探討的主題有很道地的了解，而是恰恰相反。我當時假設香港華人對於英國殖民統治和中國共產主義應有某種感受，因而為我的華人同學建構了某些類型，認為他們該有何種感受，應當怎樣行事，並界定了我心中香港華人的意義。但是，真實的人鮮少會符合定義截然分明的類型。從十九世紀初到二十世紀，有些華人與殖民當局合作，以把香港建設和保持成為一個特殊之地，箇中關鍵在於它不屬於中國本土（China proper）。儘管這些人往往都對建設嶄新的現代中國有很大貢獻，但他們無意在政治上成為這個中國的一部分。

許多朋友和同事都為這個計劃提供了協助。特別要感謝我在哈佛大學的各位老師，尤其是柯偉林（William Kirby），他們在每一階段都對我不吝支持。孔飛力（Philip Kuhn）提醒我要注意海外華僑的重要性，入江昭則指出中國歷史的國際層面，我在此謹致謝忱。我也感謝哈佛東亞語文及歷史課程的

Elaine Mossmann，以及哈佛大學出版社的策劃編輯 Kathleen McDermott。葛凱（Karl Gerth）和夏德士（Seth Harter）審閱了全書的原稿或初稿，另一些同事與朋友則對某些章節和會議論文提出了很有見地的評論，他們包括：David Barrett、白思奇（Richard Belsky）、班凱樂（Carol Benedict）、鮑文德（Gardner Bovingdon）、陳時偉、Donald Critchlow、Leo Douw、Paul Frank、紀若誠（Pat Giersch）、何瑞德（Richard Horowitz）、許寶強、吳德榮、Charles Parker、李嘉倫（Caroline Reeves）、蕭鳳霞、蔡榮芳、吳安竹（Andrew Wilson）、葉文心和曾瑪莉（Margherita Zanasi）。香港方面，冼玉儀和施其樂（Carl Smith）的著作對我甚有助益，陳明銶、馮志明和李培德則全都協助了我尋找素材和意念。文基賢（Christopher Munn）慷慨與我分享他所得的有關香港殖民時代初期的資料。哈佛大學出版社兩位匿名審稿人提供很有助益的評語，也在此衷心致謝。

　　我還要感謝多間機構員工的協助，包括哈佛燕京圖書館和哈佛大學懷德納圖書館；胡佛研究所的東亞圖書館、中央館藏部和檔案室；哥倫比亞大學巴特勒圖書館和東亞圖書館；香港大學孔安道紀念圖書館、特藏部和馮平山圖書館；香港大會堂圖書館參考部；香港政府檔案處；廣州孫中山文獻館；以及香港大學亞洲研究中心。2003 年 5 月，我短期訪問多倫多加港文獻館時，陸鴻基和楊國雄協助了我的研究，也在此致謝。

　　若沒有財政支持，此書是無法完成的。我感謝哈佛大學謝爾頓交通獎助金（Frederick Sheldon Traveling Fellowship）和哈佛大學研究生會幾筆慷慨的獎助金；威廉與瑪麗學院的小額研究資助金和教員國際交通資助金；聖路易斯大學文理學院的兩項梅隆教員發展資助（Mellon Faculty Development Grants）。德克薩斯大學奧斯汀分校的 Wm. Roger Louis 及該校的英國研究獎助金為我提供財政資助，也給予我深厚情誼，並提醒我香港史也是英國殖民史的一部分，也謹此致以謝忱。

　　本書第一章的早期版本曾刊於《國情導報》（*China Information*）Volume 12, Issue 1–2（1997）和吳德榮編的 *Hong Kong's History: State and Society under Colonial Rule*（London: Routledge, 1999）。我感謝兩書的出版社准許我改寫當中的文章後收入本書。

　　我很幸運全世界都有愛護和支持我的親友，感謝我的家人，尤其是父母，要不是他們，我可能永遠不會遇上香港；另外要向我的許多姻親道謝。最重要的是感謝內子與女兒 Katie Monteil 和 Emma Carroll-Monteil，我希望她們到訪香港時，無論逗留時間多短暫，都能從中體會香港何以是一個值得我花那麼多時間心力去研究的地方。

緒 論

　　和許多到訪英國殖民地香港的人一樣，法國人馬克·沙杜納（Marc Chadourne）覺得香港是個引人入勝的地方，既不像中國，又不像亞洲其他地方。沙杜納在 1930 年代初抵達香港的海港，覺得這個殖民地難以歸類，並為之著迷：「我開始認出這一切。這裡是中國——飢民的嚎叫，香料的顏色，衣衫襤褸者發出令人掩鼻的味道，它的傲慢無禮，貪婪無厭⋯⋯但這個城市，從原本濁臭的氣氛中慢慢昇華蛻變；它櫛比鱗次的建築、華廈、平房，堆積成一片層層相疊的半圓形地帶，恍如海市蜃樓，令人歎為觀止；它沿山而建的花園、蜿蜒的道路、空中樓閣、風雨欲來的天空映襯出兩座山峰，形成節節攀高的景觀——這不是中國。這是一座英國城市。這是香港。」[1]沙杜納乘坐計程車穿行於中環這個香港主要商業區的狹窄街道，兩旁商店林立，來到香港和中國的首家華資百貨公司——先施公司。他疑惑地問道：「這是不同的一群人、不同的民族麼？頭戴瓜皮帽、身穿藏青長袍的紳士不見蹤影，穿著白色小褲子的家庭主婦不見蹤影。這裡全是朝氣煥發的中國人、亞洲人，一身裝扮與巴黎『美麗花園』（Belle Jardinière）百貨公司所見的毫無二致。」[2]

　　以英國皇室成員和殖民地官員命名的街道秩序井然，旁邊是許多歐籍人不敢踏足的華人街市，裡面熱鬧喧囂；由歐籍醫生管理的殖民地醫院與售賣各式傳統藥材的中藥行為鄰；這種不搭調的事物並存的景象，總教西方訪客驚訝不已。瑪麗·特恩布爾（Mary Turnbull）說：「香港這個中國人的『馨香之港』，總是散發令西方人為之沉醉的吸引力，這裡是帝國的前哨，是被幅員

---

1. Marc Chadourne, *China*, trans. Harry Block (New York: Covici Friede, 1932), pp. 25–26.
2. Ibid., p. 36.

廣袤的中國包圍的細小飛地，是生機勃勃、充滿新奇經歷的異國轉口港；而
矛盾的是，這個一切正常的彈丸之地，是處於一個令人望而生畏的大陸的邊
陲……對於那些抵擋不住香港的誘惑的人來說，這裡或許是危險之地，但這
個殖民地代表秩序和安全，與動盪不安的內陸腹地恰成對比，在當時大部分
英國人眼中，內陸是殘暴悽苦的黑暗大陸，那裡的腐敗官員以野蠻酷刑處罰
民眾，還有異教徒溺殺初生女嬰。」[3]

　　本地居民，不論華洋，可能也因這種東西方的奇特結合而感到迷醉。
1948年，記者蘇福祥形容香港的特徵是「中西合璧」。不過他也說，香港雖
是中西文化交會之地，但統治階級仍是英國人，而子民是華人，由於這種不
平等，中西文化不能合流而產生一種新的香港文化。蘇福祥在另一篇文章
認為，經過一百年英國殖民統治，香港華人仍然不能恰如其分地稱為香港公
民，因為他們沒有政治代表權。儘管這個殖民地的立法局、行政局和市政衛
生局有華人擔任議員，但他們是由港督委任，非由公民選出。[4]

歷史上的香港

　　我在此書會剖析香港一些矛盾和不協調的情況，而我是把香港看作兩個
大帝國政治和文化遭遇之地來加以探討的。這兩個大帝國，一個是日薄崦嵫
的中華帝國，另一個是如日方中的大英帝國。我的側重點是英國殖民統治精
英和華人資產階級領袖之間的關係。鴉片戰爭（1839至1842年）後的一百年，
上層華人與英國統治者合謀協作，建設這些華人認為屬於他們的地方。這
種合作並非受殖民管治的結果，而是來自新興華人資產階級的自發和努力。
殖民統治的反覆無常、漠視和往往無能，為華人資產階級領袖開闢了一些空
間，令他們可以施展於其中，而這些空間又受一個因素所塑造，那就是香港
處於中華帝國和大英帝國的邊緣，佔據重要的地理、政治和文化位置。殖民
地政府與這些華人精英的關係既非支配，也不是抵抗，而是彼此志同道合，
偶爾發生利益衝突。華人精英和英國殖民者一致渴望把香港建設為成功和穩
定的商業樞紐，但兩個社群設有各自的會所和協會，在生活上彼此大多不相
往來。所以，他們在經濟和政治上合作之餘，又同時實行社會隔離制度。

3.　C. Mary Turnbull, "Hong Kong: Fragrant Harbour, City of Sin and Death," in *Asia in Western Fiction*,
　　ed. Robin W. Winks and James R. Rush (Honolulu: University of Hawai'i Press, 1990), pp. 117–118.
4.　蘇福祥：〈「中西合璧」的香港文化〉，載黎晉偉主編：《香港百年史》(香港：南中編譯出版
　　社，1948)，頁168–169；蘇福祥：〈漫談「香港人」〉，載黎晉偉：《香港百年史》，頁133。

　　中國史家多半專注於中國「本土」，而研究英國殖民主義的學者，通常會把焦點放在非洲和印度，直至最近，香港史學都一直主要囿限在兩個研究取向。英國人的歷史書寫往往是一些聖徒傳式著作，強調英國總督和公務員的作用，而完全忽略華人。中國馬克思主義學者採取另一種研究取向，但同樣無助於我們深入了解這個殖民地的華人。這種研究取向往往貶抑華商，例如把他們視為只是英帝國主義者的「走狗」。在這些學者眼中，香港的重要性僅在於它是被英帝國主義者攫奪之地，並且是西方帝國主義者的侵華基地。[5]

　　但是，過去十五年，學者建構出更細緻豐富的香港史。洗玉儀和陳偉群以社會學家萊思布里奇（Henry Lethbridge）和神學家兼史家施其樂（Carl Smith）的先驅之作為基礎，指出華商精英如何獲取社會和政治聲望，保護受外來政權統治的華人利益，並成立諸如東華醫院和保良局等組織，充當華人社會的代表。[6]有一種普遍觀念認為，香港華人是殖民地政權的冷漠順民，但蔡榮芳駁斥這種觀念，指出華人勞工階級民眾有敵視殖民統治的悠久傳統。霍啓昌的著作強調香港華人對近代中國經濟發展的重要貢獻。陳劉潔貞顯示香港如何受到二十世紀初中國紛亂的局勢影響。鍾寶賢認為民國初年的政治動盪，促使香港華商投資於廣州政治，以保障自己的商業利益。文基賢（Christopher Munn）近期的研究揭露，香港開埠初期，殖民地政府曾想將香港改造為夢寐以求的「英治華夏」（Anglo-China），令中西商人能在英國自由主義和公正司法下昌盛發展，但該嘗試以失敗告終。[7]

---

5. 英國歷史撰述的例子，見 G. B. Endacott, *A History of Hong Kong*, rev. ed. (Hong Kong: Oxford University Press, 1973) 和 *Government and People in Hong Kong, 1841–1962: A Constitutional History* (Hong Kong: Hong Kong University Press, 1964)，Geoffrey R. Sayer, *Hong Kong: Birth, Adolescence, and Coming of Age, 1841–1862* (London: Oxford University Press, 1937) 和 *Hong Kong 1862–1919: Years of Discretion* (Hong Kong: Hong Kong University Press, 1975)；中國馬克思主義研究取向的例子，見丁又：《香港初期史話，1841–1907》（北京：三聯書店，1983）。

6. Chan Wai Kwan, *The Making of Hong Kong Society: Three Studies of Class Formation in Early Hong Kong* (Oxford: Clarendon, 1991) and Elizabeth Sinn, *Power and Charity: The Early History of the Tung Wah Hospital, Hong Kong* (Hong Kong: Oxford University Press, 1989).

7. Jung-fang Tsai, *Hong Kong in Chinese History: Community and Social Unrest in the British Colony, 1842–1913* (New York: Columbia University Press, 1993) 與蔡榮芳：《香港人之香港史，1841–1945》（香港：牛津大學出版社，2001）；K. C. Fok, *Lectures on Hong Kong History: Hong Kong's Role in Modern Chinese History* (Hong Kong: Commercial Press, 1990) 和霍啓昌：《香港與近代中國》（台北：商務印書館，1993）；Chan Lau Kit-ching, *China, Britain and Hong Kong, 1895–1945* (Hong Kong: Chinese University Press, 1990)；Stephanie Po-yin Chung, *Chinese Business Groups in Hong Kong and Political Change in South China, 1900–25* (Basingstoke, UK: Macmillan, 1998)；以及 Christopher Munn, *Anglo-China: Chinese People and British Rule in Hong Kong, 1841–1880* (Richmond, UK: Curzon, 2001)。

這些著作的要旨是探討香港華人如何適應殖民統治，怎樣在外來並且往往高壓的殖民地政權下求存。我同意殖民統治有許多不是之處，但我在此書中認為，至少對華人資產階級而言，殖民時代的香港並非是那麼水火不容或令人不知所措的地方。華人商界精英的出現，是與香港的殖民地性質密不可分。此外，對於決定英國統治的形態，以及限制其涵蓋範圍，華人的參與作用十分重大。處於中華帝國和大英帝國夾縫中的香港，其特質就是既同心同德，又扞格齟齬。這個組合為華裔商人提供了機會，令他們得以成為有組織和自覺的商界精英。廣州、漢口和上海等中國城市的商人肯定也有類似機會，[8] 但是，殖民地政府堅信，香港在大英帝國中的歷史作用應該是擔當商業中心，因此，能夠協助香港達成和維持這種歷史理想的華商就獲政府青睞，得以脫穎而出。到了十九世紀末，在港府眼中，此殖民地的華商已不再是為逐利而來的過客，而是一同努力造就香港、華南乃至大英帝國安定太平的盟友。

與傳統觀點相反，我研究香港是從香港本身的文化歷史地位著眼。雖然形容香港的陳詞濫調多不勝數，例如說它是東西文化交會點，在中國近代史中發揮了重要作用，但是，一如台灣，香港往往被人當成用來了解另外一些事物的鏡頭——最常見的是1949年共產主義革命前存在的「傳統」中國農村社會。如果有人對香港下定義的話，那往往是局限於它的一些不光采特質：暮氣沉沉的殖民地，1949年前一直被猶如半殖民地的上海壓倒，顯得黯然失色；缺乏文化和歷史的資本家天堂，金錢以外的事物全都無關重要；以務實和冷漠為唯一政治原則的地方；並且是暫時寄跡的過客和難民的天堂。即使膾炙人口的「香港成功故事」，也是憑藉香港一些不堪回首的特點：1830年代末英國人到來前，香港只是「不毛荒島」；1949年共產主義革命前上海企業家大舉南來，香港不過是殖民轉口港，無本土工業可言——而「借來的地方，借來的時間」這個眾所熟知的說法，背後所根據的假設是：香港沒有真正屬於自己的時間或地方。[9]

同樣一反傳統見解，我在此書中主張，早在1949年前，即中華人民共和國成立、這個殖民地與中國大陸隔離之前，本地華人資產階級已發展出本

8.   Marie-Claire Bergère, *The Golden Age of the Chinese Bourgeoisie, 1911–1937* (Cambridge: Cambridge University Press, 1986); William T. Rowe, *Hankow: Commerce and Society in a Chinese City, 1796–1889* (Stanford: Stanford University Press, 1984) and *Hankow: Conflict and Community in a Chinese City, 1796–1895* (Stanford: Stanford University Press, 1989); and Mark Elvin and G. William Skinner, eds., *The Chinese City between Two Worlds* (Stanford: Stanford University Press, 1974).

9.   Richard Hughes, *Hong Kong: Borrowed Place, Borrowed Time* (London: André Deutsch, 1968).

土身份認同感。人們普遍不願承認香港身份認同早在1949年前已出現，一個密切相關的原因是不願把香港視為具有自己地位的地方。這部分是出於政治原因。香港主權最近回歸中國，現在的側重點通常放在香港的「中國特質」（Chineseness）。另一個原因是香港人常常來去不定。許多來港的外僑和難民，不管他們最後實際逗留多久，都只視此處為暫時棲身之地。因此，阿巴斯（Ackbar Abbas）觀察到，香港給人的感覺似乎「與其說是落腳的地方，不如說是中轉過渡的空間」。[10] 這種普遍假設認為，像香港這種著重商業的地方，無法培養居民太大的認同感，但就忽略了一點，那就是香港華人資產階級熱中於賺錢，是他們凝聚成有自我意識的群體的原因之一。最後，最近人們強調當代香港身份的流動游移，不受疆界限制，並擁有多重層次，往往貶低了這種身份中歷史性和本土化的香港根源。

如同我在這本著作所顯示，早在十九世紀末葉，香港華商領袖就協助把香港建設成具有本身地位的地方。這個地方的意義隨時代嬗遞而不同，但有三個主題仍是一貫的：香港對於中國國家建設的作用；香港在大英帝國中的位置；以及殖民地官方版的香港史。這些人積極利用香港的關鍵地位來凸顯自己是特殊的華人群體，有別於中國大陸的中國人。他們在中國國家建設的作用，既表明他們致力為中國出力，又顯示自己的獨特性。他們將香港的發展和進步與中國相對照，藉以凸顯這種獨特性。他們捐款贊助大英帝國的戰爭資金、為訪港皇室人員組織慶典、參加帝國貿易展覽，藉著這類活動令香港成為版圖遍及全球的大英帝國的活躍成員。他們和殖民地官方版的香港史一樣，把香港的「真正」歷史由香港成為英國殖民地之日算起，從而把自己聯繫到這段歷史中。他們將這個殖民地的商業成就大書特書，以強調自己在此過程中的作用。因此很弔詭地，香港能自成一具有本身地位的地方，塑造這種性質的因素卻在於它是人和貨物流動的空間、它與華南的關係，以及它在大英帝國中的位置。

香港與殖民主義

儘管許多學者強調這個前殖民地的中國特質，自1997年香港成為中華人民共和國的特別行政區後尤其如此，但我在此書會把香港放到中國歷史和英國殖民史的框架之中。有超過一百五十年時間，香港可說是中國最重要的地

---

10. Ackbar Abbas, *Hong Kong: Culture and the Politics of Disappearance* (Minneapolis: University of Minnesota Press, 1997), p. 4.

方，但它能夠成為如此重要的地方，卻是因為它在這些歲月裡，大部分時間在政治上不屬於中國一部分。1911 年，領導革命推翻中國最後一個王朝的孫中山，是在殖民地香港受教育。中國現代法律之父伍叙（伍秩庸，研究中國歷史的學者多稱他為伍廷芳）也是在香港成長和受教育，他返回中國之前，曾在殖民地政府服務。香港是百貨公司、保險業和現代銀行業等中國商業制度的發源地，它們後來有助廣州和上海等城市的轉型。直至最近幾十年，大多數華人移民出洋，都是從香港出發；而北美或東南亞華僑返回中國，幾乎一定都取道香港。同樣地，海外華人的僑匯全經香港匯回中國。

此外，大多數關於香港的學術研究都淡化殖民統治元素。例如，這個殖民地政治非常穩定，人們對此經常提出的解釋是：香港的現實不符合典型的殖民統治模式。一個研究認為，大部分殖民主義理論往往強調政府的壓迫力量或種族「隔離」的重要性，這兩點都不大符合香港的情況。因為英國人佔領香港是為貿易，而非領土控制，因此英國攫取香港，不能用宗主國榨取資源來解釋。另一個研究正確地指出，英國人在香港「無意也不曾認真嘗試在他們所征服的領土上推廣英國文明，以變化其帝國臣民的氣質，成為黃皮膚、棕皮膚或黑皮膚的英國人」。[11]

以上這些解釋都過於淡化殖民統治對於香港歷史發展的作用。如同帕爾塔・查特吉（Partha Chatterjee）所說：「實行殖民統治其實並非真的為了殖民統治，而是為了另外的目的，這種說法在殖民統治本身的宣傳言論中是歷久不衰的主題。」[12]「香港成為殖民地前並無歷史可言」的說法固然過甚其詞，不過，阿巴斯指出：「若以香港發展成今天面貌的意義而論，香港史根本就是殖民史。」這見解很正確。雖然香港不像其他歐洲殖民地那樣，有大規模使用暴力的情況，但是，英國從中國手上強奪香港島和與之隔海相望的九龍半島，靠的是威逼和軍力。香港缺乏天然資源，不值得為此掠奪領土，但可以利用這個領土為基地，滲透中國市場並加以壓榨。雖然殖民地政府不像其他地方的殖民政權那樣，在居住地、職業和法律地位方面嚴格實行華洋隔離，

---

11. Lau Siu-kai, *Utilitarianistic Familism: An Inquiry into the Basis of Political Stability in Hong Kong* (Hong Kong: Chinese University of Hong Kong Social Research Centre, 1977), pp. 21–24，以 及 *Society and Politics in Hong Kong* (Hong Kong: Chinese University Press, 1982), pp. 7–9；英國想要在香港達到的目標的引文，見 Steve Tsang, ed., *Government and Politics: A Documentary History of Hong Kong* (Hong Kong: Hong Kong University Press, 1995), p. 4。

12. Partha Chatterjee, *The Nation and Its Fragments: Colonial and Postcolonial Histories* (Princeton: Princeton University Press, 1993), p. 14.

但是，這個以和諧和「英國司法公正無私」而自豪的政府，卻容忍和鼓勵香港出現法律歧視。[13]

這些解釋極度貶抑香港的殖民性質，從而漠視此殖民地歷史和社會的一些重要層面。香港政府的「積極不干預神話」已被證實是虛妄的。這個政府利用諸如現代醫療之類的手段，作為規訓權力（disciplinary power）的工具。西班牙人統治菲律賓時積極改變當地人的信仰，英國人沒有像西班牙人那樣嘗試令華人改宗基督教，但早期的殖民官員和傳教士視自己的任務為推廣文明，這不限於在華南，還在英國本土和大英帝國全境。事實上，帝國概念的力量主要來自它宣稱能令「落後的」殖民地和「先進的」宗主國一同重新煥發活力。到了十九世紀中葉，大多數歐洲人認為基督教、文明和商業緊密相連，不可分割。[14]

我們不應淡化香港的殖民地性質，反而應該問：殖民統治在香港歷史中發揮了什麼作用？康納丁（David Cannadine）在其近期研究中探討了階級和地位在英帝國主義中的作用，也評述了各研究殖民主義的學派及它們的批評者。以宗主國為焦點的學者被批評為新殖民主義；那些專門探討宰制與獨立相對的人，則被指摘跌入簡單二分法和二元對立的窠臼，而且側重壓制與衝突，而非協作。後現代主義者和後殖民主義者被指摘文筆很差，對歷史的掌握很弱，並且高估了殖民統治的力量。[15]

康納丁的總結反映了對於近期殖民研究趨向的批評，如何成為了一門小小的行當。這些批評有不少是針對薩依德（Edward Said）的「東方主義」

---

13. Abbas, *Hong Kong*, p. 2.

14. 關於「不干預神話」，見 Ming K. Chan, "The Legacy of the British Administration of Hong Kong: A View from Hong Kong," *China Quarterly* 151 (September 1997): 574–575；關於「現代醫療」，見 Philippa Levine, "Modernity, Medicine, and Colonialism: The Contagious Diseases Ordinances in Hong Kong and the Straits Settlements," *positions* 6.3 (Winter 1998): 675–705 及 Carol Benedict, "Framing Plague in China's Past," in *Remapping China: Fissures in Historical Terrain*, ed. Gail Hershatter et al. (Stanford: Stanford University Press, 1996), pp. 27–41；關於「重新煥發活力」，見 John L. Comaroff, "Images of Empire, Contests of Conscience," and Susan Thorne, "'The Conversion of Englishmen and the Conversion of the World Inseparable': Missionary Imperialism and the Language of Class in Early Industrial Britain"，兩篇文章均載於 *Tensions of Empire: Colonial Cultures in a Bourgeois World*, ed. Frederick Cooper and Ann Laura Stoler (Berkeley: University of California Press, 1997), pp. 163–197, 238–262，以 及 John M. MacKenzie, *Propaganda and Empire: The Manipulation of British Public Opinion, 1880–1960* (Manchester: Manchester University Press, 1984), p. 2；以 及 Adrian Hastings, *The Church in Africa, 1450–1950* (Oxford: Oxford University Press, 1994)。

15. David Cannadine, *Ornamentalism: How the British Saw Their Empire* (Oxford: Oxford University Press, 2001), pp. xvi–xvii.

（Orientalism）。東方主義認為，西方對於亞洲和中東的描繪和形象形成一種論述，這種論述所根據的基礎，是「東方」與「用以支配、重構和施加權威於東方」的方式之間「在本體論和認識論意義上的差別」。批評者認為東方主義並非連貫一致的權力體系。反之，它同樣是殖民統治者方面軟弱、恐懼和混亂的象徵。東方主義有關殖民宰制和霸權的假設，忽略了殖民統治的性質有時候是脆弱、短暫和有限的。[16]

　　修正論者也批評底層研究學派（Subaltern Studies Collective），這個學派主要集中研究印度，尤其是「這個民族無法自立自主的問題」。底層研究學派質疑殖民當局和資產階級民族主義的史學，斥之為「精英主義」史學，但批評這個學派的人說，此學派誇大了殖民統治對於殖民社會的影響，而且沒有運用任何新的研究材料，也無法提供新的理論洞見。[17]批評者也抱怨，即使是底層研究也不再專注於底層，而是從社會分析轉向文本分析，並從研究弱勢群體轉為批評殖民權力／知識。昌達瓦卡（Rajnarayan Chandavarkar）寫道：「到了1980年代末，底層研究已經捨棄了底層。」[18]

　　關於殖民統治最晚近的研究取向是後殖民主義，由於這派理論是受東方主義和底層研究啟發，所以也受人批評，有時候甚至受到被視為「後殖民」的理論家批評。後殖民主義也受到後結構主義、後現代主義和心理分析理論影響，所以很強調差異、表述和文本性的重要。一如東方主義和底層研究，後殖民主義常常認為，對殖民地來說，殖民統治是最舉足輕重的，沒有任何事

16. Edward Said, *Orientalism: Western Conceptions of the Orient* (New York: Pantheon, 1978), pp. 1, 3；薩依德的批評者，如 C. A. Bayly, *Empire and Information: Intelligence Gathering and Social Communication in India, 1780–1870* (Cambridge: Cambridge University Press, 1996) 和 John M. MacKenzie, *Orientalism: History, Theory, and the Arts* (Manchester: Manchester University Press)；以及 Sumit Sarkar, "Orientalism Revisited: Saidian Frameworks in the Writing of Modern Indian History," in *Mapping Subaltern Studies and the Postcolonial*, ed. Vinayak Chaturvedi (London: Verso, 2000), pp. 241, 249, 252。

17. Ranajit Guha, "On Some Aspects of the Historiography of Colonial India," in *Selected Subaltern Studies*, ed. Ranajit Guha and Gayatri Chakravorty Spivak (New York: Oxford University Press, 1988), p. 43。關於「缺乏新的理論洞見」，如見以下著作所收錄論文：Chaturvedi, *Mapping Subaltern Studies*。貝利（C. A. Bayly）在為此書所寫的文章 "Rallying around the Subaltern" (pp. 117–118) 中認為，「底層研究的作者利用理論的方式，通常與精英歷史學家無異，是把理論用作放到腳註裡的開胃配菜，不過在這過程中，福柯（Foucault）、葛蘭西（Gramsci）和德里達（Derrida），與韋伯（Weber）、馬克思（Marx）或帕累托（Pareto）雜混在一起。」

18. 關於「轉向文本分析」，見 Sumit Sarkar, "The Decline of the Subaltern in *Subaltern Studies*," in Chaturvedi, *Mapping Subaltern Studies*, pp. 300–323；Rajnarayan Chandavarkar, "'The Making of the Working Class': E. P. Thompson and Indian History," in Chaturvedi, *Mapping Subaltern Studies*, p. 65。

物的重要性可與之相比，因此在某殖民社會的歷史上，殖民統治時代就成為其唯一決定性的時期。[19] 後殖民主義和底層研究一樣，主要以印度的事例為依據，印度的事例成為理解各地殖民統治的依據。王愛華說，把「後殖民」以這樣「不嚴謹的方式使用」，「產生一種荒誕效果，就是助長了西方把其他地方他者化的傳統」。安妮‧麥克林托克（Anne McClintock）說，後殖民對於二元對比的強調，「再次令世界圍繞著殖民/後殖民這個單一的二元對立打轉」。[20]

我們需要的，不只是對於東方主義、底層研究和後殖民主義的理論批評或辯護，而是更多既印證又質疑這些研究取向的地方史。在我的香港研究中，我嘗試避免有關「殖民計劃」的宏大說法，「殖民計劃」的概念往往會掩蓋歷史和地理差異。[21] 此書不會對殖民統治做抽離歷史背景的概括，而是從約一百年的時間跨度來審視一個殖民地。我思考了殖民主義的意圖和結果後認為，有關殖民主義的歷史敘事，必須同時注意世事總是變幻莫測的。後殖民主義和東方主義一樣，更擅長於顯示殖民者的意圖，而非它們對於被殖民民族的影響。[22] 從開埠之初起，香港的殖民統治就陷入動盪不安的困境：經濟和社會問題、與廣州和北京中國政府關係不睦、英國外交部和殖民地部之間的緊張，以及邊界彼方的華南地區局勢動盪。我會在此書指出，殖民地政府無力把香港變成英國官員所憧憬的偉大「東方商業重鎮」。我還會探討英國殖民統治有哪些縫隙，留下了讓本地華人精英施展的空間。官民隔閡、政府沒有為華人子民提供足夠的醫療設施，又無力造就安全的營商環境，這些

19. Alijaz Ahmad, "The Politics of Literary Postcoloniality," in *Contemporary Postcolonial Theory*, ed. Padmini Mongia (London: Arnold, 1996), pp. 280–281; Anne McClintock, "The Angel of Progress: Pitfalls of the Term 'Post-colonialism'," in *Colonial Discourse and Post-Colonial Theory*, ed. Patrick Williams and Laura Chrisman (New York: Columbia University Press, 1994), p. 293; Ann Laura Stoler and Frederick Cooper, "Between Metropole and Colony: Rethinking a Research Agenda," in Cooper and Stoler, *Tensions of Empire*, p. 33.

20. Aihwa Ong, *Flexible Citizenship: The Cultural Logics of Transnationality* (Durham, NC: Duke University Press, 1999), p. 34; McClintock, "Angel of Progress," pp. 292–294.

21. McClintock（"Angel of Progress," p. 293；著重號為原文所有）注意到「後殖民」這個詞常常是意指單一性，而非多元性和差異：諸如「那一後殖民狀況」、「後殖民性」和「那一後殖民他者」等詞彙，把歷史簡化成「單一問題」。有關東方主義和後殖民主義脫離歷史性質的其他批評，見 MacKenzie, *Orientalism*, p. 11；Dennis Porter, "*Orientalism* and Its Problems," in Williams and Chrisman, *Colonial Discourse*, p. 152；Dane Kennedy, "Imperial History and Post-Colonial," *Journal of Imperial and Commonwealth History* 24.3 (September 1996): 350–351；Ania Loomba, *Colonialism/Postcolonialism* (London: Routledge, 1998), p. 17。

22. Pier M. Larson, "'Capacities and Modes of Thinking': Intellectual Engagements and Subaltern Hegemony in the Early History of Malagasy Christianity," *American Historical Review* 102.4 (October 1997): 1000.

皆是華商可乘之隙，他們為本地華人和政府提供服務，藉此贏取稱許。同樣地，這些商人安排慶祝活動接待來訪英國皇室人員，並捐款支持大英帝國開支和戰爭經費，有助他們從殖民地政府獲取地位。在殖民地所能見到的，不只是剝削，還有人民如何利用夾縫發跡變泰。

本書也承認從屬性（subalternity）的許多複雜情況，在香港，從屬性是建立在種族與階級之間的複雜關係之上。雖然在東方主義者和後殖民主義者眼中，殖民統治賴以建立的基礎是種族差異和「他者性」（otherness），但康納丁認為，這樣強調種族，其代價會是忽視社會結構：至少對於英國人而言，帝國主要是以階級和地位為依據。但是，為什麼殖民統治所根據的基礎，一定要麼是種族，要麼是階級，而不可以同時是兩者？賀蕭（Gail Hershatter）探討把底層研究應用於中國歷史所遇到的問題，她指出，把支配與從屬對立起來，忽略了「從屬性是有取決於關係的多種程度」，某人因情況和環境不同，有些時候處於支配地位，另一些時候則處於從屬位置。一如底層研究，後殖民主義常常將支配和從屬之間的關係簡單化。[23]

香港當然從來不是只由華人或只由英國人組成。這個殖民地跟遍佈中國沿海和內河的通商口岸，以及大英帝國版圖內大部分城市一樣，從一開始起就是多民族雜居。除了英國人和華人外，香港人口中還有歐亞混血兒（他們的人數在接近十九世紀末減少，但在商界和政壇仍然地位崇隆）、印度人（尤其是擔任警察的錫克教徒和回教徒，以及四海為家的帕西商人，帕西人〔又叫巴斯人〕曾經在商界叱吒風雲，並且樂善好施，但影響力在二十世紀初衰減）、來自澳門古老家族的葡萄牙人、猶太裔的沙遜（也譯沙宣）和嘉道理家族、其他歐洲人、亞美尼亞人和美國人。這些群體彼此的交往方式，無法以嚴格的方式來分類。

從屬性的複雜情況和多層次，在香港華人資產階級身上或許最顯而易見。這個階級的領袖從屬於英國資產階級，儘管前者往往比後者富裕，並主宰大部分香港經濟。雖然這些華人有能力在山頂這個香港最尊貴的山區購買豪華住宅，但法律禁止他們在這些房屋居住。這些華人商界精英在本地華人社會佔主導地位，即使他們的支配權在二十世紀已喪失不少；他們自認為有別於中國大陸上的中國人──甚至更為優越。不過，中國有些人認為香港精

---

23. 「我們不應忘記，大英帝國首先是階級行為，在這種行為中，個人的社會排序，往往比集體的種族排序來得重要。」（Cannadine, *Ornamentalism*, p. 10）；Gail Hershatter, "The Subaltern Talks Back: Reflections on Subaltern Theory and Chinese History," *positions* 1.1 (Spring 1993): 110–111。

英只汲汲於賺錢，而且因為生活在殖民地，所以不是純粹的中國人。[24] 華人被排除於香港最高管治機關（直至 1926 年才有華人獲委任為議政局〔後稱行政局〕議員），而且歐籍人有時候與香港的印度商人更親近，但殖民地官員很清楚，要保持這個殖民地太平安定，總得依賴這些「忠心華人」。英國官員常常強調香港華人沒有能力承擔任何有意義的政治代表權，但通常認為，相較於大英帝國許多地方的非白種子民，香港華人更為文明開化一點。此外，這些華人常自視為全球華僑社群的一員，比許多其他亞洲人富裕，文化也更優越。從 1947 年發表的一篇論述香港華人的文章可見，這種自覺的種族優越感並非殖民統治者獨有。此文把「性情多數懶惰，文化的程度又低」的馬來人，與「刻苦耐勞」的華人相比較，並說南洋的歐洲列強殖民地之所以興旺發達，全是靠華人的「血汗」開發，這種語調不禁令人聯想起殖民主義人類學。[25]

提倡底層研究學派的人想要克服以精英為重心的史學，這種用意固然值得欽佩，但他們往往相信有一個更加「真實」的本土人口存在，並且覺得某人的社會階級愈低，或者所受的壓迫愈大，此人就愈「真實可靠」。這樣往往就置「雜糅混合的」精英階層於不顧，因為他們被視為不是那麼真實可靠。底層研究的學者還假設反抗是殖民統治的最重要特徵。但如弗雷德里克・庫珀（Federick Cooper）寫道：「許多反抗文學的撰寫，彷彿都把抵抗視為是至關重要的。」反抗被人加以擴大，乃至於「認為從事反抗的人，沒有任何其他生活可言」。[26] 底層研究的支持者常常假設，被殖民的民族在道德上有責任反抗他們的壓迫者，並且由於這種道德義務，他們會以各種方式加以反抗。但我在此書中會指出，這種道德義務可能存在，也可能不存在。

我還表明，香港華人也參與創造把英國在香港的統治加以頌揚和合理化的殖民論述。被東方主義、底層研究和後殖民主義單一化和簡略化的事物，不只殖民統治，往往還包括西方本身，因而催生鐵板一塊的「西方主義」，對

---

24. 這種態度持續見於 1949 年後的中國和台灣；例如，1958 年台灣出版的一本研究香港華僑教育的著作說：「香港華僑社會，純粹是商業性質的社會。此地『永久居民』，多數是商人，不然就是商人的子孫。他們的主要興趣，乃是生財殖貨，發展其所經營的商業，繁榮個人或家族；至於研究學術，提高文化水準，則常無暇顧及。」馬鴻述、陳振名編著：《香港華僑教育》（台北：海外出版社，1958），頁 5。

25. 何劍：〈華僑與香港建設〉，載陳大同等編：《香港華僑團體總覽》（香港：國際出版社，1947），頁 7。

26. 關於「雜糅混合和真實可靠問題的論述」，見 Nicholas Thomas, *In Oceania: Visions, Artifacts, Histories* (Durham, NC: Duke University Press, 1997), p. 11；Frederick Cooper, "Conflict and Connection: Rethinking Colonial African History," *American Historical Review* 99.5 (December 1994): 1532。

本土民族如何參與創造東方主義式殖民論述視若無睹。[27]本書揭示香港華人如何促成所謂的「香港傳奇」——奉行英國自由貿易和公正司法制度而欣欣向榮的殖民地。從1925至1926年的省港大罷工，可以看到華人資產階級如何把混亂的廣州與太平的香港作對照，並強調「忠心」永久居民與香港其餘華人之間的差異。香港華人也協助建構殖民觀點的官方香港史，這種歷史是以英國佔領為開端的。

殖民統治是以一種乖謬的觀念為根據，認為有些人種或民族是與生俱來的，甚至是由上天選派適合於統治其他民族。但是，殖民統治本身是「極其含糊不清的現象」。在不同地點、不同時間、對於不同的人有不同涵義。對許多香港華人來說，殖民統治是解放多於壓迫。十九世紀和二十世紀的中國民生凋敝、國事蜩螗，許多華人急欲逃離，大多數華人來到香港，是因為此地有經濟機會並且政治修明，這是香港殖民地官員和華人居民同樣強調的事實。但是，重新評估殖民統治的作用，不應誤以為是想為殖民統治辯護，無論是歐洲列強還是其他國家實行的殖民統治，也不管是發生在亞洲還是其他地方的殖民統治。如同歷史人類學家尼古拉斯・托馬斯（Nicholas Thomas）寫道，重新審視殖民統治的目的，並非「要恢復建立帝國的工作，而是要了解它們過去（和現在）為何得到不同階級和利益團體支持，這種支持又有多大」。我們在檢視殖民政府和華人社會之間的關係時，須小心考慮殖民地環境提供了哪些在中國付諸闕如的選擇和不同出路。[28]

最後，也許是最重要的，強調二元對立和文化差異不可克服，這種想法忽視東西方之間可能有任何對話。殖民地不一定充滿緊張和隔閡。把殖民歷史主要視為文化衝突，掩蓋了合作和互相遷就的模式，並且假設殖民接觸一定充滿極大的陌生感、疑惑或牴觸——「人類歷史中最複雜和創痛的關係」。把焦點放在殖民統治「破壞性的衝擊」，強調殖民政府不恤民瘼並侵擾百姓的缺點，往往掩蓋了意圖與結果之間，以及預期與表現之間的差距。如托馬斯所言：「如果認為有某種源自宗主國的一元化表述，可以加之於被動的空間，

27. Arif Dirlik, "Chinese History and the Question of Orientalism," *History and Theory* 35.4 (December 1995): 96–120; MacKenzie, *Orientalism*, p. 11; Sarkar, "Orientalism Revisited," p. 242.

28. 關於「殖民統治的『含糊不清』」，見 Jürgen Osterhammel, *Colonialism: A Theoretical Overview*, trans. Shelley L. Frisch (Princeton: Markus Wiener, 1997), p. 4；Nicholas Thomas, *Colonialism's Culture: Anthropology, Travel and Government* (Princeton: Princeton University Press, 1994), p. 17。

而在過程中不受各種觀念或交會接觸所影響左右，那就無法理解殖民統治的動態變化。」[29]

　　香港殖民統治所賴以為基礎的，既有「他者性」和差異，也有相似和類近之處。雖然華人和歐籍人彼此並不親近，但雙方領袖很快學會如何在一些共同關注的問題上合作。例如，1848年2月，逾二十名華商與一群歐籍貿易商攜手抗議地租。[30] 華商、英商和殖民地官員全都渴望擴大香港和中國的資本主義。所有人都同意，十九世紀末的中國病入膏肓，而治療良方是商業和政治自由主義。所有人都關注香港乃至中國（尤其辛亥革命後民國初年政局動盪的華南）的太平安定。雖然華人和英國人各自有專屬的社交會所和協會，令彼此老死不相往來，但這些組織仍是一種互相理解的顯示社會地位的方式。

香港華人資產階級

　　在本書中，「資產階級」一詞的意義很寬泛。研究上海資產階級的白吉爾（Marie-Claire Bergère）寫了一本關於中國資產階級黃金時代的著作，現已成為經典，本書沿用她使用這個詞時的意涵，是指「與現代商業有關的城市精英」，[31] 包括企業家、買辦、銀行家、工業家，以及諸如律師和醫生等專業人士，亦即十九世紀末新興商業階級各成員，孕育他們的是香港的商業發展，以及對華貿易和國際貿易。「資產階級」既指變化過程，也指一種變動不居的類別，當中沒有法律上的界限。成為資產階級一員除了關乎經濟地位，也牽涉到自我意識和自我感覺、社會制度和公共事務的參與。因此，本書對資產階級的商業網絡著墨較少，而多集中於「資產階級化」（embourgeoisement）這個涉及多方面的過程：在殖民地環境中創造正直的公民身份；致力促進香港的社會、文化和經濟發展，尤其是靠成立各種志願組織來達成；以及肩負維持香港安定太平的責任。

29. 有關殖民地內的對話，如見收錄於以下著作的文章：Stuart B. Schwartz, ed., *Implicit Understandings: Observing, Reporting, and Reflecting on the Encounters between Europeans and Other Peoples in the Early Modern Era* (Cambridge: Cambridge University Press, 1994)；關於「創痛的關係」，見 Loomba, *Colonialism/Postcolonialism*, p. 2；關於「一元化表述」，則見 Thomas, *Colonialism's Culture*, p. 60。

30. Great Britain, Colonial Office, Original Correspondence: Hong Kong, 1841–1951, Series 129 (CO 129), Public Record Office, London, CO 129/23, February 26, 1848, "Memorial from the European and Chinese Inhabitants in Hong Kong relative to the Payment of Ground Rents," pp. 222–226.

31. Bergère, *Golden Age*, p. 191.

香港華人資產階級擁有共同的資產階級文化和身份。如同歐洲資產階級，香港資產階級「這個社會階層，是因相同價值觀、共同文化，以及由房地產和薪金帶來的富裕而凝聚在一起」。[32] 香港資產階級領袖宣稱他們代表身處的殖民地的利益。他們自知自己對香港和中國經濟發展的貢獻，並且確實為此感到很自豪。他們很注重自己與什麼樣的人過從，關切自己的職業和社交生活，並很留意社會上其他人對他們的印象。一如其他地方的情況，香港資產階級認為自己不同於其他階級，並因這種自命不凡的強烈感覺而團結在一起。在香港，這個資產階級認為自己迥異於眾多「他者」，包括中國大陸的華人資產階級、本地歐籍資產階級，以及香港的低下階層華人。

香港主權最近回歸中國，令這研究具有歷史和當代意義。除了有助我們更深入了解一個在香港史、中國史和英國殖民史上十分關鍵的時期，它也質疑關於中國民族主義和所謂中國特質的標準假設，而這兩者都與這個在中國「本土」以外的華人城市的殖民地性質密不可分。人們也常有一種假設，認為受殖民統治的民族必然會受民族主義激發而起來反抗殖民者，本書也質疑這種假設。事實上，香港華人資產階級懷有建立富強的現代中國的渴望，不但沒有令他們和殖民地政府變得枘鑿冰炭，反而使兩者聯合起來。華人資產階級領袖和政府都相信，有利於中國的事，也能裨益於香港（不過在 1920 年代，對於邊界彼方的主要政治勢力所認為有利於中國的事，他們頗不以為然）。此書或有助解釋為什麼在殖民地時代香港，政府與社會關係的融洽程度，令中華民國（不論是 1949 年前在中國還是之後在台灣）瞠乎其後，遑論中華人民共和國了。

本書取名《帝國夾縫中的香港》，是考慮到中華帝國和大英帝國之間的異同。雖然歷史學家通常不願承認中國是實行殖民擴張的國家，但近期的幾項研究揭示清代中國（1644 至 1911 年）與近代初期的歐洲帝國有許多相似之處。何羅娜（Laura Hostetler）指出，和帝制時代的法國和俄國一樣，清廷在清朝初年利用地圖學和民族誌描述來擴張帝國，而它的墾拓者驅逐原住民，藉此在帝國版圖內的幾處地方實行殖民。[33] 米華健（James Millward）認為，即使十九世紀的中國受害於歐洲帝國主義，但清廷也是實行擴張的帝國，今天中

---

32. David Blackbourn and Richard J. Evans, eds., *The German Bourgeoisie: Essays on the Social History of the German Middle Class from the Late Eighteenth to the Early Twentieth Century* (London: Routledge, 1991), p. xiv.

33. Laura Hostetler, *Qing Colonial Enterprise: Ethnography and Cartography in Early Modern China* (Chicago: University of Chicago Press, 2001).

國的疆域版圖就是當時奠定的。[34] 何偉亞（James Hevia）則指出大清帝國和大英帝國的帝國論述之間的相似。[35] 他認為清帝國和這個歐洲帝國的差異，不在於「組織和治理帝國的手法」，而在於「軍事和商業技術」。[36] 不過，正因為中國和英國並非同一類帝國，才令香港這個地方有了後來的際遇：十八世紀末英國人來到這裡時，他們所代表的是一個版圖日大的帝國，而此時的大清帝國已經西山日薄。

34. James A. Millward, *Beyond the Pass: Economy, Ethnicity, and Empire in Qing Central Asia, 1759–1864* (Stanford: Stanford University Press, 1998).

35. James L. Hevia, *Cherishing Men from Afar: Qing Guest Ritual and the Macartney Mission of 1793* (Durham, NC: Duke University Press, 1995), p. 26.

36. James L. Hevia, *English Lessons: The Pedagogy of Imperialism in Nineteenth-Century China* (Durham, NC: Duke University Press, 2003), p. 166.

第一章

殖民統治與合謀協作：華人子民與英屬香港的形成

「香港是另一個顯示自由貿易之靈活性和威力的例子，依我之見，這裡土地貧瘠，農業和製造業付諸闕如，氣候不宜人，還有其他種種窒礙其進步的障礙，都因為這種自由貿易而得到抵消有餘。此地有不可多得的良港，吸引各國船艦到來，而它的法例沒有條文拒絕這些船艦來訪。這裡的法律無偏無倚，對所有人都一體保護，我深信這種公平公正的司法，開始對華人的心智帶來甚大裨益。」[1] 在這個呈現一片光明的報告中，寶靈（John Bowring，又譯包令）僅僅略為誇大香港的進步。對於英國自由貿易和司法為這個新生殖民地上的子民所帶來的「裨益」，這位香港第四任總督或許有點過甚其詞，但他把這個殖民地自 1841 年建立以來的進步描繪得如此美好，也非毫無道理。香港在短短不到二十年，就從小漁村搖身變成重要的商業中心。香港的創建者希望此地能成為「偉大的東方商業重鎮」，儘管有瘟疫和颱風來襲，海盜和罪犯肆虐，還有經濟蕭條差點令這個憧憬破滅，但香港都一一安然渡過。對殖民管治者來說最重要的是，英國殖民政府分毫無損地撐過了這些危機，這個政府猶如汪洋中的小島，而包圍它的汪洋就是華人居民。

香港非凡的政治穩定，尤其是外來殖民政權與佔人口絕大多數的華人居民和睦友好，至今仍是令學者大惑不解的難題；而寶靈為此難題提供的答案是：英國的殖民統治卓有成效。歐德理（E. J. Eitel）在香港當過傳教士、教育家、公務員，也是早期的歷史學家，他把上述融洽關係歸因於英國的自由貿易、司法公正和教育。有位曾在第二次世界大戰前夕訪港的政治學家則強調

---

1. Great Britain, Colonial Office, Original Correspondence: Hong Kong, 1841–1951, Series 129 (CO 129), Public Record Office, London, CO 129/73, March 29, 1859, Bowring to Lytton, pp. 296–297.

殖民地政府「一貫採取的懷柔與合作政策」。自由市場經濟學家讚揚殖民地政府的自由放任政策。一項社會學研究認為，政府的社會不干預主義政策，減低了爆發衝突的風險。另一些學者覺得原因是華人素來對政治漠不關心，而且本地華人精英支持殖民地政權。近期有研究總結英國在香港的殖民統治，該研究相信，香港的穩定是由於它相對高效率和司法公正的政府，它「不擾民的紀錄，在現代世界大概無出其右」。這研究的結論是：一百五十多年來沒有香港華人認真要求將這個殖民地歸還中國統治，證明他們「以行動和雙腳來投票」。[2]

　　上述解釋有許多可取之處，但全都淡化了香港的殖民地本質（大多數香港學術研究往往有此傾向），因而造成了三個限制，妨礙我們了解英國殖民政權與華人子民之間的歷史關係。第一，它們強調政府的不干預政策，常常忽略政府的侵擾力量；把焦點放在和諧與合作，則無視香港一直揮之不去的法律和種族歧視。第二，雖然這些理論有助解釋政府與社會之間的關係如何維持，但卻沒有告訴我們這種關係當初是怎麼出現的，後來又如何隨時日而變化。最後，華人在殖民時代如何參與香港的建設？香港的殖民地狀態又為他們帶來了什麼？對於這些問題，上述解釋都著墨甚少。

　　本章會追溯香港華人資產階級領袖與殖民地政府之間關係的歷史根源，從而探究造就香港穩定的一個層面。繼羅納德‧魯賓遜（Ronald Robinson）1970年代發表關於英屬西非的研究後，歷史學家已指出，該地的殖民政府不單是歐洲擴張的結果；反之，它依靠原住民協助建立新的經濟、社會和政治

2.　E. J. Eitel, *Europe in China: The History of Hong Kong from the Beginning to the Year 1882* (1895; reprint, Hong Kong: Oxford University Press, 1983), pp. 569–570；關於「懷柔政策」，見 Lennox A. Mills, *British Rule in Eastern Asia: A Study of Contemporary Government and Economic Development in British Malaya and Hong Kong* (London: Oxford University Press, 1942), p. 413；關於「自由市場經濟學家的觀點」，見 Alvin Rabushka, *Hong Kong: A Study in Economic Freedom* (Chicago: University of Chicago Press, 1979)；關於「社會不干預政策」，見 Lau Siu-kai and Kuan Hsin-chi, *The Ethos of the Hong Kong Chinese* (Hong Kong: Chinese University Press, 1988)；關於「冷漠」，見 Norman J. Miners, *The Government and Politics of Hong Kong* (Hong Kong: Oxford University Press, 1975)；關於「公正管治」，見 Steve Tsang, ed., *Government and Politics: A Documentary History of Hong Kong* (Hong Kong: Hong Kong University Press, 1995), p. 5。關於「對政治穩定概念的批評」，見 Stephen W. K. Chiu and Ho-fung Hung, "State Building and Rural Stability"，以及 Tai-lok Lui and Stephen W. K. Chiu, "Social Movements and Public Discourse on Politics"，兩篇文章皆載 *Hong Kong's History: State and Society under Colonial Rule*, ed. Tak-Wing Ngo (London: Routledge, 1999), pp. 74–100, 101–118；以及 Fred Y. L. Chiu, "Politics and the Body Social in Colonial Hong Kong," in *Formation of Colonial Modernity in East Asia*, ed. Tani E. Barlow (Durham, NC: Duke University Press, 1997), pp. 295–322。

基礎結構。事實上，弗雷德里克・庫珀認為，歐洲殖民者所推行的，與其說是「殖民統治」，不如說是需要本地精英協助的「一系列霸權計劃」。[3]

香港是大英帝國在東方的前哨站，此地的早期華商並非被動接受殖民統治的受害者。英國實行殖民統治，也沒有如後殖民理論學者經常抨擊那樣，造成驟然斷裂或令人痛苦的巨變。香港開埠初期的成功華商，許多人是出身於與外國人合作的傳統，他們曾在華南或在亞洲其他歐洲殖民地與外國人合作。這些人大部分不是被迫接受新統治者的本地原居民，而是自願追隨英國人到香港，因為這裡可以獲得有利可圖的合作機會。儘管在香港歐籍人與華人之間不乏爭執、緊張和衝突，但相較於最終把香港建設為蓬勃商業中心的合作，只是微不足道。

香港開埠初期，殖民統治不但需要本地精英合作，它還造就本地精英出現。雖然英國人沒有像日本人吞併朝鮮後那樣，積極扶植本地資產階級，但華商階級的形成，是與香港的殖民地性質密不可分。[4] 港府賜予這些人特殊利益（如土地），並向他們提供利潤豐厚的專賣權，促使了本地華商精英冒起。殖民地政府劃出與洋人分隔的地區給華人做生意和居住，這為他們提供了蓬勃發展的領域（但這對政府來說不一定是好事）。香港不只延續中國人與外國強權合作的模式，還使之更形強化和制度化。

香港和珠江三角洲：早期歷史

曾是「荒島」的香港最終成為名聞遐邇的「資本家天堂」，但此地在1841年英國佔領前的歷史卻鮮為人知。與香港島一海之隔的九龍，是1276年蒙古人統治中國後南宋皇帝逃難之地，所以清朝之前的中國歷史文獻常提到九龍。有明一代，來自廣東和福建這兩個中國東南沿海大省的拓墾者遷徙到九

---

3. Ronald Robinson, "Non-European Foundations of European Imperialism: Sketch for a Theory of Collaboration," in *Studies in the Theory of Imperialism*, ed. Roger Owen and Bob Sutcliffe (London: Longman, 1972), pp. 117–142, 以及 "European Imperialism and Indigenous Reactions in British West Africa," in *Expansion and Reaction: Essays in European Expansion and Reactions in Asia and Africa*, ed. H. L. Wesseling (Leiden: Leiden University Press, 1978), pp. 141–163（魯賓遜的理論應用於研究印尼和華裔合作者的事例，見 Leonard Blussé, *Strange Company: Chinese Settlers, Mestizo Women and the Dutch in VOC Batavia* [Dordrecht, NL: Foris, 1986], especially chapter 4）；Frederick Cooper, "The Dialectics of Decolonization: Nationalism and Labor Movements in Postwar French Africa," in *Tensions of Empire: Colonial Cultures in a Bourgeois World*, ed. Frederick Cooper and Ann Laura Stoler (Berkeley: University of California Press, 1997), p. 409。

4. Carter J. Eckert, *Offspring of Empire: The Koch'ang Kims and the Colonial Origins of Korean Capitalism, 1876–1945* (Seattle: University of Washington Press, 1991), especially chapter 2.

龍，部分人更渡海到了香港島，但島上人煙依然稀少，僅在南邊沿岸有零星村落。香港島屬於新安縣，1830年的《新安縣志》提到島上幾處地方，包括一條叫香港村的村落，但這個島直至1830年代末才有名字。九龍司巡檢偶爾會上島徵收田賦，並為漁船登記，治理地方之責則交給當地村長或耆老。十九世紀初，惡名昭彰的海盜張保仔以香港島為據點，利用島上最高的山峰瞭望偵察，劫船掠貨。1830年代末英國人踏足香港島時，這個散佈著幾條小漁村的蕞爾小島，只是中華帝國邊陲之地。[5]

但是，這個岩石嶙峋的小島是大珠江三角洲的一部分，這個地區長久以來就有與海外和中國內地通商的傳統。幾百年來，中國商人一直利用廈門和廣州的沿海港口運輸貨物往來中國及東南亞。1557年，明廷准許葡萄牙人在澳門建立長期據點，澳門這個位於香港西南方的細小半島，不久就發展為「北半球的商品交易中心」。葡萄牙帆船把絲、茶葉和瓷器等中國貨物從澳門運往歐洲，換取日本和美洲銀礦出產的白銀。歐洲傳教士以澳門為基地向中國人傳教。1630年代英國船舶駛進中國水域，1654年葡萄牙人容許英國東印度公司登陸澳門。[6]

1684年清廷解除海禁，歐洲人愈來愈熱切與中國通商。英國商人利用澳門為大本營在黃埔港通商，黃埔離廣州十多英里，是位於珠江江心的小島。中國和外國商人在這個地區已通商多年，但直至1771年，英國東印度公司才獲准在廣州開業，1759年清政府宣佈廣州是中國唯一的對外通商口岸。[7]

根據廣州貿易制度，又稱公行制度，中國的對外貿易須通過一批中國行商進行，這些行商獲清廷特許和發出執照。1720年，這些行商成立稱為公行的組織，他們壟斷對外貿易，又為清政府徵收關稅，並為洋商作擔保。每年

5. Fearon's report on the first six months of the Census and Registration Office, CO 129/12, June 24, 1845, pp. 305–306；程翼：〈香港簡史〉與魚樓：〈香港初期海盜史〉，均載黎晉偉主編：《香港百年史》（香港：南中編譯出版社，1948），頁7，12–14；Great Britain, Foreign Office, Records of Letters between the Plenipotentiary and the High Provincial Authorities, and Proclamations by H. E. the Governor and Chief Magistrate, 1844–1849, Series 233 (FO 233), Public Record Office, London, FO 233/185, January 6, 1845；魯言等：《香港掌故》，第一集（香港：廣角鏡出版社，1977），頁111–114；張月愛：〈香港1841–1980〉，載魯言等：《香港掌故》，第四集（香港：廣角鏡出版社，1981），頁2–4。

6. 關於這個地區的貿易傳統，見羅香林：《一八四二年以前之香港及其對外交通》（香港：中國學社，1963），第一章；蔣祖緣、方志欽主編：《簡明廣東史》（廣州：廣東人民出版社，1993），頁6–8；關於澳門的商業重鎮地位，見 Jonathan Porter, Macau: The Imaginary City (Boulder, CO: Westview Press, 1996), p. 3。

7. Peter Y. C. Ng and Hugh D. R. Baker, New Peace County: A Chinese Gazetteer of Hong Kong Region (Hong Kong: Hong Kong University Press, 1983), p. 77.

10月至明年3月，西方商人在廣州從事買賣，他們只限居住在向中國行商租用的商館（夷館）。商館位於珠江畔，兼作倉庫和住房，以英屬印度類似的中心命名，是東印度公司代理商和業務代理人辦公之地。雖然外國人常抱怨廣州的規定和條件，但相比起絲、瓷器、茶葉和後來的鴉片所帶來的豐厚利潤，這些不便只是微不足道。美國旗昌洋行（Russell & Co.）的商人威廉・亨特（William Hunter）這樣憶述他在商館的愜意日子：「這裡的生活新奇有趣，人們彼此都懷著友好的社交情誼，還有無止的殷勤款待；與受指派與我們做生意的中國人交易爽快利落，他們的誠實眾所周知，加上我們對於人身和財產有絕對安全感，凡此種種，都令曾在這裡居住過一段日子的人，即所謂『老廣州』，在離開時無不依依難捨。」到了1840年代初，有將近一百家通稱洋行的歐洲貿易行在華南沿岸做買賣，當中半數是英資，四分之一是由印度人經營，而這些印度人主要是帕西人。[8]

英國人幾乎自到達珠江三角洲一刻起，就萌生在中國沿岸設立貿易基地的念頭，但十九世紀初之前，他們沒有認真想過選擇香港為據點，也沒想過要設立殖民地。1815年，一名英國東印度公司駐廣州職員呼籲英國在中國東部沿海地區建立據點，並要盡量靠近北京。1821年後，廣州當局把違禁的鴉片貿易逐出黃埔，英國商人遂轉到香港經營。1834年8月，英國駐華商務總監律勞卑勳爵（Lord Napier）建議派小隊英軍佔領香港島，以保障歐洲人在中國的通商權益。最大英資洋行怡和洋行（Jardine and Matheson）的孖地信（James Matheson）向英國商界團體反映，說廣州英商渴望英國貿易利益能得到保障。雖然另外幾個島嶼被人視為吸引力更大，但廣州英國商人寧取香港，因為他們看中這裡有天然屏障的深水港，可抵禦颱風，而且往來中國或外海都十分便利。1836年4月25日，《廣州紀事報》（Canton Register）宣稱：「如果雄獅打算將爪子放到華南某處，那就放到香港吧；讓雄獅宣佈香港在他保護下成為自由港，十年後它會是好望角以東最重要的貿易中心⋯⋯香港，水深港闊的永久自由港。」[9]

8. William C. Hunter, *The "Fan Kwae" at Canton before Treaty Days, 1825–1844* (London: Kegan Paul, Trench, and Co., 1882), p. 26; Colin N. Crisswell, *The Taipans: Hong Kong's Merchant Princes* (Hong Kong: Oxford University Press, 1981), pp. 4–5, 11, 27. 關於「早期外國商行」，見 Solomon Bard, *Traders of Hong Kong: Some Foreign Merchant Houses, 1841–1899* (Hong Kong: Urban Council, 1993)，以及馮邦彥：《香港英資財團：1841–1996》（香港：三聯書店〔香港〕有限公司，1996），第一章。帕西人是為逃避宗教迫害由波斯移居到印度的祆教徒（拜火教）。和印度的帕西人一樣，香港的帕西人成為成功商人和著名的慈善家。

9. E. J. Eitel, *Europe in China*, pp. 53–57; John King Fairbank, *Trade and Diplomacy on the China Coast: The Opening of the Treaty Ports, 1842–1854*, 2 vols. (1953; reprint, 2 vols. in 1, Cambridge, MA:

合謀協作的根源：鴉片戰爭

不列顛的「獅爪」最終在 1839 至 1842 年鴉片戰爭期間放到香港島。這場戰爭表面上是為鴉片這種違禁品的貿易而打，但除此以外，也關乎通商權利、外交代表權和大英帝國的傲慢，有關這場戰爭起因和過程的研究著作已經汗牛充棟。[10] 儘管英國外交大臣巴麥尊勳爵（Lord Palmerston）後來以形容香港為「連一間屋子都沒有的荒島」而流傳史冊，但英中兩國爆發戰爭後，他就宣佈有意佔領香港。[11] 1841 年 1 月 25 日星期一，卑路乍（Edward Belcher）上校根據只維持很短時間的《穿鼻草約》，率領一小隊官兵登陸香港島北岸，並升起英國旗，這處地方後來稱為「佔領角」（即現今上環水坑口）。翌日英國遠征軍海軍司令伯麥（Gordon Bremer）代表英國皇室正式佔領香港。英國商人終於根據《南京條約》得到覬覦已久的深水港和自由港，而《南京條約》除了要求中國賠償巨款、結束公行壟斷制度、雙方協定關稅、開放五口岸予外國人通商居住，還訂明香港島「永久」割讓予英國。[12] 英國人以女王的名字命名此島北部為維多利亞城。

英國獲得這個岩石嶙峋的島嶼為新領土，卻不能保證它會成為繁榮的港口和殖民地。華人的合作協助英國打贏鴉片戰爭，令中國割讓香港給英國；這個新生殖民地的早期發展，同樣得力於華人合作。這個時期的中國文獻痛斥那些協助香港初期發展的「漢奸」——嚮導、物資供應者、建築工人和工匠。自宋代以來，「漢奸」這個詞就「像是赤裸裸的不光采標記，懸掛在與外敵合作者的脖子上」，但鴉片戰爭期間，這個詞又再廣為人用，因為清廷官員要為自己敗於英國人尋找代罪羔羊。有些官員甚至說英國強大非因船堅礮

Harvard University Press, 1964), p. 123; 引自 *Canton Register*，並引述於 Eitel, *Europe in China*, p. 60.

10. 例如 Frederic Wakeman Jr., *Strangers at the Gate: Social Disorder in South China, 1839–1861* (Berkeley: University of California Press, 1966)；Chang Hsin-pao, *Commissioner Lin and the Opium War* (Cambridge, MA: Harvard University Press, 1964)；Michael Greenberg, *British Trade and the Opening of China, 1800–1842* (Cambridge: Cambridge University Press, 1951)；Arthur Waley, *The Opium War through Chinese Eyes* (London: Allen and Unwin, 1958)；Gregory Blue, "Opium for China: British Connection," in *Opium Regimes: China, Britain, and Japan, 1839–1952*, ed. Timothy Brook and Bob Tadashi Wakabayashi (Berkeley: University of California Press, 2000), pp. 31–54。

11. Fairbank, *Trade and Diplomacy*, p. 123。巴麥尊的繼任人阿伯丁勳爵（Lord Aberdeen）覺得保住香港花費太大，而且獲取香港只會令英中兩國日後有更多衝突。

12. Dafydd M. E. Evans, "The Foundation of Hong Kong: A Chapter of Accidents," in *The Interaction of Traditions and Life in the Towns*, ed. Marjorie Topley (Hong Kong: Hong Kong Branch of the Royal Asiatic Society, 1975), pp. 12–13.

利，而是它狡詐地利用「漢奸」。無論這些說法有多誇大，但那些擔憂不是沒有道理的，因為英國打仗是很依靠獲得本地人合作。鴉片戰爭初期，英國人在取得補給方面遇到很大困難，尤其是短暫和不成功佔領舟山期間。舟山是長江三角洲的小島，當地中國人不肯與英國人合作。從英國為答謝中國人合作而做的舉動，這些所謂漢奸的重要作用可見一斑。1841年6月，新任英國駐華商務總監義律（Charles Elliot）上校認為，英國政府有義務奪取香港，不僅是為商業和戰略利益，而且是「為保護當地土著的正義行動，因為我們長久以來都依賴他們提供協助和給養」。[13]

雖然中國合作者在英國「打開」中國門戶的作用，由於鴉片戰爭而變得更加重要和引人注目，但合作的基本模式，其實早已在穆戴安（Dian Murray）所稱的華南和東南亞「水上世界」形成。這地區許多人是蜑家人，即義律口中的「土著」。蜑家人是華南濱海的少數民族，他們早已被漢文化同化，但仍以舟楫為家，靠捕魚、船運和供應補給為生。十八世紀初，雍正皇帝撤銷不准蜑民參加科舉、與漢人通婚和陸居的禁令，以解放這些「賤民」。但以本地人自居的粵人仍視蜑家人為賤民，瞧不起他們。和許多其他漁民一樣，蜑民常常淪為海盜，尤其在生計艱難的日子。蜑民中沒有地位崇高的士紳，清廷往往對他們鞭長莫及，因此蜑民孕育出「大多不受政府控制的次文化」。由外國人踏足廣州之初起，蜑民就已和外國商人做買賣，即使清政府以處死來恫嚇也禁之不絕。威廉．亨特形容這些蜑民「在世界上可能無人能望其項背，他們不僅聰明活躍，而且性格善良，樂於助人，並且似乎很渴望能盡快出人頭地」。蜑民用來兜售貨物的小艇稱為駁艇，他們以這種小艇駛近停泊海港的輪船兜攬生意，為英國船舶提供燃料和其他補給。香港開埠後，英國人在島上建立了新城市，把城中土地贈予蜑民作為獎賞。[14]

---

13. Frederic Wakeman Jr., "*Hanjian* (Traitor)!: Collaboration and Retribution in Wartime Shanghai," in *Becoming Chinese: Passages to Modernity and Beyond*, ed. Wen-hsin Yeh (Berkeley: University of California Press, 2000), p. 299；關於英國「利用漢奸」，見丁新豹：《香港早期之華人社會 1841–1870》（香港：香港大學博士論文，1989），頁146–148；Christopher Munn, "The Chusan Episode: Britain's Occupation of a Chinese Island, 1840–46," *Journal of Imperial and Commonwealth History* 25.1 (January 1997): 89; CO 129/1, June 21, 1841, Elliot to Auckland, p. 3。

14. Dian Murray, *Pirates of the South China Coast, 1790–1810* (Stanford: Stanford University Press, 1987), p. 16; Hunter, *Fan Kwae*, p. 84; CO 129/25, August 10, 1848, Inglis to Caine, pp. 144–146; Dafydd Emrys Evans, "Chinatown in Hong Kong: The Beginnings of Taipingshan," *Journal of the Hong Kong Branch of the Royal Asiatic Society* 10 (1970): 70; Carl T. Smith, *Chinese Christians: Elites, Middlemen, and the Church in Hong Kong* (Hong Kong: Oxford University Press, 1985), p. 110.

　　從這種安排中得益最大的蜑家人是盧亞貴（又名盧貴、盧亞景、盧景），他是香港開埠初期權傾一時的商人兼地主。我們對盧亞貴的背景所知不多，只知道他原本是黃埔的駁艇艇夫，因從事海盜勾當和為外國船舶提供給養發跡。鴉片戰爭期間，廣東當局密邀盧亞貴歸誠廣州，賞以六品頂戴藍翎，叫他在香港相機舉事。身為幾個秘密結社首領的盧亞貴應允清廷在香港作內應。但他回到香港後，卻反而因為向英軍提供糧食補給，而獲賞賜一幅位於下市場（Lower Bazaar，即今上環蘇杭街、文咸街一帶）的土地，此處後來成為大量香港華人聚居之地。盧亞貴不久就成為此殖民地內富甲一方、權豪勢要的華人。[15]

建設與爭奪空間：華人建築工和承包商

　　香港成為殖民地，華人的合謀協作起了關鍵作用，同樣地，這個殖民地的建設繼續有賴於英國人與華人的合作網絡。殖民統治帶來的結果，除了建立新的概念和認識空間外，還有建設新的實體空間——由住宅、商廈、政府大樓，乃至於整個城鎮。跟亞洲許多其他歐洲國家的殖民地一樣，這種建設是靠華裔工人和承包商來完成的。

　　1841年1月底英國人佔領香港時，港島北岸大部分杳無人煙。島上陸地和水上人口大概不足五千人。但義律上校在1841年2月2日發出公告，說香港會成為自由港，吸引了「大量土著湧入」，這些人棲身在建於沙灘和陡坡上的木屋。1841年2月，一船又一船的外國商人和傳教士開始從澳門遷來。怡和洋行在港島北岸興建臨時貨倉。到了3月底，港島北岸陸續出現一批木屋、棚屋以及臨時貨倉和住宅，點綴了此處的景觀。如一名英國工程師所說：「這些大興土木的工程進行得異常快速，土著城鎮維多利亞城原本滿目荒涼，只有街道和一排排房屋，都是由各種亂七八糟、不耐久而且易燃的物料搭成，此外幾乎別無他物，而經過了兩個月，現在至少有一百幢磚造房屋，

---

15. CO 129/12, June 24, 1845, p. 306; "Caine's Observations on the Replies of Witnesses before the Select Committee of the House of Commons on Commercial Relations with China," CO 129/27, February 25, 1848, pp. 286–287; *Canton Press*, March 19, 1842; *Friend of China*, May 6, 1846；《籌辦夷務始末・道光》，卷五十八，頁39下–42下，引自 Fairbank, *Trade and Diplomacy*, p. 88; Smith, *Chinese Christians*, p. 109; George Smith, *A Narrative of an Exploratory Visit to Each of the Consular Cities of China and to the Islands of Hong Kong and Chusan, in Behalf of the Church Missionary Society in the Years 1844, 1845, 1846* (London: Seely, Burnside and Seeley, 1847), p. 82；〈英夷入粵紀略〉，載《鴉片戰爭》，第三冊，頁25–26，引自丁新豹：《香港早期之華人社會 1841–1870》，頁204–209。

除卻寬敞便利的街市……還有一座石造監獄、一條寬闊精美的道路，並且在凡有需要之處，都建造了排水溝和橋樑，還有主審裁判官的官邸。」[16]

1841年夏天首次舉行官方土地拍賣後，該年年底香港島再增加逾五十幢永久房屋和建築物。[17]一名法國海軍軍官把這座小島比喻為忙碌的蟻丘。《廣州週報》（Canton Press）在12月寫道：「市場貨物一應俱全，價格低廉，而建築工程所需的工人、工匠和各種物料，所在多有。」1842年2月，英國駐華商務總監兼全權公使砵甸乍（Henry Pottinger，又譯璞鼎查）把英國駐華商務監督署從澳門遷到香港。砵甸乍不久報告：「這一遷移形成了非凡推動力。」短短一周，「極有名望和富裕的華商」從廣州和澳門「蜂擁」到香港定居或開設分號。根據「穩健〔但不正確〕的估計」，殖民地人口約二萬五千多人，而「宏敞和堅固」的建築物「到處湧現」。《廣州週報》在同月觀察到海旁「一片熙攘景象，忙於預備」建造碼頭和貨倉。新的政府建築物，如裁判司署、郵政局、土地登記所、監獄，以及「另外幾座軍營，若非業已竣工，就是正在如火如荼興建」。《廣州週報》讚揚華人店家的「建築物流露出高逸品味」，又預言下市場這個「香港的華人城鎮」，將成為香港「眾所矚目的特色」。這個新市鎮還有無數商店、妓院、賭坊和裁縫店，由少數崎嶇道路連接起來。到了3月，全島人口超過一萬五千人，當中華人佔一萬二千多人，主要是工匠和勞工。不久，下市場興建了華人街市。歐籍人則在市中心和海旁聚居。[18]

到了1843年年中，海旁各處貨倉林立，而今天稱為中環的地區，已逐漸成為島上商業樞紐。1843年6月，一名英國訪客說澳門的華人店家大舉遷到香港，情況就像「老鼠逃離正在倒塌的房子一樣」。[19]英國植物學家兼冒險家

16. 關於「……土著湧入」，見 Edward H. Cree, *The Cree Journals: The Voyages of Edward H. Cree, Surgeon R. N., as Related in His Private Journals, 1837–1856*, ed. Michael Levien (Exeter, UK: Webb and Bower, 1981), p. 78；關於「臨時貨倉」，見 William Fred Mayers, N. B. Dennys, and Charles King, *The Treaty Ports of China and Japan: A Complete Guide to the Open Ports of Those Countries, Together with Peking, Yedo, Hong Kong and Macao* (Hong Kong: A. Shortrede, 1867), p. 3，以及 Smith, *Narrative*, p. 68；工程師的引言，見 John Ouchterlony, *The Chinese and War: An Account of All the Operations of the British Forces from the Commencement to the Treaty of Nanking* (London: Saunders and Otley, 1844), pp. 216–217。

17. *The Hong Kong Almanack and Directory for 1846* (Hong Kong: China Mail, 1846).

18. 關於「法國軍官的觀察」，見 *Friend of China*, June 8, 1843；*Canton Press*, December 4, 1841；Great Britain, Foreign Office, General Correspondence: China, 1815–1905, Series 17 (FO 17), Public Record Office, London, FO 17/56, February 8, 1842, Pottinger to Aberdeen, pp. 111–112；*Canton Press*, February 19, 1842。

19. Arthur Cunynghame, *The Opium War: Being Recollections of Service in China* (London: Saunders and Otely, 1844), p. 216.

羅伯特・福鈞（Robert Fortune）在 1843 年來到香港島，他寫道：「大部分澳門店家都把業務遷移到香港，自英國人離開澳門後，該地已變得沒有價值。」福鈞在 1845 年 12 月重回香港，大為驚歎於「新的政府建築物宏偉壯觀⋯⋯為〔外國〕商人而建的⋯⋯房宅華美堅固⋯⋯唐人街規模很大⋯⋯名喚皇后大道的道路十分漂亮⋯⋯兩旁盡是美輪美奐的房屋，還有許多頗佳的商店」。這些「新房屋和更新的街道，像是以魔法變出來似的」。[20]

這種種發展當然不是「魔法」所變。香港的所有重大工程都是靠華人承包商和建築工人完成。正如美國訪客奧斯蒙德・蒂法尼（Osmond Tiffany）憶述：「無論走到何處，耳中所聞，都是鐵鎚和鑿子的叮噹聲；而在每個角落，都見到石頭迸濺出的火花，有射中眼睛之虞。」建築物「動工和落成之快，恍如變戲法般輕易；今天才開挖地窖，第二天屋頂已經完成」。比這種建築速度更令人歎為觀止的是「施工華人數目之多，像蜜蜂一樣，蜂巢很快就有蜂蜜可供採收」。[21] 相較之下，1841 年夏天，由於工人和技工短缺，令這個新市鎮的清理工地和興建工程受到延誤。[22] 1846 年 4 月，港督戴維斯（John Davis，又譯德庇時、德惠司）向殖民地大臣格萊斯頓（William Gladstone）說，香港的私人和公共建設工程，「若非有廉價和高效的華人勞動力隨時可用，恐窒礙難行」。[23] 但是，甚少華人承包商熟悉西式建築技術，所以他們提交投標估價時，往往估價過低。承包商若不能按照協議完成工程，會因無法履行合同而被監禁；有些人知道自己可能會賠大本並擔心被囚禁，乾脆潛逃離港。1845 年 1 月，有人計劃成立承包商公會，令情況變得蹙迫，《華友西報》（The Friend of China）擔心：「我們快將任由工人擺佈；除非我們屈從於他們的勒索，否則建設和公共設施改善工程可能會停擺一段時間。」[24]

有關空間的策略運用的研究，令學者更加敏銳注意殖民地的實體空間的本質。蒂莫西・米切爾（Timothy Mitchell）提醒我們，外部結構可以表現權力

20. Robert Fortune, *Three Years' Wanderings in the Northern Provinces of China, Including a Visit to the Tea, Silk, and Cotton Countries: With an Account of Agriculture and Horticulture of the Chinese, New Plants, etc.* (London: J. Murray, 1847), p. 14；他其後再訪香港之旅，見 Fortune, *Wanderings*, pp. 14–15. 不是人人都和福鈞一樣，熱情對待這些「宏偉壯觀的建築物」。1842 年 2 月 19 日，《廣州週報》有一篇批評文章詰問：「我們對於這種醜陋事物的痛惡，該如何表達才適當？」

21. Osmond Tiffany, Jr., *The Canton Chinese or The American's Sojourn in the Celestial Empire* (1849); 重印於 *Hong Kong: Somewhere between Heaven and Earth*, ed. Barbara-Sue White (Hong Kong: Oxford University Press, 1996), p. 39.

22. *Canton Press*, July 24, 1841.

23. CO 129/16, April 15, 1846, Davis to Gladstone, p. 224.

24. 關於承包商逃離香港島，見 CO 129/2, July 6, 1843, Gordon to Malcolm, pp. 139–140；*Friend of China*, January 18, 1845。

關係。十九世紀開羅的重建「是為具體呈現某種計劃」，而這「不只是協助都
市重建工程的工具，而且是將會體現在這個城市街道佈局，並刻畫於居民生
活中的秩序原則」。法國殖民政府廣泛使用都市文化作為他們政策的基礎。根
據格溫德琳・賴特（Gwendolyn Wright）說，摩洛哥的都市規劃融合法國和本
地的建築風格，以建立並維持社會和政治秩序。同樣地，楊淑愛指出，新加
坡殖民政府嘗試使用「整齊劃一、分際清晰的公共空間」去影響亞裔子民的公
共行為，令他們「遵守秩序，舉止合度恰當」。[25]

　　與外來強權合作的本地人參與建構這些殖民地空間，可以獲取巨大財
富。如同其他殖民地，香港開埠初期，頗有成就的承包商是那些有為外國人
工作經驗的人，當中最成功的是譚才（字錫珍，又名譚三才、譚亞財），他是
殖民時代初期香港華人社會烜赫一時的人物。祖籍廣東開平的譚才在 1841 年
從新加坡來到香港，他在新加坡殖民地政府的船塢當工頭。譚才興建了香港
一些重要建築，包括鐵行大廈，以及寶順洋行（Dent & Co.，又稱顛地洋行）
的交易所大樓，寶順洋行是數一數二的歐資洋行，港府後來在 1847 年從它手
上買下這座大樓，作為香港最早期最高法院的大樓。[26]

　　此外，殖民地的都市環境是規訓和反抗、衝突與妥協的場地。和其他殖
民地一樣，香港的歐籍人經常把實體空間與行為聯繫起來。英國海軍醫官愛
德華・克里（Edward Cree）說，華人居民以「木屋和棚寮」為「酒館和賭坊，
以及各種聲色犬馬的場所」。《廣州週報》在 1842 年警告，「香港的華人城鎮」
的改善進步，取決於街道寬度和「衛生法例」。[27] 曾把香港比喻為忙碌蟻丘的
法國海軍軍官說：「華人天性沉溺各種聲色玩樂，恣情縱欲，因此餐館、酒
坊食肆、賭場、鴉片煙館等，已經把當局撥出的地方佔得滿滿。」[28] 蓆棚和其
他臨時建築被認為「會助長人民變為地痞遊民，因而妨礙良好秩序和危害安
全」。殖民地官員總是樂見華人主動進行公共工程，如興建廁所。[29]

25. Timothy Mitchell, *Colonising Egypt* (Cambridge: Cambridge University Press, 1988; Berkeley:
    University of California Press, 1991), p. xii; Gwendolyn Wright, "Tradition in the Service of
    Modernity: Architecture and Urbanism in French Colonial Policy," in Cooper and Stoler, *Tensions
    of Empire*, pp. 322–325, and *The Politics of Design in French Colonial Urbanism* (Chicago: University
    of Chicago Press, 1991); Brenda S. A. Yeoh, *Contesting Space: Power Relations and the Urban Built
    Environment in Colonial Singapore* (Kuala Lumpur: Oxford University Press, 1996), p. 243.

26. *China Mail*, September 23, 1852; Eitel, *Europe in China*, p. 220; *Friend of China*, January 5, 1856;
    Smith, *Chinese Christians*, p. 114.

27. Cree, *Journals*, p. 30; *Canton Press*, February 19, 1842.

28. *Friend of China*, June 8, 1843.

29. 關於「人民變為地痞遊民」，見 CO 129/20, July 1, 1847, Davis to Grey, p. 121；關於「華人採取
    主動」，見 CO 129/10, October 30, 1843, Woosnam to Caine, p. 529。

香港島可供興建房屋的土地稀缺，因此，這裡彼此爭奪島上空間的情況，更甚於其他殖民地。1843 年 10 月，華人舉行一場祈求風調雨順的儀式，《華友西報》形容當時沿皇后大道的華人房屋掛滿鞭炮、燈籠和「奇形怪狀的事物」，該報抱怨：「華民想要自娛盡可自便，那是完全獲得容許的，不過，那些宗教狂熱者到處亂射大炮、手槍、步槍，還有更糟的是，在公眾道路上放討厭的鞭炮，把英國殖民者的大腿和健康置於險境，那就十分不應該。」[30] 歐籍居民也經常批評政府縱容像盧亞貴這樣的人，在歐籍人社區之內或附近經營「煙花女子的場所」。1844 年 12 月，香港工務司力陳應取締盧亞貴在下市場經營的妓院，「以更適合於該社區的建築物取而代之」。[31] 1848 年 7 月星期天，盧亞貴的戲院請來「一個由中國各省江湖藝人組成的戲班」，演出「雜耍和滑稽戲等」，伴以「鞭炮和刺耳樂器發出的噪音」，惹怒了歐籍殖民者。歐籍人要求規定華人「在此市鎮邊界以外的地方另建戲院，那樣他們就可以在那裡自己找樂子，而不會冒犯他人，惹人反感」。[32]

歐籍居民和殖民地官員經常抱怨華人不當使用土地。華人以薄木板建造的房屋過於稠密，證明他們不知道須留有空間，以減低火災風險和「令空氣流通」。[33] 對於這種衝突，本地報界不會視而不見。1842 年 2 月，《廣州週報》批評香港的建築虛浮華靡，開玩笑地說，為政府建造登記署的華人承包商，「炫耀他向那些遲鈍而野蠻的僱主射出的暗箭」。[34]

財富與權力：殖民統治與其合作者

盧亞貴和譚才這些人何以如此心甘情願協助英國人？在大部分十九世紀的歐洲歷史學家眼中，香港開埠初期的華人，說得好聽是過客，說得難聽是「廣州的渣滓」。相較之下，中國史家多把香港和東南亞的華人視為受外國人蒙騙的無助受害者，或者是拋家棄國、不忠不義的卑鄙小人。但是，這些說法掩蓋了更重要的問題，那就是殖民地為自願來此接受外國人統治的華人提

30. *Friend of China*, October 12, 1843.

31. Public Records Office of Hong Kong, Hong Kong Record Series (HKRS), HKRS 100, Williams to Tarrant, 附載於 Pope to Caine, December 31, 1844, pp. 112–113; *Friend of China*, July 18, 1857.

32. *Friend of China*, July 22, 1846.

33. Great Britain, Colonial Office, Executive and Legislative Council Minutes: Hong Kong (from 1844), Series 131 (CO 131), Public Record Office, London, CO 131/2, December 9, 1851, pp. 154, 170–171.

34. *Canton Press*, February 19, 1842.

供了什麼？如果像羅納德・魯賓遜所說，殖民侵略者「帶來另一種致富和獲得權力的來源」，在殖民時代初期的香港，這些來源是什麼？[35]

撥贈土地是重要的財富來源。新政府以贈予土地來獎賞那些曾協助英國人獲取和開發香港的華人。盧亞貴在鴉片戰爭期間曾為英國人服務，因而獲得一幅位於下市場的寶貴土地。他其後憑著與殖民地政府的關係，獲贈或買下了更多下市場的地皮。盧亞貴不久開設街市、賭場、戲院，甚至好幾家娼寮。施美夫（George Smith）牧師曾在1844年11月到訪盧亞貴的家，這位後來成為香港聖公會首任會督的牧師憶述：「他在下市場擁有約五十間房子，靠收租為生，他的生活方式是大多數華人移民無法企及的，這些移民通常是毗鄰的大陸棄若敝屣之人。」1845年一份官方報告形容盧亞貴「這個從前沒沒無聞的駁艇艇夫，現在是土著居民中最財多勢重之人」。[36]

同樣地，譚才由於效力英國人而成為本地華商領袖。譚才因在香港和新加坡為英國人服務有功，也獲賞一幅位於下市場的土地。他不久後就把周圍其他地主擁有的地皮都買下，結果海旁大片土地盡落入其手中，而他擁有的財產，很快就包括下市場一個獲利甚豐的街市。譚才不費吹灰之力就從地主變成大商人。1840年末至1850年代，香港成為前往北美和澳洲的主要港口，譚才是當時主要的華工代理人和華工船租船主，此外還經營一家百貨貿易商行。[37] 1865年，譚才租了一個碼頭給省港澳輪船公司（Hong Kong, Canton and Macao Steamboat Company），這家歐資公司專門經營珠江三角洲的輪船航線。譚才由於財產富厚，獲在港的外籍人稱為「香港大財主」。[38] 1857年，《華友西報》說，他「毫無疑問是本殖民地最堪敬重的華人」。[39]

殖民地政府早期除了撥贈土地，還以其他措施吸引華人來港定居。無論持何種政治立場的學者，都一致強調自由貿易在香港經濟發展中的重要作用。不過，至少在開埠初年，香港經濟既不自由也不出色。政府以精心設計的專賣和承充制度（通常是以公開競投方式批出）來管制鴉片和鹽等商品的生產、製煉和零售。賣煙賣酒都要領牌照和課稅。根據英國人的說法，鴉片戰爭和「自由貿易帝國主義」就是為把中國從這種管制和壟斷中解放出來，現在

35. Robinson, "Foundations," pp. 120–121.

36. Smith, *Narrative*, p. 82; Fearon's report, CO 129/11, June 24, 1845, p. 306.

37. *The China Directory for 1867* (Hong Kong: A. Shortrede, 1967), p. 39A.

38. Smith, *Chinese Christians*, pp. 114–115, 123–124；William Tarrant, "History of Hong Kong," *Friend of China*, November 23, 1860。大財主一詞的原文是 nabob，原本是指莫臥兒時代的印度總督，後來用於指財雄勢大的人。

39. 引自 Carl T. Smith, "The Chinese Settlement of British Hong Kong," *Chung Chi Bulletin* 48 (May 1970): 29。

的情況不禁令人啼笑皆非。這些承充權幾乎全部掌握在本地華裔商人或承包商手中，佔政府歲入的百分之十至二十五。這種制度對雙方皆有好處。對政府來說，承充制度（farm system，又稱包稅或餉碼制度）是很簡單方便而又不必在地方層面插手太多的收稅方法。承充制取代了原有制度，因此也顯示英國人對於這個年輕殖民地的控制。最後，這種制度有助扶植政府希望能加以影響的本地華人精英。對華人來說，這種制度能使他們成為本地社會財雄勢大的人物，還令他們獲得一些政治影響力，因為政府在制訂承充政策時，難免要徵詢承充商的意見。[40]

在各類承充和專賣中，以鴉片承充為最大宗，歷時也最久，佔十九世紀時期政府歲入近四分之一。事實上，文基賢說：「鴉片貿易和香港顯然密不可分，探討這個殖民地早期的歷史，幾乎不能不提這種藥物：這個殖民地之所以建立，就是因為鴉片；它能撐過早期的艱難歲月，也全仗鴉片；此地的富商巨賈全靠鴉片發家致富；政府的運作，也是依賴高地稅和其他由鴉片貿易造就的收入來維持。」因此，盧亞貴從他的合夥人馮帝獲得鴉片專賣權後，就小心翼翼保護這個落入他手的權利。1850年代前，主要華人街市也是以專營權方式經營，每次租期五年。1844年，政府把中市場（Middle Bazaar）的華人居民遷移到太平山山腰，盧亞貴趁機向政府陳情，請准在新的聚居地點開設街市，並且買下這個街市五年的經營權。鹽的情況也一樣。例如，1845年9月，一個名叫羅先的商人取得鹽的專賣權，而金天賜則奪得開採石礦的承充權。1845年3月，政府招標在維多利亞城經營轎子，這個計劃只維持了很短時間。6月，政府招標在黃泥涌谷地區（即今天的跑馬地）營運製繩廠。此外，賭場、屠宰場和廁所也以公開競投或授予方式，交由投標者經營。雖然這些專營權的利潤全都不及鴉片豐厚，但仍增加了這個新生殖民地的財富。[41]

殖民地政府努力把利潤豐厚的房地產保留給歐籍人，也是促使華人商界精英崛起的因素。開埠初期，大多數華人居住在下市場、上市場（有時稱為中市場，位處現時九如坊和歌賦街附近）或太平山山腰。1841年9月，署理全權公使莊士敦（A. R. Johnston）以低於市值的價錢，向曾在鴉片戰爭之前和期間為英國艦隊提供給養的華人批出土地。早期賣地的目的，是要令華人遠離珍貴的海旁物業，但華人能夠留在下市場。港府也鼓勵華人在上市場定居，

40. Christopher Munn, "The Hong Kong Opium Revenue, 1845–1885," in Brook and Wakabayashi, *Opium Regimes*, pp. 111–112.

41. Munn, "Opium Revenue," p. 107；關於「盧亞貴取得鴉片專賣權」，見 CO 129/11, June 13, 1845, Davis to Stanley, pp. 182–183 and *Hong Kong Register*, January 27 and March 31, 1846；關於「轎子和製繩廠」，見 FO 233/185, March 17 and June 16, 1845。

那裡的土地也是低價出售。不過，到了1843年夏天，殖民地官員認為，愈來愈多破敗零落的華人店鋪和房屋佔據有價值的土地。田土官提議在黃泥涌闢建歐式市鎮。這個新市鎮的主要地段，只准歐籍人和帕西人開的商店進駐，南邊則設立一個較小的華人市鎮。歐籍人的貨倉可由水路出入，而「低劣華人商店」的市場，則只准設在特定地點，因為濱海地帶「太過珍貴」，不宜設立華人商店。[42]

上述計劃沒有付諸實行，但1844年令盧亞貴得以買下街市專營權的那個遷徙華人計劃，卻創造了一個香港的「華人城鎮」，那裡除了警察，沒有其他歐籍人居住。這次遷徙促使了本地華人領導層的崛起，它不受殖民地政府支配。政府對於管理這個地區遇到很大困難，在那裡，如賣地登記之類的官方規例根本不管用。像盧亞貴那樣有能力買下他人物業的成功地主愈來愈多，形成了由富有地產業主組成的小集團。因此，殖民地政府向華人獎賞土地和專賣權，又劃出分隔的商業和住宅地區給華人的做法，扶植了香港華人商界精英，並給予他們一個蓬勃發展的領域。

殖民地環境不但有助孕育華人商界精英，還使那些被中國傳統秩序摒諸門外的人，可以在香港重新創造此秩序的一些層面。身為蜑家人的盧亞貴不得進身士紳階層。譚才到新加坡為英國人做事，違反清廷禁止移民出洋的命令，但清廷禁令在英屬香港沒有效力。殖民地政府既不了解它的新華人子民，又不關心他們的福祉，所以英國人接管香港後，沒有填補舊士紳階層離開後留下的真空，而新的地主和商人就代替舊士紳的功能。1847年盧亞貴和譚才在荷里活道興建文武廟，該地是華人社會的中心，廟址原本是政府撥供興建華人學校之用。[43] 這座供奉文昌帝君和關武帝君的廟宇，名義上是舉行宗教祭祀的場所，不久卻成為香港華人（不分鄉籍和行業）的主要公共事務中心。像盧亞貴和譚才這樣的人藉著控制華人宗教和社會生活的中心，成為香港華人社會領袖。後來有資料指出，文武廟成立後不久，盧亞貴和譚才以該廟為民間法庭，仲裁法律糾紛，並廣泛管理香港華人社會事務。[44] 雖然這個法庭的紀錄今已不存，但文武廟似乎已成為了非正式的華人自治政府。

因此，在香港這個殖民地，即使賤民也能成為受敬重的本地華人社會領袖。譚才還擔任另外兩間廟宇的值理，並且是著名慈善家。1847年，他捐

---

42. CO 129/2, July 6, 1843, Gordon to Malcolm, pp. 142–148.

43. 政府知道這座廟不是作華人學校之用，決定向這土地徵收地稅。HKRS 58.1.16–12, 1848 and 1900, correspondence regarding the Man Mo Temple。

44. "The Districts of Hong Kong and the Name Kwan Tai Lo," *China Review* 1 (1872): 333, 引述於 Smith, *Chinese Christians*, p. 109.

了一百八十五英鎊給香港庫務署，以供下市場興辦華人學校。《香港紀錄報》（*Hong Kong Register*）在那一年說譚才「與本殖民地內他所屬階層的任何人相比，論聲望論才智都毫不遜色」。[45] 1852 年 9 月有籌款活動，籌募經費重建去年冬天毀於祝融的華人醫院，譚才也是數一數二的大捐款人。[46] 這次籌款是由倫敦傳道會（London Missionary Society）發起，該會的希施貝格（Henry Julius Hirschberg）博士報告說：「有位名喚譚才的富裕建築承包商，好幾次到醫院參觀，還笑著說：雖然『你沒有疫苗為我的孩子種牛痘，但我仍很樂意給你這個（十五元）』。」[47] 1856 年，皇后大道發生了幾場大火災，其後譚才協助成立一支華人消防隊，還配備美國製消防車，後來命名為譚才一號水車隊。1861 年，他領導華人捐款，籌募香港船政官的退休金。[48]

盧亞貴也在新的殖民地環境中成為華人社會顯達。雖然指控他涉及刑事犯罪的傳言甚囂塵上，但盧亞貴也贏得「凡受窘迫的、欠債的、心裡苦惱的人」都會幫助的美名。他也是華人醫院基金的主要捐款人。希施貝格博士記述，盧亞貴「非常友善地接待我，以流利英語向與我同去收錢的李傑泰說：『別再勞煩那位紳士屈駕了，我明早把那些錢（十五元）送到府上。』之後執著我的手，以英式作風十分誠摯地與我握手。」後來《德臣西報》（*The China Mail*）刊印醫院基金捐款者名單，附有他們的職業，從前地位低下的駁艇艇家盧亞貴，現在簡單地列為「紳士」。[49]

制度化的合作：買辦

盧亞貴和譚才的早期經驗，是鴉片戰爭前歐籍人與華人之間合作模式的典型。郭松（又名郭兆春、郭青山）也是鴉片戰爭期間曾協助英國人的蜑家艇夫，他的事業生涯則代表戰後的合作形式，這種合作形式後來在中國，尤

---

45. *Hong Kong Register*, July 27, 1847.

46. *China Mail*, September 23, 1852.

47. London Missionary Society Archives, LMS/CWM, 1843–1872, South China and Ultra Ganges, Archives and Special Collections, School of Oriental and African Studies Library, University of London, box 5, folder 3, September 5, 1853, Hirschberg to Tidman. 文基賢為我提供有關此文件的筆記，在此謹致謝忱。

48. *Friend of China*, February 27 and July 25, 1856, and April 8, 1857; *China Mail*, April 8, 1857；關於船政官退休金，來自施其樂整理的香港慈善捐贈列表，此表沒有發表。

49. 「幫助受窘迫的人」，見 "The Districts of Hong Kong and the Name Kwan Tai Lo," pp. 333–334, 引述於 Smith, *Chinese Christians*, p. 203；London Missionary Society Archives, September 5, 1853, Hirschberg to Tidman, *China Mail*, September 23, 1852。

其是在香港，變得更加細緻和制度化——買辦制度。1941年一本紀念香港成為英國殖民地百周年的刊物出版，書中一篇文章的作者說，買辦制度的起源「自然十分簡單」。西方人來華做生意，但不熟悉本地語言、風俗習慣或市場狀況。因此，外國商行想向中國商行買賣貨物，就找買辦幫忙；中國商店想向外國人賣什麼東西，也去找同樣的買辦代為料理。[50]

　　無論其起源是否真的簡單，買辦制度對於現代中國中外商貿的興起，起到十分關鍵的作用。買辦的英文 comprador 來自葡萄牙文，意思是買手。買辦制度起源於明朝末年，但到十九世紀初才盛行起來。鴉片戰爭之後，1842年廣州公行制度取消，買辦取代行商，成為中西方商人之間的主要中介。[51]有些西方公司的職員太過依賴買辦，以致對於最高層以下的業務運作幾乎茫然不知。[52]到了十九世紀末，買辦不僅躋身通商口岸巨富之列，即使就整個中國而言，他們也是富甲一方之人。有兩名豪富買辦尤其聞名。一人是1890年代上海怡和洋行的買辦，另一人則是1883至1900年香港怡和洋行買辦——何東，這名歐亞混血兒是當時的香港首富。[53]

　　香港對於買辦制度的發展尤其重要，因為在中國做生意的外國公司大多以這個殖民地為據點。第二次鴉片戰爭期間（1856至1860年），外國公司由廣東遷來，令這個制度更形鞏固。上海等通商口岸的買辦，對現代中國資產階級的形成起到關鍵作用，同樣地，香港買辦對香港本地華人資產階級的發展也十分重要。到了1860年代，買辦成為香港最富有的華人。在英國人接管香港後來此地定居的郭松，1845年加入鐵行輪船公司（Peninsular and Oriental Steam Navigation Company，又稱大英火輪船公司），不久當上買辦。二十

50. 酈勢南：〈香港的「買辦」制度〉，載黎晉偉：《香港百年史》，頁130。

51. Yen-p'ing Hao, *The Comprador in Nineteenth Century China: Bridge between East and West* (Cambridge, MA: Harvard University Press, 1970), p. 1；黃逸峰：〈帝國主義侵略中國的一個重要支柱——買辦階級〉，《歷史研究》，總第九十一期（1965年第1期），頁55–56，及〈關於舊中國買辦階級的研究〉，《歷史研究》，總第八十七期（1964年第3期），頁89；Hunter, *Fan Kwae*, pp. 53–56；馬寅初：〈中國之買辦制〉，《東方雜誌》，第二十卷第六號（1923年3月），頁129–132；聶寶璋：《中國買辦資產階級的發生》（北京：中國社會科學出版社，1979），頁2–5；沙為楷：《中國買辦制》（上海：商務印書館，1927），頁1–5；G. C. Allen and Audrey G. Donnithorne, *Western Enterprise in Far Eastern Economic Development: China and Japan* (New York: Macmillan, 1954), p. 47；馮邦彥：《香港華資財團：1841–1997》（香港：三聯書店〔香港〕有限公司，1997），頁29–37；張曉輝：《香港華商史》（香港：明報出版社，1996），頁4–5。

52. Sherman Cochran, *Big Business in China: Sino-Foreign Rivalry in the Cigarette Industry, 1890–1930* (Cambridge: Cambridge University Press, 1989), pp. 28–30, 39.

53. Marie-Claire Bergère, *The Golden Age of the Chinese Bourgeoisie, 1911–1937*, trans. Janet Lloyd (Cambridge: Cambridge University Press, 1989), p. 39; Hao, *Comprador*, p. 99.

多年後他自立門戶，創辦輪船公司，與歐資的省港澳輪船公司競爭。他是1876年香港第三大繳稅大戶，僅次於本地輪船業巨頭德忌利士洋行（Douglas Lapraik & Co.）和怡和洋行的輪船公司。到了1877年，郭松旗下有十三艘船，令他不只是本地成功華商，更是這個地區的船王。[54]

買辦靠著持續與外國人合作來獲取利益。但在香港，買辦所代表的不只經濟合作。他們為香港華人與殖民地政府乃至整體歐人社會培養和好關係鋪路。郭松只會說洋涇浜英語，卻素以與外國人相處融洽著稱。港府還常常就商於他，徵詢有關華人社會事務的意見，直至1880年他去世。《孖剌西報》（Hongkong Daily Press）在郭松的訃文中形容他「與人交際往來，令人如沐春風，態度爾雅溫文」、「與外國人相處和睦，深受敬重」。[55] 最早期的買辦只會說洋涇浜或粗淺英語，他們的後輩子弟則就讀於教會學校、官立中央書院，或留學英國，兼通中英文，深諳中西文化。香港買辦的職位通常世襲相傳：同一家族可能好幾代人相繼擔任同一職位。[56] 素以與外國人合作著稱的顯赫本地家族，因此形成了緊密的團體。買辦靠與歐籍商人合作，顯示自己是「得體」、「現代」的華商，尤其是在他們比起自己所效力的歐籍商人更富裕之後。

香港買辦漸漸利用自己的財富成為社會領袖，這和中國的情況一樣。但香港的殖民地本質，令做這件事比起在中國更容易。在香港，買辦的背景從沒受人鄙夷，這不同於中國，而且金錢更能呼風喚雨，此地自開埠以來就鼓勵經商，貨殖經營從來沒有貶義。此外，在香港的殖民地環境中，華人沒有政治代表權。買辦愈來愈財雄勢大，常常充當港府和華人之間的中間人，對於香港華人社會公共事務的影響力也隨之增加。買辦成立不同的商會來促進本地華商團結，從而形成凝聚力強、「勇於任事」的階級，而非一群汲汲為利的過客。如同香港和東南亞其他殷富華商，香港買辦常常大力捐助中國家鄉的公益事業，造福桑梓；但更重要的是他們在本地民生事務和社會福利所發揮的作用。《孖剌西報》讚揚郭松「樂善好施」，並「善待下屬」。1880年4月他辭世時，送葬隊伍之浩大，是香港歷來數一數二，長長的隊伍歷時一小時才走完。[57]

---

54. *China Mail*, April 22, 1880; *Hong Kong Daily Press*, April 23, 1880.

55. *Daily Press*, April 23, 1880.

56. 徐日彪：〈香港的社會結構〉，載余繩武、劉存寬編：《十九世紀的香港》（香港：麒麟書業有限公司，1994），頁339。

57. *Daily Press*, April 23, 1880.

合謀協作的模式

自香港開埠之初起，有幾個互相交織的模式就已深植於此地，最終成為這個殖民地日後形態的特點。首先是華人合謀協作的積極作用。在鄰近的廣州，失去香港激發很大的敵意和忿恨，由那時起直至二十世紀，此殖民地一直被視為「英帝國主義的堡壘」。[58] 但香港的殖民統治不是強加在默默承受的華人居民之上。它也沒有屠殺或大肆驅逐本地原住民。反之，殖民統治吸引許多大陸商人、承包商和勞工到來。沒有華人幫助，這個殖民地可能就無以為繼。

殖民化是外來強權與本地人早期合作模式的延續，但也使某些這類模式更形加強和制度化。新興華人資產階級的崛起是與香港的殖民地性質密不可分。例如，鴉片專賣權「把帝國化過程與本地營商制度聯繫起來，並對創造華人資本和鞏固華人精英舉足輕重」。[59] 在中國通商口岸，買辦對於促進中外商貿發展起到了關鍵作用，但沒有一處地方的買辦像香港買辦那樣，成為本地社會中如此重要的環節。

自大英帝國誕生之日起直至其暮景殘光的時代，殖民統治一直都是場實驗，當中規則是在其發展過程一路摸索訂定。計劃並非一定稱心如意。政府的隔離政策固然有助扶植本地華人商界精英，但也創造了不受政府控制的飛地，成為海盜淵藪和罪惡溫床。林林總總的承充權和專營權，固然代表了殖民地政府與華人合作者之間的合謀協作，不過，「籠絡精英是緩慢和波折重重的過程，中間會遇到衝突和互相猜疑而窒礙難行」。[60] 承充權和專營權的利潤雖然豐厚，卻不如政府原先寄望那麼一本萬利。儘管鴉片買賣是完全合法的事業，但殖民地官員擔心承充商會以低於應有的價錢販賣鴉片，濫用殖民政府賦予的特權，並敗壞香港的司法制度，令警察貪污腐敗。另一方面，承充商也要殫心竭力保護自己的承充權，以免被其他本地華人競爭者所奪。到了1880年代，鴉片承充權經常落入來自另一個英國殖民地——馬來亞的海峽殖民地——的華商對手手中。

最後，香港的歷史發展既得益於殖民地政府的優勢，也由其弱點所造就。近期的分析把殖民研究的架構擴大，既檢視殖民政權對子民的剝削，也

58. Ming K. Chan, "All in the Family: The Hong Kong–Guangdong Link in Historical Perspective," in *The Hong Kong–Guangdong Link: Partnership in Flux*, ed. Reginald Yin-Wang Kwok and Alvin Y. So (Armonk, NY: M. E. Sharpe, 1995), pp. 32–34, 42.

59. Munn, "Opium Revenue," p. 105.

60. Ibid., p. 106.

探討它如何與子民合作，統治者通常是試圖以此彌補殖民政府的不足，香港
開埠初期的經驗佐證了這種分析。人們常以為殖民政府無所不能，尼克拉
斯・德克斯（Nicholas Dirks）駁斥這種觀念，他指出，由於殖民統治「至少在
某程度上是受制於其勢力並不協調一致的本質」，所以管治者一直很清楚殖民
統治力量有其局限。殖民統治者這種對自己能力的自知之明，說明了港府何
以須獎賞盧亞貴和郭松等合作者，報答他們在鴉片戰爭中提供的服務：既表
示感謝，也藉此令合作者繼續為正確的一方效力。不過，英國統治能持續多
久，香港無人能夠斷言，連自信滿滿和唯我獨尊的英國人也無法保證。[61]

---

61. Nicholas B. Dirks, "Colonialism and Culture," in *Colonialism and Culture*, ed. Nicholas B. Dirks (Ann Arbor: University of Michigan Press, 1992), p. 7.

第二章

更優秀的華人階級：建立東方商業重鎮

　　大英帝國國力強盛，疆土橫跨全球，得到華人的合謀協作，令它得以把香港從漁村小島，變成帝國版圖內的新領土。開埠初期，這個殖民地顯得大有可為，駐華商務總監砵甸乍憧憬香港會成為「偉大的東方商業重鎮」，但這個願望落空。由於轉口貿易發展緩慢，香港最初不過是大英帝國孤懸海外的殖民地和鴉片中心。1842年7月，《廣州週報》慨歎早期的賣地和營商環境欠佳，令華人買家「窮得像老鼠一樣，他們所有的錢都拿去建房子，而這裡的少數歐籍居民也一樣窮，他們全是賣家，沒有一個買家」。[1] 另外，疾病也在肆虐蔓延。1843年5月，駐港英軍中有近百分之二十五的人死於瘧疾。海盜橫行海上，陸上罪行同樣猖獗。華南的中國大商家幾乎無人來香港做生意，而那些通常靠盤剝取利的中國小商人，對於提升此殖民地的經濟前景無甚幫助。

　　想到長遠來説香港經濟極為成功，幾年的經濟蕭條、疾病肆虐和海盜為患，或許微不足道。然而，香港的早期經濟史印證了現今關於殖民統治的辯論，尤其是一種針對後殖民主義的論點，它批評後殖民主義淡化了殖民統治的物質層面，特別是資本主義的作用。阿利賈斯・艾哈邁德（Alijaz Ahmad）認為：「我們不應談太多殖民主義或後殖民主義，而應談資本主義現代性，它在某些地方和某段時間是以殖民方式出現。」阿里夫・德里克（Arif Dirlik）探究第一世界學術界為何一直對第三世界後殖民批評家推崇備至時（"The

---

1.　*Canton Press*, July 2, 1842.

Postcolonial Aura"）認為，答案在於後殖民主義和持這派學說的人否認「資本主義在歷史中的基礎作用」。[2]

把資本主義放回到關於殖民主義的討論中，是早就應該做的事，因為殖民主義是「為資本主義接生的助產婆」。不過，集中於資本主義的作用有其陷阱。它假設發展是一條直線的路徑：資本主義積累與殖民征服和鞏固，是齊頭並進，不會受衰退、譁變、叛亂或其他阻撓殖民計劃的波折所妨礙的。它高估了殖民政權的功勞，把它看得太高瞻遠矚，而忽略了一些與資本主義或殖民政權沒有直接關連的關鍵因素——例如自然災難和社會動盪，並且忘記無論殖民主義還是資本主義，背後都是既有成功也有失敗，有反復的試驗與犯錯。最後，把眼光專注於資本主義的作用，會過於重視西方殖民宗主國。如弗雷德里克・庫珀和安・勞拉・斯托萊（Ann Laura Stoler）所認為：「帝國精英或許是從宗主國中心**瞻望**他們的領地，但他們的行動（遑論結果）卻不一定是在那裡**決定**。」香港開埠初期的經驗顯示，資本主義對於此殖民地的經濟成長十分重要，但也顯示英國殖民政權對於這種成長沒有太大幫助。[3]

香港的掙扎沉浮

1844年7月，香港庫務司羅伯特・蒙哥馬利・馬丁（Robert Montgomery Martin）報告說，香港的氣候、地勢和營商條件太差，英國政府應放棄這個島。歐籍商人懷著「某種幻覺」，以為香港「很快會超越新加坡，並成為東半球的蒂爾（Tyre）或迦太基（Carthage）」，因而在這裡投資建屋。馬丁抱怨「似乎有人亟欲把大部分中國賠款花在這個討厭、荒蕪、有礙健康和一無是處的島上，就算投入英國全部財富、人才和精力，都無法把此島變成宜居或體面的英國殖民地。」這個島的商業前景顯然非常黯淡：「無論如何，香港成為貿易地的希望似乎都極為渺茫。」馬丁對香港會成為另一個新加坡的說法不以為然，他強調：「新加坡繁榮所繫的地理、領土和商業優勢，香港全部付諸闕

2. Alijaz Ahmad, "The Politics of Literary Postcoloniality," in *Contemporary Postcolonial Theory*, ed. Padmini Mongia (London: Arnold, 1996), pp. 280–281; Arif Dirlik, "The Postcolonial Aura: Third World Criticism in the Age of Global Capitalism," in Mongia, *Postcolonial Theory*, p. 95.

3. 關於「殖民統治如『助產婆』」，見 Ania Loomba, *Colonialism/Postcolonialism* (London: Routledge, 1998), p. 4；關於「殖民統治和資本主義的嘗試與犯錯」，見 Ann Laura Stoler and Frederick Cooper, "Between Metropole and Colony: Rethinking a Research Agenda," in *Tensions of Empire: Colonial Culture in a Bourgeois World*, ed. Frederick Cooper and Ann Laura Stoler (Berkeley: University of California Press, 1997), p. 29（著重號為原文所有）。

如，也永遠無法創造。」即使這個殖民地擁有著名的深水港，也不值得那些
花費和工夫：「我看不出英國政府有何理由要為香港花哪怕是一個先令。」[4]

馬丁在香港只逗留了幾個星期，並且健康欠佳，最後還因此辭職。據
1844 至 1848 年擔任港督的戴維斯說，馬丁的指控「誇大和片面」，他撰寫這些
指控時懷有「很固執的偏見，這緣於他對個人健康的憂慮，他對健康十分敏
感，以此為由請假的日子之多，公務員隊伍中無人能及」。戴維斯之後報告
說，許多海軍軍官稱香港是「世界最優良的港口」。香港在最初六年中，在人
口和收入方面取得的進步都遠超新加坡。六十多年後，一本關於香港和中國
通商口岸的指南宣稱：「事情的發展顯示馬丁先生是個假先知，香港現在是華
南貿易賴以轉動的軸心。」[5]

雖然馬丁過度悲觀，但許多與他同時代的觀察者也不看好香港前景。《德
臣西報》寫道：「耐人尋味的是，明明有那麼多選擇，為何我們的談判官員會
選中香港這樣荒涼不毛的討厭荒島。」植物學家福鈞預言：「從用作貿易通商
之地的角度看，我擔心香港會失敗。」後來成為香港維多利亞教區會督的施
美夫牧師所見略同：「即使從商業觀點看，根據最權威的判斷者說，在這樣的
情況下，當初獲取香港所寄以的期望，連一小部分也永遠難以實現。」[6] 1845
年 8 月，三十一名香港英商聯名上書倫敦的殖民地大臣，痛陳香港已無商業

4.　羅伯特・蒙哥馬利・馬丁的評語，見 "Report on the Island of Hong Kong," July 24, 1844, 附載於
　　Davis to Stanley, August 20, 1844, Papers of the House of Commons, 1857, session 1, vol. 12, 重印於
　　Hong Kong Annual Administration Reports, 1841–1941, ed. R. L. Jarman, vol. 1: 1841–1886 (Oxford:
　　Archive Editions, 1996), pp. 8–15。

5.　Frank H. H. King, *Survey Our Empire! Robert Montgomery Martin (1801?–1868): A Bio-Bibliography*
　　(Hong Kong: Centre of Asian Studies, University of Hong Kong, 1979), pp. 233–256; Davis to
　　Stanley, April 25, 1845, in "Copy of Correspondence of Mr. Montgomery Martin with the Secretary
　　for the Colonies, relating to his resignation of the Office of Treasurer of Hong Kong," 重印於 Irish
　　University Press Area Studies Series, *British Parliamentary Papers, China, 24: Correspondence,
　　Dispatches, Reports, Ordinances, Memoranda and Other Papers Relating to the Affairs of Hong Kong,
　　1846–60* (Shannon: Irish University Press, 1971), p. 33；關於「最優良的港口」，見 Great Britain,
　　Colonial Office, Original Correspondence: Hong Kong, 1841–1951, Series 129 (CO 129), Public
　　Record Office, London, CO 129/11, April 25, 1845, Davis to Stanley, p. 125；香港與新加坡的比
　　較，見 CO 129/19, March 13, 1847, Davis to Grey, p. 221；馬丁是「假先知」，見 Arnold Wright
　　and H. A. Cartwright, eds., *Twentieth Century Impressions of Hongkong, Shanghai, and Other Treaty
　　Ports of China: Their History, People, Commerce, Industries, and Resources* (London: Lloyds, 1908),
　　p. 149。

6.　*China Mail*, August 27, 1846; Robert Fortune, *Three Years' Wanderings in the Northern Provinces of
　　China, Including a Visit to the Tea, Silk, and Cotton Countries: With an Account of Agriculture and
　　Horticulture of the Chinese, New Plants, etc.* (London: J. Murray, 1847), p. 28; Rev. George Smith, *A
　　Narrative of an Exploratory Visit to Each of the Consular Cities of China and to the Islands of Hong*

潛力。1847年5月，怡和洋行老闆央孖地臣（Alexander Matheson）告訴英國下議院，若非他們已投資了大量金錢於土地和建築物，大部分英國商行早就撤出香港。[7]

英國官員原本期望香港能吸引廣州和澳門的中國商人到來，使它變成華南的貿易中心。是什麼地方出了岔子？部分原因在於《南京條約》，這條1842年簽訂的條約把香港割讓給英國，但同時把香港的貿易轉移到其他地方。該條約開闢了五個通商口岸，而《南京條約》的補充條約《五口通商附粘善後條約》（即《虎門條約》）規定只有這五個口岸的民船才能前往香港，並且每次航程均須持由中國官員發出的牌照。進入香港水域的中國帆船如無這種牌照，英國官員可把船扣押，交給九龍的中國當局。雖然沒有證據顯示中國或英國當局曾認真執行這些條款，但據說中國官員向申請這種牌照的人徵收高昂費用。[8]《華友西報》在1843年10月評論香港貿易「低迷不振」，該報說：「天朝肯定是在大力施加影響，阻止中國帆船和土著船艇前來這個港口。」此外，由於規模較大的外國商行在香港和廣州都設有辦事處，所以中國商人多去廣州而捨香港。[9]

這個殖民地吸引不到中國商人的另一個原因，是它無法提供經濟利益。因為在通商口岸做買賣更便宜，英國商人寧願直接從中國採購貨物，而不到香港。1845年，擔任英國駐華商務監督漢文正使的德國傳教士郭士立（Karl Gützlaff，又譯郭實臘、郭實拉）說：「期望有船會從那些開放英國通商的口岸來到香港買貨，是徒勞無功的，因為他們在自己門前已可以用幾乎相同的價

Kong and Chusan, in Behalf of the Church Missionary Society in the Years 1844, 1845, 1846 (London: Seely, Burnside and Seeley, 1847), p. 513.

7. 林友蘭：《香港史話》，增訂本（香港：香港上海印書館，1985），頁24；P. S. Cassidy, "Commercial History of Hong Kong: A Century of Trade," in *Hong Kong Centenary Commemorative Talks, 1841–1941* (Hong Kong: World News Service, 1941), p. 39。

8. 港督寶靈在1857年寫道，中國或英國都不曾執行該條約的這些條款。CO 129/63, May 15, 1857, Bowring to Labouchere, p. 118。但是，本地歐籍居民卻不大相信。《華友西報》（1844年11月16日）曾警告說，殖民地官員正在「扼殺香港剛萌芽的商貿，因為他們扣押駛進港口而沒有許可證的中國帆船，並把這些沒有過犯的船交給九龍的中國官員，那些人如果付不出錢以求無罪開釋，官員就會用殘酷中國規矩來折磨他們。」

9. 關於「『天朝』的影響」，見 *Friend of China*, October 12, 1843；關於「去廣州而捨香港」，見 Julius Berncastle, *A Voyage to China: Including a Visit to the Bombay Presidency; the Mabratta Country; the Cave Temples of Western India, Singapore, the Straits of Malacca and Sunda, and the Cape of Good Hope* (London: William Shoberl, 1850), vol. 1, pp. 2–48；CO 129/11, April 25, 1845, Davis to Stanley, pp. 283–285；"Remarks upon the Native Trade of Hongkong from 1st April 1844–1st April 1845," 附載於 CO 129/11, May 3, 1845, Davis to Stanley, pp. 38–43；*Friend of China*, November 16, 1844; Smith, *Narrative*, p. 510。

錢買到貨物。」[10] 中國商人從東南亞輸入和向它出口貨物時，則寧願僱用英國船，因為英國船比中國帆船更快、更安全、更便宜。雖然英國航運公司因此受惠，但他們的船繞過香港不入。[11] 馬丁慨歎：「經過三年半不斷開拓，島上連一個體面的華人居民都找不到。」從事鴉片貿易的富商陳濟南在香港建了一座房子，還擁有一艘出租貨船，但他不久就返回廣州，而他回去前在香港染上感冒發燒，結果病逝廣州。[12] 1846 年 4 月，郭士立說：「家資餘裕的人，沒一個敢到香港經商，或在這個島上建房子。」若問「財力豐厚」的華人為何不想在「自由政府全面保障財產」的情況下營商，他們異口同聲答道，在廣州或其他通商口岸做買賣更有利。[13]

中國商人避開香港還有另一個原因：廣州的中國當局以各種限制，阻撓中國貿易商到香港去。馬丁說，廣州鴉片商陳濟南就算沒有病死，「也會被禁止返回香港，鄰近沿海地區的中國大官，靠著控制端方正派的華人的家人和親戚，阻止他們到香港定居，這是他們的政策。」許多殖民地官員都和馬丁見解相同，認為廣州當局把「所有賊匪、海盜，以及遊手好閒或不中用的遊民」遣送到香港，此舉既能清除罪犯，又可破壞香港穩定。其結果是帶來「某種貝都因人（Bedouin）似的人口，他們慣於漂泊、掠奪，又好賭和放蕩弛縱，令他們完全不適合於持續勞動；因此，對於嘗試建立新殖民地而言，這樣的居民不但毫無用處，而且非常有害」。馬丁在報告中說，就算是郭士立這位「甚為袒護華人」的漢文正使，也說「麇集於此地（香港）的人是道德水準最低劣的一類」。[14] 馬丁指出，事實上在中國大陸人眼中，香港這個地方，「鋌而

---

10. "Remarks upon the Native Trade of Hongkong," p. 42。郭士立是「老沿海航行者」或「老廣州」，這些稱呼是指十九世紀初航行於華南水域的歐洲傳教士、貿易商和冒險家。他當過鴉片商的翻譯，以換取利用他們的船派發《聖經》和散發傳教小冊子。見 Jessie G. Lutz, "Karl F. A. Gützlaff: Missionary Entrepreneur," in *Christianity in China: Early Protestant Missionary Writings*, ed. Suzanne Wilson Barnett and John King Fairbank (Cambridge, MA: Harvard University, Council on East Asian Studies, 1985), pp. 61–87；另 見 Arthur Waley, *The Opium War through Chinese Eyes* (London: Allen and Unwin, 1985), chapter 5。郭士立的回憶錄收錄在其 *Journal of Three Voyages along the Coast of China in 1831, 1832, and 1833, with Notices of Siam, Corea, and the Loo-choo Islands* (London: F. Westley and A. H. Davis, 1834)。

11. "Remarks upon the present state of Native Trade with the Colony of Hong Kong," 附 載 於 CO 129/16, April 15, 1846, Davis to Gladstone, p. 151.

12. "Report on the Island of Hong Kong," p. 9.

13. "Remarks upon the present state of Native Trade with the Colony of Hong Kong," p. 151.

14. 馬丁等人的負面評論，見 "Report on the Island of Hong Kong," pp. 8–9。郭士立與香港華商關係似乎很友善融洽。他在 1849 年 10 月離港赴英時，獲得一百六十七名華人店家讚揚，他們說：「彼自蒞港以來，為官如清水無瑕，不取分文賄賂，戮力導人向善，吾等銘感五內⋯⋯彼真乃『文質彬彬，氣宇軒昂之士，待人如己』。」（*Hong Kong Register*, October 2, 1849）

走險和無所忌憚之人可以從英國人身上獲得某種好處，盜匪和搶匪可以逍遙法外，以行惡取利為生」。[15] 施美夫牧師通常比殖民地官員更慈悲為懷，連他也形容香港華人社會主要由「土著社會中最卑劣的渣滓」和「地位與品格最低下的人」組成。福鈞則說：「城內盜賊如毛」。[16]

這些關於早期華人社會的評價，我們無從證實。當時的中國政府文獻致力把所有香港華人都描繪為無恥漢奸，對他們的批評往往比殖民地官員更激烈。但根據各種流傳的說法，歐籍人中惡劣之徒也大有人在。在英國，人們把香港視為歐洲罪犯、逃兵、鹵莽冒險家和投機者的庇護所。《經濟學人》（The Economist）在 1846 年 8 月說：「香港現在什麼都不是，只是一些鴉片私梟、士兵、官員和軍艦水手的淵藪。」[17] 福鈞卻寫道，在這個殖民地最早期的歲月，外籍人口「大多是光明磊落和高尚的人」，到了 1845 年，外籍人口變成「非常龍蛇混雜的群體」。美國訪客奧斯蒙德・蒂法尼憶述：「那些來自倫敦邊緣地區，全靠運氣好才沒有被流放到博塔尼灣（Botany Bay）的替罪羊和流氓地痞，在維多利亞城可找到他們的蹤影，這些傢伙在那裡作威作福，對本地人頤指氣使，而相較於這些傢伙從前或往後的模樣，本地人大都更加正派和受人敬重。」[18]

無論香港早期居民的品格如何，這個殖民地的環境吸引不了發展香港經濟所需的那種華商前來，本地官員為此既懊惱又失望。雖然到了 1844 年 4 月，香港約有兩萬名華人，但大型華資公司少之又少。蒂法尼觀察到：「香港的船舶狀況極差。島上沒有富裕的土著。」幾乎沒有華人在香港買地，反映了香港缺乏大華商。1843 年的公開土地競投中，只有一兩個華人買家。1850 年，二十個最大的土地承租人中沒有一個華人。[19]

華商對香港裹足不前的最大原因是治安不靖：殖民地政府無法提供安全的營商環境。從殖民地初建時期至 1860 年代，香港島四周都是海盜環伺。

15. "Report on the Island of Hong Kong," p. 15.

16. Smith, *Narrative*, p. 508; Fortune, *Wanderings*, p. 27.

17. 引自 E. J. Eitel, *Europe in China: The History of Hong Kong from the Beginning to the Year 1882* (1895; reprint, Hong Kong: Oxford University Press, 1983), p. 242。

18. Fortune, *Wanderings*, p. 28; Osmond Tiffany Jr., *The Canton Chinese; or, The American's Sojourn in the Celestial Empire* (1849); 重印於 *Hong Kong: Somewhere between Heaven and Earth*, ed. Barbara-Sue White (Hong Kong: Oxford University Press, 1996), pp. 38–39.

19. 關於「人口統計」，見 China Mail, *Hong Kong Almanack and Directory for 1846* (Hong Kong: China Mail, 1846)；Tiffany, *Canton Chinese*, in White, *Hong Kong*, p. 39；關於「莊士敦和砵甸乍批出的土地列表」，見 CO 129/2, 1843, pp. 152–175，以及關於「1844 年 1 月 22 日舉行的公眾拍賣中售出的土地」，見 CO 129/5, February 13, 1844, pp. 148–151; CO 129/33, August 1850, p. 424。

1841年12月，《廣州週報》報導說，海盜繼續「令土著居民惶悚不安，英國當局肅清海盜的工作，至今仍未竟全功」。蒂法尼形容：「有一股凶悍盜匪在河口遊弋，伺機劫掠，甚至殺人。他們常常藏匿於快艇之中，靠近不虞有詐的船舶，與之並行，頃刻間登船施襲。」[20] 海盜在香港安插了眼線通風報信，對由香港開往中國港口的中國帆船動向瞭如指掌，因此船員只在風大時才敢離港，因為風勢大的時候順風而行，他們的船或許能跑得比海盜快，又或者成群結隊出航，互相照應，以策安全。[21] 1844年6月，一股一百五十人的海盜洗劫一座海旁貨倉。

1845年初，港督戴維斯寫信給閣麟（Thomas Cochrane）上將和清廷欽差大臣耆英，說：「東面鯉魚門之狹窄水道，以及西面急水門和其他水道，均有武裝船舶出沒，封鎖這些水道，使得利用土著船艇往來這個殖民地的貿易，陷入嚴重癱瘓。」[22] 同年9月，英國海軍部批准華人提出的計劃，在兩艘船上裝設武器，由華人擔任船員，英國軍官指揮，巡邏四周水域並打擊海盜，但這項計劃只實行了很短時間。1854年夏天，海盜可能大舉進犯的威脅，令全島進入緊急戒備狀態。到了6月，居民人心惶惶。買辦和店家已經或正打算把家人遣送回鄉。海盜最終沒有來襲，但維多利亞港兩邊水道都加設防禦工事，並增加了一隊輔助警察。[23]

1854年10月，黃亞龍（音譯，Wong Aloong）和一群往來香港的船主向殖民地政府請願，要求派船肅清海盜，並說海盜肆虐令他們的生意大受打擊。這些請願者警告，如果政府不出手維持治安，他們就無法再來香港，到時候本地商人會因此而遭受損失。同一個月，下市場場長要求派船剿滅海盜。在不足一個月內，已有三艘船被海盜擄劫。從前往來香港的船舶，現在敢來此地的不足一半，這令白米和木材價格飛漲。港府如不採取行動，這些船艇將

20. *Canton Press*, December 4, 1841; Tiffany, *Canton Chinese*, in White, *Hong Kong*, p. 36

21. 關於「眼線」，見 "Remarks upon the Native Trade with the Colony of Hong Kong," p. 234；Berncastle, *Voyage*, p. 42；John M. Tronson, *Personal Narrative of a Voyage to Japan, Kamtschatka, Siberia, Tartary, and Various Parts of the Coast of China; in H. M. S. Barraracouta, 1854–1856* (London: Smith, Elder & Co., 1859), p. 55。

22. 關於「被『洗劫』的貨倉」，見 J. Y. Wong, *Anglo-Chinese Relations, 1839–1860: A Calendar of Chinese Documents in the British Foreign Office Records* (Oxford: Oxford University Press, for the British Academy, 1983), p. 112; Great Britain, Foreign Office, General Correspondence: China, 1815–1905, Series 17 (FO 17), Public Record Office, London, FO 17/98, January 25, 1845, Davis to Cochrane, pp. 64–65。

23. 關於「對抗海盜」，見 CO 129/14, September 1, 1845, Admiralty to Hope, pp. 11–12，以及 CO 129/16, June 5, 1846, David to Gladstone, pp. 398–400；關於「輔助警察」，見 *Hong Kong Register*, June 6, 1854。

不再來香港。[24] 同月，副總督威廉・堅（William Caine）報告，有位名叫盧紹廣（音譯，Low Sew Kwong）的富商用船把家人和貴重物品從順德運到香港，還僱了武裝船護航。他的船在這趟航程大都安然無恙，卻在進入香港水域後受海盜襲擊。1855 年 9 月，港督寶靈（任期 1854 至 1859 年）認為，海盜為患對香港的「安逸生活與繁榮造成毀滅性的干擾」。[25]

如中國政府不予協助，港府無法肅清海盜。當時的殖民地政府檔案顯示，官員認為中國政府不肯合作，令他們十分氣餒。[26] 1853 年，港督文咸（George Bonham，又譯般咸、般含、文翰；任期 1848 至 1854 年）抱怨海盜過於猖獗，政府已不可能獨力清剿。但殖民地政府對於香港境內的罪案也束手無策。馬丁報告説：「歐籍居民就寢時不得不帶著手槍，子彈上膛；為了保護自己的生命財產，常要在半夜從床上爬起來去對抗武裝匪幫，這些匪幫為了劫掠大筆財物，犧牲幾名自己人也在所不惜。」那時候到訪香港的英國海軍軍官特郎遜（J. M. Tronson）（他日後會從孟加拉前來指揮此地的英國駐軍）憶述：「此城有一地區名叫太平山，是苦力以及來自中華帝國各地難民和無賴流氓聚居之地……有些不法之徒在島上四處徘徊，每當遇上無力自衛的人就搶奪劫掠，無惡不作。」[27]

有像盧亞貴這樣的人存在，也令華商對香港敬而遠之。雖然他樂善好施受人歡迎，但眾所周知他牽涉犯罪勾當，例如走私、海盜和助長警察貪污腐敗。《華友西報》經常指摘盧亞貴和他的「下市場幫」是海盜。[28] 施美夫牧師曾寫道，據説盧亞貴「以放貸來支持一些聲名狼藉之人，並以各種方式從放蕩弛縱的行為和罪案中得益」。1861 年 11 月，《華友西報》的編輯兼前殖民地官員臺特仁（William Tarrant）憶述：「在我們接管之前」，「海王」盧亞貴「在海上環視香港，觸目所及全是他這個大王的禁臠」。「品行端正的人不肯來此地定居，甚至不願來訪」，有盧亞貴在此肯定是一大原因。[29]

24. 黃亞龍與其他船主的陳情，見 CO 129/47, October 1854, pp. 212–213；下市場場長與商戶的陳情，見 CO 129/43, October 1854, pp. 214–215。

25. Caine to Grey: CO 129/47, October 17, 1854, pp. 197–199; Bowring to Russell: CO 129/51, April 9, 1855, p. 255.

26. 例如 FO 17/98, January 25, 1845, Davis to Cochrane。

27. CO 129/42, June 13, 1853, Bonham to Newcastle, p. 321; Martin's report, "Report on the Island of Hong Kong," p. 9; Tronson, *Personal Narrative*, p. 55.

28. *Friend of China*, May 4, 1843, May 9 and 16, December 19, 1846, and December 27, 1851; *Hong Kong Register*, February 16, 1847; Arthur Cunynghame, *The Opium War; Being Recollections of Service in China* (London: Saunders and Otley, 1844), pp. 220–224；關於「下市場幫」，見 *Friend of China*, February 9, 1848。

29. Smith, *Narrative*, p. 82; *Friend of China*, November 9, 1861.

　　盧亞貴控制鴉片專賣所用的手法同樣咄咄逼人。施美夫牧師描述，盧亞貴由華籍或印籍警察陪同，「經常巡查本地人的船艇和私宅，見到懷疑未經他批准出售的鴉片球就一概沒收」。《廣州週報》抱怨，在英治的香港，像盧亞貴這樣的人卻能「享有恍如暴君的勢力魚肉同胞，他們對同胞敲骨吸髓的方式，據說和中國官員在其他地方所做的事如出一轍」。《廣州週報》寫道，盧亞貴「壓榨來到香港定居的華人，他們必須向他繳稅才能獲准任職就業」。《華友西報》形容「亞貴大王」用來監管鴉片貿易的那艘船，「是一艘不折不扣的**私人**緝私船，所作所為卻彷彿是受到香港行政部門委託一樣」。盧亞貴得到香港警察保護，「此殖民地的商業成為他的囊中物」。[30]

　　盧亞貴為保護自己的鴉片承充權無所不用其極，但這並不罕見也不違法。東南亞的殖民地和中國通商口岸都有實行承充制度。鴉片是專賣商品，生產和銷售的各層面都必須不斷監管，還須要保障供應和取締非法競爭。設立承充制度的目的，就是盡量減輕殖民地政府的工作，所以承充商設有自己的巡查隊和眼線網絡，他們的搜查和緝捕權力很大，這些權力有時候會被濫用。[31]

　　但是，盧亞貴以暴力和恫嚇來保護自己的鴉片承充權，印證了本章的主要論點：指摘後殖民理論沒有認真處理政治和經濟的批評，忽略了殖民政策是會產生事與願違的結果。施美夫說，盧亞貴「以近乎判官的權力魚肉怯懦華人，藉此實行他的專賣」，「足以令品行端正的土著對香港裹足不前，他們意興闌珊，不願來香港定居」。《華友西報》說，為了保障盧亞貴的專賣權，「殖民地的利益被犧牲，一方面土著貿易商被趕走，另一方面外國商人也棄此島而去。」由於有像盧亞貴勢力如此大的人存在，「端方正派的華人」向《廣州週報》肯定地說：「他們絕不可能來香港定居。」[32]

　　華商不來香港，不只因為盧亞貴以高壓手段控制他的鴉片承充權，殖民地政府也無法令華商相信它全心全意保住這個島。許多華人擔心英國會把香港歸還中國。1842 年 7 月，《華友西報》慨歎一幅撥予興建中國廟宇的土地仍然空置。「延宕多時的唯一原因，據說是華人擔心英國人會歸還此島，留下

---

30. Smith, *Narrative*, p. 513; *Canton Press*, March 19, 1842; *Friend of China*, May 6, 1846；關於「香港的商業」，見 *Friend of China*, May 9, 1845。

31. Timothy Brook and Bob Tadashi Wakabayashi, "Opium's History in China," in *Opium Regimes: China, Britain, and Japan, 1839-1952*, ed. Timothy Brook and Bob Tadashi Wakabayashi (Berkeley: University of California Press, 2000), p. 5; Carl A. Trocki, "Drugs, Taxes, and Chinese Capitalism in Southeast Asia," in Brook and Wakabayashi, *Opium Regimes*, pp. 81–83.

32. Smith, *Narrative*, p. 513; *Friend of China*, May 6, 1846; *Canton Press*, March 19, 1842.

他們自生自滅。」即使1843年欽差大臣耆英發出公告，赦免曾為英軍服務的華人，但華人對於英國保有香港的意願和能力沒有信心，令香港對華商的吸引力減少。許多華人仍然擔心違反清廷不准移民海外禁令的後果。1844年7月，《廣州週報》報導，一名在舟山為英國軍需部工作的中國商人被當地政府抓走斬首。[33] 11月，有反英揭帖號召華人離開殖民地，又呼籲中國驅逐英夷。雖然1845年4月耆英禁止廣州和香港的華人騷擾洋人，但1846年1月，一天內再有兩張反英揭帖出現：一張譴責廣州當局對洋人軟弱；另一張是「廣東全省水陸鄉村志士義民」發出的反英公檄。第二次鴉片戰爭期間，兩廣總督叫人在香港各處街頭遍貼揭帖，呼籲忠心華人挺身反抗英夷，毒殺或刀戮英國人，或燒毀他們的房屋。[34]

華人移民海外與太平天國

如果殖民地政府和英國資本主義制度都無法吸引足夠華商來港發展此地經濟，那麼，最終是什麼促使這個殖民地轉型？英國史家素來主張，此殖民地的開明管治和貿易自由，是造就香港華人人口增長的因素；中國學者則相反，他們強調，香港人口增長幾乎全因中國國內事件促成。事實卻介乎這兩種立場之間。吸引足夠華商（及其資金）到香港，不但需要西方資本主義和帝國主義的興起，還取決於中國內部動盪。這種推力與拉力的結合，造成了幾波大規模的中國人移民潮，最終促成香港轉型，成為其開創者所憧憬的重要商業樞紐。

西方帝國主義的興起和世界各地資本主義的發展，在兩方面鼓勵中國人移民海外。首先，開放廣州和其他通商口岸給外國通商，破壞了地方經濟。廣州自明代起就是紡織品生產和出口的區域中心，但如英國棉製品等外國貨進口，卻在廣州的市場與中國貨競爭。中國帆船則輸給更大更快的外國船舶。到了1840年代末，廣州喪失茶葉和生絲貿易方面的優勢，導致廣東省

---

33. *Friend of China*, July 28, 1842; CO 129/1, 1843, proclamation by Qiying on treaties and tariffs; *Canton Press*, July 24, 1844.

34. 關於「反英揭帖」，見 Great Britain, Foreign Office, Records of Letters between the Plenipotentiary and the High Provincial Authorities, and Proclamations by H. E. the Governor and Chief Magistrate, 1844–1849, Series 233 (FO 233), Public Record Office, London, FO 233/13, 1844；關於「耆英禁止騷擾洋人」，見 FO 233/185, April 23, 1845；關於「新增的揭帖」，見 FO 233/185, January 17, 1846；關於「英夷」，見 Eitel, *Europe in China*, p. 310。

大量人口失業。[35] 第二，由於英國、法國，以及美國部分地區廢除奴隸制，令西方資本主義事業對廉價勞動力需求孔殷，這些事業包括美國西部、加拿大、澳洲的礦業和鐵路築建，以及馬來亞的錫礦業和橡膠種植園。[36]

1849年，即美國沙加緬度谷（Sacramento Valley）發現金礦後一年，首批華工乘船經香港前往加州。1850年12月，香港官員米切爾（W. H. Mitchell）寫道：「本殖民地的前景一點也不令人泄氣……不要忘記，美國西岸的華人人口快將大增，而香港將成為主要的供應港。」1850年1月至6月間，約一萬噸貨物（主要是絲綢、漆器、草蓆、樟木箱、煙花、蜜餞、茶葉、糖、糖蜜、花崗岩加工石材、木屋、經刨光的木材和古董）在香港裝船運往加州。[37] 這種海外貿易的增長，令中國勞工和人才的生力軍也隨之來到香港。1851年4月，港督文咸報告，華人人口有所增加，主要是從事加州貿易的廣東工匠。[38] 三年後文咸說，香港的「商業前景正在緩慢而確實地擴大，其性質也更為恆久」。[39]

米切爾關於香港前景的預言應驗，這個殖民地在1850年代成為自由和契約華工的主要轉運點。船政廳在報告中說，單在1852年就有三十四艘滿載華工（主要來自四邑和三邑地區）的船由香港開往加州，[40] 另外還有許多華工前往秘魯和西印度群島。[41] 1854年11月，牙買加的金斯頓有第一批華工從香港坐船抵達，而從1848至1857年，將近二萬五千名華人從香港出發前往古巴。1851年澳洲發現金礦後，經香港前往當地的華工更多了。1854年6月，《香港紀錄報》報導在1854年前半年，有一萬五千五百四十八名華人從香港出發，前往新南威爾斯和加州。[42] 1855年10月，繼文咸後出任港督的寶靈說，1855年已有一萬四千六百八十三名華人離開香港，當中近一萬人以加州為目的

35. Ming K. Chan, "All in the Family: The Hong Kong–Guangdong Link in Historical Perspective," in *The Hong Kong–Guangdong Link: Partnership in Flux*, ed. Reginald Yin-Wang Kwok and Alvin Y. So (Armonk, NY: M. E. Sharpe, 1995), pp. 32–34; June Mei, "Socioeconomic Origins of Emigration: Guangdong to California, 1850–1882," *Modern China* 5.4 (October 1979): 470–471.

36. Mei, "Socioeconomic Origins," p. 493.

37. "Report on the Economic Prospects of Hongkong by W. H. Mitchell," 附載於 CO 129/34, December 28, 1850, Bonham to Grey。

38. Bonham to Grey: CO 129/36, April 26, 1851, p. 161.

39. CO 129/42, June 13, 1853, Bonham to Newcastle, p. 321.

40. Geoffrey Robley Sayer, *Hong Kong: Birth, Adolescence, and Coming of Age* (London: Oxford University Press, 1937), p. 220.

41. Eitel, *Europe in China*, p. 149; Hosea Ballou Morse, *The International Relations of the Chinese Empire*, vol. 1, *The Period of Conflict, 1834–1860* (London: Longman's, Green, 1910), p. 171.

42. *Hong Kong Register*, June 6, 1854.

地。[43] 1857年，差不多一萬八千名華工離開香港遠赴澳洲。1859年，寶靈報告說，1858年再有近一萬四千名華人從香港前往澳洲或加州。[44]

1850年代，華人出洋是造就香港商業繁榮的主因，歐籍商人和華商同樣受惠。中國學者一直認為，從華人出洋與「苦力」或「豬仔」貿易（因運載華工的方式而得名）得益的主要是殖民地政府和外國商人。[45] 然而，那只說出了一半事實。這種苦力貿易幾乎所有環節，華人都有參與：中國大陸農村的招工人員；在香港和其他口岸誘騙華工出洋的拐子、契約商和其他中間人；華工船上的通譯和照料者；以及香港的經紀人和船主。[46] 和興號與興和號是經營加州苦力貿易的兩大經紀行，它們都是由華商擁有，前者是由顯赫的香港華商李陞經營。協助英國人建設新殖民地的承建商譚才，也是主要的華工經紀人和移民船包租商。華人出洋是大生意，許多香港商人，不論華人還是外國人，都是靠這門生意發跡或財富大增。

西方帝國主義和全球資本主義崛起，是香港難以擺脫的網羅，而緩解香港經濟窘境的另一帖治病藥方從1850年代初開始出現，當時許多中國商人為逃避太平天國的混亂和破壞來到香港。在中國，太平軍起事與清廷的鎮壓行動至少令二千萬人死亡，農村地區大受蹂躪，城市毀於兵燹，但此事件在香港卻產生相反的效果。1855年6月，輔政司馬沙（William Mercer，後世將其漢名譯為孖沙）報告，儘管此時華人不斷從香港出洋到加州和新南威爾斯，但香港華人人口卻從1853年的三萬七千五百三十六人，上升至1854年的五萬四千零七十二人。「逃難避禍的人湧入」，「是廣州城及其鄰近地區大亂的直接和間接結果」。[47] 1855年，香港華人數目達到七萬零六百五十一人——如果考慮到1855年有約一萬四千六百八十三人離開這個殖民地，這個數字就更加可觀。同樣地，即使1859年有一萬零二百一十七人離開香港，華人人口仍從1858年的七萬四千零四十一人，上升至1859年的八萬五千二百八十人。1858至1862年這個變化最大的時期，人口增長率近百分之六十五。[48]

---

43. CO 129/52, October 6, 1855, Bowring to Molesworth, pp. 108–109.

44. CO 129/73, March 29, 1859, Bowring to Lytton, pp. 309–311.

45. 比如，余繩武：〈香港的經濟〉，載余繩武、劉存寬編：《十九世紀的香港》（香港：麒麟書業有限公司，1994），頁232–238。

46. Mei, "Socioeconomic Origins," p. 490; Jung-fang Tsai, *Hong Kong in Chinese History: Community and Social Unrest in the British Colony, 1842–1913* (New York: Columbia University Press, 1993), pp. 25–26.

47. CO 129/50, June 5, 1855, Mercer to Caine, pp. 169–174.

48. 人口和移民數字來自每年出版的藍皮書和 *Historical and Statistical Abstracts of the Colony of Hong Kong, 1841–1930* (Hong Kong: Noronha, 1932)。

太平天國戰亂時期，香港華人數目增加，令這個殖民地益發繁榮，這又吸引更多富裕華人遷來。即使後來中國大陸的情勢趨於穩定，移民湧入香港的情況仍然繼續。1855 年 6 月香港的地產和租金，與 1854 年 6 月相比上升了百分之六十。[49] 1857 年 5 月，美國海軍軍官詹姆斯‧約翰遜（James Johnson）到訪香港，他發現，在皇后大道這條香港的主街，「行人川流不息，如潮水翻湧，從四方八面湧入，在街上激盪、奔騰而過」。商店擠滿「各色人等，雙手忙個不停，靈巧而賣力地操作他們的謀生工具」。城中處處是商店，「裡面有廣州和內陸城鎮生產的各種貨品，激發外國人的好奇與讚歎」。[50] 1857 年 8 月，港督寶靈報告說，香港華人「全都同意接受英國庇蔭，把香港建設成繁榮進步的殖民地」。[51] 到了 1858 年 3 月，寶靈寫道：「走在街道上看到市民的衣著，不會察覺不到在舒適生活條件方面，本地有了長足進步。」[52] 翌年 3 月，寶靈在報告中指出，土地和房屋價值在過去五年大增，並說「華人房屋的品質愈來愈上乘，是顯示情況好轉的極為顯著和令人欣慰的跡象。許多華人定居者初到本殖民地時一文不名，現在無疑已富裕起來了，而且從勞工和漁民成為店主，再從店主成為商人和船主」。衛生情況也有所改善，寶靈解釋：「華人習慣很難改變或更易，但香港整體的潔淨程度，是任何我曾到訪的中國城市所無法比擬的。」[53]

曾在香港與蘇格蘭傳教士理雅各（James Legge）合作的報業先鋒王韜，形容香港「山童赭而水汩減」。王韜初到香港時，「為經紀者多著短後衣，天寒外服亦僅大布，婦女不務妝飾，妓女多以布素應客，所謂金翠珠玉藉以作點綴者，僅一二而已」，後來他察覺「港中近日風氣一變，亦尚奢華，……嗣後日漸富侈……而往時樸素之風渺矣。熱鬧場中一席之費，多至數十金，燈火連宵，笙歌徹夜，繁華幾過於珠江，此亦時會使然歟」。[54]

49. CO 129/51, July 4, 1855, May to Bowring, pp. 29–30.

50. James D. Johnson, *China and Japan: Being a Narrative of the Cruise of the U.S. Steam-Frigate Powhatan, in the Years 1857, '58, '59, and '60* (Philadelphia: Charles DeSilver, 1860), pp. 77–78.

51. CO 129/64, August 11, 1857, Bowring to Labouchere, p. 88.

52. CO 129/67, March 25, 1858, Bowring to Labouchere, pp. 332–334.

53. CO 129/73, March 29, 1859, Bowring to Lytton, pp. 293–294, 321–322.

54. Wang Tao, "My Sojourn in Hong Kong," trans. Yang Qinghua, *Renditions* (Hong Kong: Chinese University Press, 1988), 重印於 White, *Hong Kong*, p. 64。關於「王韜在香港的經驗」，另見 Paul A. Cohen, *Between Tradition and Modernity: Wang T'ao and Reform in Late Ch'ing China* (Cambridge, MA: Harvard University Press, 1974)，以及 Elizabeth Sinn, "Fugitive in Paradise: Wang Tao and Cultural Transformation in Late Nineteenth-Century Hong Kong," *Late Imperial China* 19.1 (1998): 56–81。

華人這樣大舉來到，加上華人社會經濟地位業已加強，華資商行的數目也隨之增加。1858 年香港只有三十五家商行，但到了 1859 年，有超過六十五家華資公司規模已大得可算作商行。[55] 1845 年，家族經營的小型華資貿易行有七十八家；到 1867 年上升至一千七百七十五家。1867 年，即太平天國土崩瓦解後三年，香港華裔百貨貿易商人的數目，從 1846 年不足十人驟增至逾七十人。[56]

太平天國起事與海外華人社會發展的共同作用，不但挽救了香港的經濟，使之不致蕭條，還改變了這個島存在的基本理由。香港由孤懸海外的殖民地，變成跨國貿易網絡的中心，這個貿易網絡由中國沿岸伸延到東南亞，再一路擴展至澳洲和北美洲。海外華人社會對於茶葉、糖、乾貨、大米、藤器等中國土產需求甚殷，因此香港的出口量不久就攀升。香港華人數目增加，令此地對中國土產的需求大增，與此同時，為應付新的海外華人社會需求，轉口貿易也蓬勃發展起來。海外華僑通常先到香港落腳，再遠赴海外，所以他們與香港保持廣泛的商業聯繫，因而造就許多重要的貿易往來。

這個龐大貿易網絡的核心是金山莊和南北行，這些大型的華資進出口公司，充當海外華人社會與中國之間貿易的中間人。金山莊的業務主要以澳洲和北美華僑為對象，南北行則經營與華北商埠與東南亞的商貿。這些商號最初買賣的貨品，通常不外乎中藥、花生、大米、豆類、茶葉、酒、鹹魚、醃製食物、絲綢和糖。但及至 1850 年代末，香港逾四分之一的貿易總額已掌握在這些華商手中。[57] 1859 年 3 月寶靈驚訝地說，華商「正在到處擴展與外國的聯繫，他們與許多次要港口做買賣，這些港口是外國商人聞所未聞或鮮少踏足的」。[58]

中國人出洋和貨物出口，也使香港成為華南和東南亞的主要航運樞紐。為移民船提供設備、維修和補給之類的新服務，促進了香港經濟。移民出洋進一步協助香港建立與廈門、澳門和廣州的商業聯繫，這幾個商埠向香港供應了移民和補給品。針對移民貿易的新型專業服務應運而生——水險、火險

55. Carl T. Smith, *Chinese Christians: Elites, Middlemen, and the Church in Hong Kong* (Hong Kong: Oxford University Press, 1985), p. 117.

56. *China Directory for 1867* (Hong Kong: A. Shortrede, 1867).

57. 馮邦彥：《香港華資財團：1841–1997》（香港：三聯書店〔香港〕有限公司，1997），頁 14–24；James Hayes, "The Nam Pak Hong Commercial Association of Hong Kong," *Journal of the Hong Kong Branch of the Royal Asiatic Society* 19 (1979): 216–226；張曉輝：《香港華商史》（香港：明報出版社，1996），頁 11–12。

58. CO 129/73, March 9, 1859, Bowring to Lytton, pp. 293–294.

和財產保險，還有律師行和國際大銀行，而來自海外華人的僑匯，則由眾多小型華人銀號和匯兌莊來處理。[59]

李陞與李氏家族

香港是過境和聯繫之地，矛盾的是，它又反而因此成為安家落戶之地。1850 和 1860 年代來香港的華人，大多是取道此地前往東南亞、澳洲或北美，但留在香港的人也有不少。太平天國起事和海外華人社群的壯大，也在香港創造出新的富有華人階層，他們在此地扎根，而不只是過客。在這些新來港移民中，不乏帶同家人、資金、營商手腕和商業聯繫到來的殷商富戶。他們的商貿業務龐大，遠及華南以外的地方，但卻以香港為基地。進入香港的新資金大多流向房地產，因此，這個殖民地不久就有一批大商人和地主崛起。1854 年寶靈寫道，香港的繁榮「造就了一個日益財雄勢大的華人階級，是我們未來可以合作的對象」。[60]

李良、李陞是這個新華人階級的佼佼者，1850 年代初兩人由廣東新會來到香港。1854 年，李陞與其堂兄李良在上市場買了一幅空地，不久就經營起兌換和放貸生意。1857 年兩人買下另一幅土地，並創辦和興號，和興號大概是最大的出洋華工經紀行和華工船包租公司。到了 1860 年代中期，李氏家族擁有的財產除房地產外，還有賭博業和鴉片專營權。1876 年，和興號在香港繳稅大戶中排第十一。李陞身為這個成功家族的領袖，已是香港的顯赫商人。同一年，他在香港納稅大戶中排第十二，只比滙豐銀行低兩位。他創辦華合電報公司，鋪設由香港至廣州的電報纜線，又創立全安火燭保險公司和安泰保險公司，分別經營火險和水險，是香港華人中開辦這兩類保險業務的第一人。1900 年 5 月李陞去世，遺產價值超過六百萬港元，由八名兒子繼承。[61]

太平天國起事時期，中國商人避禍之地當然不只香港一處，他們也逃到漢口和上海，還帶同他們的財富和文化品味。太平天國敉平後，這些人不少

59. 余繩武：〈香港的經濟〉，頁 237–238。

60. CO 129/51, September 4, 1855, Bowring to Russell, p. 245.

61. *China Directory for 1867*, 33A; Hong Kong, *Administrative Report, 1880–1881* (Hong Kong: Government Printer, 1881)；Smith, *Chinese Christians*, pp. 117–118；Wright and Cartwright, *Twentieth Century Impressions*, pp. 184–186；馮邦彥：《香港華資財團：1841–1997》，頁 25–26。

就把這些落腳的城市當成家園。[62] 但以定居地點來說，香港有三項特點令它與別不同。首先，許多來到香港的華人是長期定居。第二，定居在英國殖民地，有別於外國人眾多的中國城市。這些商人中有不少人十分支持香港這個殖民地及其英國政權。例如，第二次鴉片戰爭期間，李陞家族由於在香港有許多經濟利益，所以與英國人連成一氣，甚至招募華人壯勇到天津協助外國列強作戰。由於他們的功勞，李陞家族分得部分戰爭賠款，以及掠自北京圓明園的珍寶。第三，比起中國大陸的商人，香港華商是在更廣大的商業舞台施展身手。這些香港華商，不少人有深厚廣泛的商業聯繫，由華南延伸至東南亞、澳洲、南北美洲和西印度群島。例如，到了 1860 年代，李陞家族名下財產包括一家設在婆羅洲的貿易公司，不過這家公司存在的時間不長。

有了像李良、李陞這樣的人來到香港，到了 1850 年代末，新的華人商界精英於焉崛起。早期香港商人的收入，大部分來自擁有土地和與廣州貿易。但這些新商人許多既是房地產大亨，也是華僑貿易的領袖。他們開始涉足原本歐籍人把持的事業，如保險、航運、食品、電報通信，以及中國和東南亞的礦業。華人商界在人口結構方面也出現幾個重要變化。在最初的歲月，華商居住和做生意的地點，主要是城中華人聚居的區域，而家眷都留在鄉下的農村或廣州。但到 1850 年代末，華商開始進軍主城區的黃金地段，從歐籍人手中買下或租下物業，這些地段之前只有歐籍人居住。此外，愈來愈多商人攜眷來港。1844 年，香港華人男女比例約是五比一，但到了 1865 年，已變為約二點五比一。[63] 在這些新冒起的華商眼中，這個殖民地不再只是寄跡暫居和賺快錢的地方。

重振信心：新的外國投資

香港政府明白到，香港的新繁榮主要是靠華商造就。1863 年 5 月，總督夏喬士・羅便臣（Hercules Robinson）在呈交殖民地部的報告中說：「香港有今

---

62. Frederic Wakeman Jr. and Wen-hsin Yeh, "Introduction," in *Shanghai Sojourners*, ed. Frederic J. Wakeman Jr. and Wen-hsin Yeh (Berkeley: Institute of East Asian Studies, 1992), pp. 1–2, 6; William T. Rowe, *Hankow: Commerce and Society in a Chinese City, 1796–1889* (Stanford: Stanford University Press, 1984), and *Hankow: Conflict and Community in a Chinese City, 1796–1895* (Stanford: Stanford University Press, 1989).

63. Fearon's report on the first six months of the Census and Registration Office, CO 129/12, June 24, 1845, p. 308; "Remarks upon the present state of Native Trade with the Colony of Hong Kong," p. 225.

天的成就全賴華人，而非來自它的對外貿易。」[64] 然而，香港新的經濟成長也令歐籍商人得益，並吸引了新的外國投資。歐美商人在皇后大道擁有「美輪美奐和寬敞的宅第」，令海軍軍官詹姆斯・約翰遜為之讚歎。[65] 1850 年代末至1860 年代初，有好幾家新的歐資銀行開張，葡萄牙人的商行也從廣州和澳門遷到香港。1850 年，總部設在廣州的美資瓊記洋行（Heard & Co.）於皇后大道開設分號。1857 年，原本在香港當鐘錶匠學徒的拿蒲那（Douglas Lapraik）與人合伙，在香港仔創辦香港第一個乾式船塢，這個船塢後來與毗鄰的何伯船塢（Hope Dock）合併為香港黃埔船塢公司。1860 年，拿蒲那創辦輪船公司，經營華南沿海航線。他還在 1866 年創辦香港大酒店（Hong Kong Hotel Co.）。1869 年拿蒲那去世時，他旗下船隊擁有七艘客輪。[66] 同樣是在 1860 年代，主要由歐籍人經營的造船和修船業，開始成為大生意。1860 年代初，香港仔船塢（Aberdeen Docks）開業，於仁船塢公司（Union Dock Co.）則開始在九龍紅磡興建船塢。[67] 1865 年，拿蒲那是主要創辦人的省港澳輪船公司購入幾艘美國製輪船。香港來往廣州、美國和澳洲之間的船舶開始增加。到了1860 年代中期，進出香港的歐美船舶數量，可能已超越這些船進出大不列顛各地的總和。[68]

　　新的華人資金把注香港，頓時令外國投資者對香港經濟滿懷信心，1864年 7 月香港上海滙豐銀行的創辦，就是最清晰顯示這種信心的指標。1840 年代末之前，所有本地的銀行設施都是由怡和與寶順這類英資大洋行提供。1850 年代初，有幾家合股公司在香港開設分行，但香港和中國的西方銀行大多是英屬印度銀行的分行，比如 1853 年由一批東印度公司商人、船主和國會議員成立的渣打銀行（Chartered Bank of India, Australia and China，亦稱印度新金山中國匯理銀行）。因為這些機構是由印度或英國控制，他們的董事對於本地情況一竅不通。[69]

64. Robinson to Rogers, May 21, 1863, 重印於 Irish University Press Area Studies Series, *British Parliamentary Papers, China, 25: Correspondence, Dispatches, Reports, Returns, Memorials, and Other Papers Respecting the Affairs of Hong Kong, 1862–81* (Shannon: Irish University Press, 1971), p. 62.

65. Johnson, *China and Japan*, p. 78.

66. Colin N. Crisswell, *The Taipans: Hong Kong's Merchant Princes* (Hong Kong: Oxford University Press, 1981), pp. 97–99.

67. Eitel, *Europe in China*, pp. 385–387；元邦建：《香港史略》（香港：中流出版社，1993），頁 124。

68. 關於「購買美國輪船」，見 Eitel, *Europe in China*, p. 453；關於「香港航運業的成就」，見 Crisswell, *Taipans*, pp. 97–99；Eitel, *Europe in China*, pp. 385–387，以及元邦建：《香港史略》，頁 115。

69. Yen-p'ing Hao, *The Commercial Revolution in Nineteenth-Century China: The Rise of Sino-Western Mercantile Capitalism* (Berkeley: University of California Press, 1986), p. 52.

鐵行輪船公司監事蘇石蘭（Thomas Sutherland，又譯修打蘭）萌生成立滙豐銀行的念頭，是這位白手興家的大亨得悉以孟買為基地的中國皇家銀行計劃在香港開設分行。這家分行將為香港與中國和日本通商口岸之間的商貿提供資金，這家銀行將發行三萬股，卻只向香港及中國通商口岸配售當中五千股。蘇石蘭在一個星期內草擬好設立新銀行的計劃書。雖然滙豐銀行的資金大部分是來自寶順洋行，但這家銀行的臨時委員會和其後的董事會成員，包括香港的重要英資（寶順的競爭對手怡和洋行卻明顯不在其中）、歐資、美資和帕西人公司的代表。這清楚顯示外國商人對香港的信心，而在大多數人眼中，這家新銀行的創辦，象徵這個殖民地出現新的繁榮。[70]本地華人資金從一開始對於這家銀行就十分重要，而它在往後逾五十年間，將成為中國沿海首屈一指的銀行。[71]

殖民統治與發展

英國史家、殖民地官員和訪客，往往把香港的經濟成就歸功於英國的開明制度和自由放任的經濟政策。1872 年，蘇格蘭攝影師約翰・湯姆森（John Thomson）寫道：「香港過去聲名狼藉——荒涼僻陋、烏煙瘴氣，而且酷熱難耐，若有深惡痛絕的敵人想要放逐，這裡就是最適合的地方。這裡確實曾是藏污納垢之地——既是海盜淵藪，又是華南最卑劣齷齪的無賴遊民落腳之處。」但在英國「自由開明的政府管治下」，這個殖民地「逐漸擺脫舊日的惡習」。港督德輔（William Des Voeux）在回憶錄中記述，1887 年 10 月初他到達香港時，第一個印象是：「英國鴻圖大業的不朽典範！」傳教士、教育家兼香港早期史家歐德理曾寫道：「英國自由貿易和政治開明的傳統，顯然是香港歷史發展的關鍵元素。」將近一百年後，安德葛（G. B. Endacott）對於華人移民出洋和太平天國戰亂的因素視若無睹，認為香港經濟成長的主要原因是「英國的開明經濟政策，尤其是自由貿易，還有力行自由放任精神的管治，對所有人一視同仁，以公正無偏的法律予以保障，為自由企業提供暢通無礙的競技場」。[72]

70. Frank H. H. King, *The History of the Hongkong and Shanghai Banking Corporation*, vol. 1, *The Hongkong Bank in Late Imperial China, 1864–1902: On an Even Keel* (Cambridge: Cambridge University Press, 1987), pp. 47–49；馮邦彥：《香港英資財團：1841–1996》（香港：三聯書店〔香港〕有限公司，1996），頁 39–48。

71. 汪敬虞：〈十九世紀外國侵華企業中的華商附股活動〉，《歷史研究》，總第九十四期（1965 年第 4 期）：頁 51。

72. 摘自湯普森為《英國攝影雜誌》（*The British Journal of Photography*）所寫關於殖民時代香港攝影的文章，重刊於 White, *Hong Kong*, p. 81；Sir G. William Sir Des Voeux, *My Colonial Service*

　　然而，所有這些都不足以令香港成為其創建者所憧憬的「偉大的東方商業重鎮」。我們所見香港開埠初期的情況，印證了有關二十世紀香港史的近期著作的論點：殖民地政府對於香港經濟發展的作用被誇大。殖民統治甚至會妨礙香港經濟發展，比如它在第二次世界大戰之前就阻撓了工業化。[73] 1960年代，調整香港工業結構的嘗試以失敗告終，是殖民地政府和華人工業精英的過失，根據蔡幸強的說法，這樣華人工業精英已「被殖民地政府馴化」。1970年代，造就香港繁榮的那種靈活、勞工密集和小規模製造業策略，並非由政府制定，而是來自李劍明所稱的本地華人製造商的「游擊戰術」。[74]

　　早期的殖民地政權為何不更努力加強香港對中國商人的吸引力？英國人佔領香港之初，殖民統治和資本主義的規則無疑是陌生之事，比如相較於日本人嘗試在朝鮮創造工業資產階級的時期，當時這些還是新鮮事物。[75]香港早期經驗似乎間接證實港府是自由放任政權的陳舊形象，而這個形象最終被人丟棄。[76]事實上，早期的政府獎賞合作者，並提供土地和專營權（見第一章），從一開始就實行干預主義。英國政府無論對香港還是中國都缺乏長算遠

in British Guiana, St. Lucia, Trinidad, Fiji, Australia, Newfoundland, and Hong Kong with Interludes, vol. 2 (London: John Murray, 1903), p. 193；Eitel, Europe in China, p. 570（歐德理生於德國，最後歸化為英國公民）；G. B. Endacott, An Eastern Entrepot: A Collection of Documents Illustrating the History of Hong Kong (London: Her Majesty's Stationery Office, 1964), p. ix。安德葛的說法尤其耐人尋味，因為他所蒐集的有關香港歷史的文件，包括殖民地總督的報告和公函，全都指出華商、中國局勢和移民貿易，是促使香港經濟成長的重要因素。

73. Tak-Wing Ngo, "Industrial History and the Artifice of Laissez-Faire Colonialism," in Hong Kong's History: State and Society under Colonial Rule, ed. Tak-Wing Ngo (London: Routledge, 1999), pp. 119–140。關於「1949年前香港的工業化」，也見 Frank Leeming, "The Earlier Industrialization of Hong Kong," Modern Asian Studies 9.3 (1975): 337–342。

74. Alex H. Choi, "State-Business Relations and Industrial Restructuring," in Ngo, Hong Kong's History, p. 153; Kim-Ming Lee, "Flexible Manufacturing in a Colonial Economy," in Ngo, Hong Kong's History, pp. 162–179.

75. Carter J. Eckert, Offspring of Empire: The Koch'ang Kims and the Colonial Origins of Korean Capitalism, 1876–1945 (Seattle: University of Washington Press, 1991), especially chapter 2.

76. 最大力批評這個形象的人是陳明銶。例如，見他的 "Stability and Prosperity in Hong Kong: The Twilight of Laissez-faire Colonialism?" Journal of Asian Studies 42.3 (May 1983): 589–598；與〈港英黃昏近、落日香江紅——殖民地不干預主義的沒落〉，《信報財經明刊》，總第130期（1988年1月），頁36–42。關於「殖民地政府的權力」，見 Carol Benedict, "Framing Plague in China's Past," in Remapping China: Fissures in Historical Terrain, ed. Gail Hershatter et al. (Stanford: Stanford University Press, 1996), pp. 27–41；Fred Y. L. Chiu, "Politics and the Body Social in Colonial Hong Kong," in Formation of Colonial Modernity in East Asia, ed. Tani E. Barlow (Durham, NC: Duke University Press, 1997), pp. 295–322；以及 Philippa Levine, "Modernity, Medicine, and Colonialism: The Contagious Diseases Ordinances in Hong Kong and the Straits Settlements," positions 6.3 (Winter 1998): 675–705。另見收錄於以下著作的文章：Ngo, Hong Kong's History，尤

略，也不足以回答上述問題。英國人幾乎早在來到珠江三角洲那一刻，就萌生在中國沿海設立據點的念頭。英國以高壓手段和武力從中國手上取得香港後，這個小島就成為英國在東亞的行政、商業和軍事中心，也是英國打開中國市場的工具，是協助中國人擺脫幾百年專制統治、商貿過度受束縛和經濟停滯的方法。

早期香港的殖民管治者認為自己的使命是促進華南的商業與文明。他們無法達成這個使命，是因無心還是無力則仍不清楚。長遠來說，香港的商業繁榮並非靠殖民管治者。港督寶靈曾形容香港「很自然地成為廣州和中國南部和西部大城市的社會渣滓避難之地」。他警告，香港「與大陸接鄰，所以一定會有歹徒、遊民和罪犯來這裡藏身，此地大部分人口的特點是流離遷徙、萍飄蓬轉，而這將長久成為麻煩和焦慮的源頭」。[77] 但到頭來，香港正是由於與中國接鄰，才令這個殖民地得以成為「偉大的東方商業重鎮」，達到其創建者的期望。辛亥革命剛結束後的歲月，中國企業家來到香港開設新工廠，這個趨勢在民國時期不時一再重複。[78] 1920年代中國局勢混亂動盪，令勞工和資金流入這個殖民地。這時期的新移民許多是富有華人，單是1923年，政府就靠新出租的土地得到三百五十萬港元的收入。1937年日本侵略中國，再次令香港華人人口增加，有時候每天有高達五千人湧入。[79] 這些新移民中有不少顯赫的上海商人，他們在香港開設工廠。到了1930年代末，香港華資工廠數目大概超過二千家，僱用了超過十萬工人。同樣地，第二次世界大戰結束和1949年共產黨奪得中國政權後，南來的上海企業家有助令香港經濟氣象一新，連政府也承認，來自上海的資金和營商經驗注入，使這個殖民地享有領先東亞其他地方十至十五年的優勢。[80] 事實上，香港取得為人津津樂道的經濟成就，或許與其說由於它是個英國殖民地，不如說因為它不是中國的一部分——至少在中國歷史的關鍵時期不是。

其是 Christopher Munn, "The Criminal Trial under Early Colonial Rule," pp. 46–73，以及 Stephen W. K. Chiu and Ho-fung Hung, "State Building and Rural Stability," pp. 74–100。

77. CO 129/51, September 4, 1855, Bowring to Russell, p. 244.

78. 關於工業的資料來自：陳大同編：《百年商業》（香港：光明文化事業公司，1941）；經濟資料社編：《香港工商手冊》（香港：經濟資料社，1947）；王楚瑩編：《香港工廠調查記》（香港：南僑新聞企業公司，1947）；以及《香港華僑工商業年鑑》（香港：協群公司，1940）。

79. G. B. Endacott, *A History of Hong Kong*, rev. ed. (Hong Kong: Oxford University Press, 1973), p. 289.

80. Wong Siu-lun, *Emigrant Entrepreneurs: Shanghai Industrialists in Hong Kong* (Hong Kong: Oxford University Press, 1988); Dick Wilson, *Hong Kong! Hong Kong!* (London: Unwin Hyman, 1990), chapter 2.

第三章

勢力平衡：殖民處境中的地位與尊重

「民族之間的友誼，猶如人與人之間的友誼，只有彼此尊重、互相遷就方能滋長。」學者羅香林在1963年寫下這段文字，旨在強調香港是「東方」與「西方」（具體而言是指中國與英國）文化「交流」和「匯合」的中心。羅香林大概不像歐洲殖民史家那樣，認為西方文化比較優越，但他筆下的香港，是令人振奮的東西方交會點，這種描述卻與那些史家的說法很類近。歐德理在1895年說：「主要由於英式教育、英國語言和英國生活方式，起到潛移默化之效，促成了極為緩慢的融合過程」，令香港華人和歐籍人之間的關係日趨密切。「自由貿易的浩蕩精神」把「歐籍商人和華商的利益連繫起來，融會成密不可分的統一體」。英屬香港的建立，是來自於「剛剛發軔的歐洲與中國的結合，後者從屬於前者，達成這種情況的方法是自由貿易，加上開明和仁慈的地方管治」。[1]

更為近期的香港史研究，大都不相信有歐德理所說的這種「統一體」存在，遑論殖民統治的本質是「開明」和「仁慈」。羅香林視香港為東西文化匯合之地，近期的研究卻著眼於衝突和動盪、殖民地政府對華人子民的漠視，

---

1. Lo Hsiang-lin, *The Role of Hong Kong in the Cultural Interchange between East and West* (Tokyo: Centre for East Asian Studies, 1963), p. i; E. J. Eitel, *Europe in China: The History of Hong Kong from the Beginning to the Year 1882* (1895; reprint, Hong Kong: Oxford University Press, 1983), pp. 165, 569–570.

以及殖民地政權的壓迫本質。[2] 就如一本文集的標題所示，現在的焦點是：處於中英兩國夾縫之間的香港，如何克服「搖搖欲墜的平衡」而渡過難關。[3]

相對之下，我以十九世紀末的華商案例為焦點，指出這些商人得以支撐下去並且興旺發達，**全賴而非**克服這種「搖搖欲墜的平衡」:香港是處於大英和大清兩個帝國地理、政治和文化交界的咽喉要路。香港的殖民統治並非事事皆符合殖民者的初衷——殖民統治也不一定那麼令人無所適從和具破壞性。英國殖民統治為本地華人精英留下空間。和其他地方一樣，香港的殖民統治對於不同的人有不同意義；它的重要性不在於它原先想要達到什麼，而是它實際帶來了什麼。

官民隔閡

早期香港，殖民地政府與它的華人子民為巨大的鴻溝所分隔。儘管香港對於大英帝國很重要，但在托馬斯・理查茲（Thomas Richards）所稱的「帝國檔案」中卻不大見到其影蹤。[4] 印度的英國官員認為，在包羅廣泛的「調查研究手段」體系中，學習當地語言是不可缺少的首要步驟，但大多數在中國和香港的英國官員卻不是這樣想。[5] 一如中國的情況，在英國民族意識或者英帝國史學中，香港所佔的位置微不足道。殖民地政府一般不大有興趣去了解華人子民和他們的社會或風俗。總督夏喬士・羅便臣在1859年抵港後不久就抱怨，其新政府中的高級官員，沒有一個能讀或寫中文。羅便臣以利誘鼓勵官員學習中文，只有三人響應。[6] 英國人一直沒有制訂計劃為香港公務員隊伍

---

2. 例如，Elizabeth Sinn, *Power and Charity: The Early History of the Tung Wah Hospital, Hong Kong* (Hong Kong: Oxford University Press, 1989)；Jung-fang Tsai, *Hong Kong in Chinese History: Community and Social Unrest in the British Colony, 1842–1913* (New York: Columbia University Press, 1993)；Christopher Munn, *Anglo-China: Chinese People and British Rule in Hong Kong, 1841–1880* (Richmond, UK: Curzon, 2001)；余繩武、劉存寬編：《十九世紀的香港》（香港：麒麟書業有限公司，1994）；元邦建：《香港史略》（香港：中流出版社，1993）。

3. Ming K. Chan, ed., *Precarious Balance: Hong Kong between China and Britain, 1842–1992* (Armonk, NY: Sharpe, 1994).

4. Thomas Richards, *The Imperial Archive: Knowledge and the Fantasy of Empire* (London: Verso, 1993).

5. Bernard S. Cohn, *Colonialism and Its Forms of Knowledge: The British in India* (Princeton: Princeton University Press, 1996), p. 4。另見 C. A. Bayly, *Empire and Information: Intelligence Gathering and Social Communication in India, 1780–1870* (Cambridge: Cambridge University Press, 1996)。

6. 關於「『帝國史學』中的香港」，見 Robert Cottrell, *The End of Hong Kong: The Secret Diplomacy of Imperial Retreat* (London: John Murray, 1993), p. 16；關於「羅便臣的利誘」，見 G. B. Endacott, *A History of Hong Kong*, rev. ed. (Hong Kong: Oxford University Press, 1973), p. 108。

訓練官學生（包括中文訓練），直至1861年，即香港成為英國殖民地約二十年後，情況才有所改變。

官民之間的隔閡可以歸咎於幾個因素。英國人經營香港缺乏洪規遠略，政策往往是臨時權宜。大多數殖民地官員是過客，只打算在這裡逗留幾年。當年的香港和今天一樣，是個警戒森嚴的城市，而華人所受的懲罰幾乎必定重於歐籍人。文基賢形容早期香港政府是「以威嚇鎮懾管治的政權」，據他估計，香港開埠初期，須上法庭面對英籍裁判官的華人「十中有一」。[7] 和中國的情況一樣，香港華人生不入官門，盡量不想與官府接觸。

殖民地政權與華人的隔閡不能全怪港府。兩次鴉片戰爭期間，有些華人與英國人站在同一陣線，表明他們意欲長居香港，但另外有許多人沒有這種打算。如同眾多歐籍官員和商人，大部分香港華人都是以過客身份前來，把家眷和商業利益留在中國。最後，處身於實行外來法律制度的殖民地，華人居民往往寧願沿用中國傳統的社會和治理概念，並且「自成一國，盡量避免與英國行政當局打交道」。[8]

造成這種隔閡的原因固然重要，但更重要的是它對華人商界精英的意義。由於殖民者的忽視、冷漠和無能，未能滿足華人對於某些服務的需求，而這些商人正有特殊條件提供這些服務。他們創立慈善和志願組織仲裁民事和商務糾紛，提供醫療設施，並充當華人社會的喉舌。本地華商藉著提供這些服務，得以利用香港處於中華帝國和大英帝國夾縫的特殊位置，加強自己的勢力和聲望。

文武廟與東華醫院

香港最早的慈善和志願組織，是1847年由盧亞貴和譚才興建的文武廟。華人數目增加，文武廟作為非正式管治組織的勢力也隨之上升。1851年文武廟重修和擴建，全香港華商不論祖籍何處、從事何業，均共襄盛舉。商人推選出值理會仲裁華人社會的糾紛。[9] 文武廟調停本地人紛爭的作用，後來由東華醫院取代。

---

7. Christopher Munn, "The Criminal Trial under Early Colonial Rule," in *Hong Kong's History: State and Society under Colonial Rule*, ed. Tak-Wing Ngo (London: Routledge, 1999), pp. 53, 67.

8. Steve Tsang, ed., *Government and Politics: A Documentary History of Hong Kong* (Hong Kong: Hong Kong University Press, 1995), p. 2.

9. "The Districts of Hong Kong and the Name Kwan Tai Lo," *China Review* 1 (1872): 333, 引述於 Carl T. Smith, *Chinese Christians: Elites, Middlemen, and the Church in Hong Kong* (Hong Kong: Oxford

　　東華醫院的成立，是源於官民之間出現一道難以逾越的鴻溝：殖民地政府沒有為華人子民提供合適的醫療設施，而華人也對西方醫藥抱有偏見。香港從開埠之初起就受疾病和貧窮問題困擾，但殖民地政府寧願靠一些應急措施來對付。[10] 1868年，九百多名歐籍人和印度人入國家醫院留醫，而香港華人有十萬之眾，前往國家醫院求診的卻只有兩百多人。1869年，創辦華人醫院尤其迫切，華商也顯然有能力建立這種設施。當年4月，一名華人移民在廣福義祠去世，後來有調查揭發義祠內病重垂危者與死屍為鄰。以當時西方醫學的標準衡量，這種情況惡劣不堪，極不符合公共衛生。這種事情本來殖民地官員可以用「土著問題」來打發掉，但因事件揭發後演變為大醜聞，詳情傳到倫敦。無論港府還是華人領袖都極為難堪，急欲亡羊補牢。一群華商遂倡議自資創辦華人醫院。到了1869年6月，約二十名華人名流組成醫院委員會。[11] 擔任委員會主席的是富商、大地主兼街坊公所主席何亞錫（又名何錫、何裴然）。另一個從一開始大力參與的人物是梁安（又名梁雲漢、梁鶴巢），他是香港歷史悠久並且名氣甚大的英資仁記洋行（Gibb, Livingston & Co.，又稱劫行）買辦。東華醫院最終在1872年2月由港督麥當奴（Richard Graves MacDonnell）主持揭幕。[12]

　　東華醫院規模日大，提供的服務也漸增：賑濟貧民，運送華人遺體和骨殖回鄉安葬，拯救被拐騙的工人和婦女並資遣回籍，主持瘋人收容所。東華醫院另一項同樣重要的功能，是其在社群事務方面的工作。該醫院成為了華人社會的文化和公共事務重心。不久，許多捲入民事和商務糾紛的華人，都不去找華民政務司解決，轉而求助東華醫院董事局，東華遂成為仲裁中心**那樣的**地方。對於陌生的英國法律，以及其法院和貪污的書吏，許多華人都敬而遠之，遇有糾紛寧交東華董事局仲裁。[13] 華人寧取東華董事局而捨殖民地法律制度，除了證明東華成功，還出於對英國司法的不滿，但無論如何，東華醫院大大提高了華人商界精英的勢力。

　　University Press, 1985), p. 232。關於「文武廟」，也見冼玉儀：〈社會組織與社會轉變〉，載王賡武編：《香港史新編》，上冊（香港：三聯書店〔香港〕有限公司，1997），頁165–166。

10. Zhou Hong, "Origins of Government Social Protection Policy in Hong Kong, 1842–1941" (PhD diss., Brandeis University, 1991), p. 51.

11. Sinn, *Power and Charity*, pp. 33, 39；《香港東華三院百年史略》，上冊（香港：1971），頁83。

12. Geoffrey Robley Sayer, *Hong Kong 1862–1919: Years of Discretion* (Hong Kong: Hong Kong University Press, 1975), p. 31；冼玉儀：〈社會組織與社會轉變〉，頁167–170。

13. Sinn, *Power and Charity*, pp. 69–74, 89–96.

東華醫院也成為華人社會的喉舌。如冼玉儀所説，它是首個「可以理直氣壯地宣稱代表全體華人」的華人機構。[14] 出任東華總理（舊稱值事）的那些華人巨富來自不同的方言、地域和社會背景，更加證明上述説法。1878年2月港督燕臬斯（John Pope Hennessy，後世將其漢名譯為軒尼詩）正式巡視東華醫院，東華的倡建協理伍叙在發言中宣稱，東華醫院代表「各階層華人⋯⋯乃至本殖民地各行各業」。伍叙或許言過甚實，但十九世紀結束前，東華醫院仍然是毋庸置疑的華人社會喉舌。伍叙説，港督到訪東華，是「香港歷史上首次有總督在農曆新年正式探訪華人」，他這樣説不但指出這次巡視的歷史意義，還宣示他及其同儕不只是東華醫院董事局成員，而且是本地華人社會領袖，港督前來探視是理所當然之舉。[15]

從殖民地政府的角度看，像伍叙等人管理華人，替政府承擔了難能可貴的工作。十九世紀中葉，由中國大陸來港的移民大增，有這麼多華人要管理，政府發覺已力難勝任。文武廟這類為華人排難解紛的組織，承擔了政府的責任。1853年港督文咸報告説，自文武廟成立後，最高法院沒有審理過一宗訴訟兩造都是華人的民事案件。[16] 東華醫院也顯示，政府可以利用華人精英去管理華人社會，並由他們承擔一些本來應由政府負責的功能。港督麥當奴對於興建華人醫院的建議，從一開始就抱樂觀其成的態度。這是平息廣福義祠屍體醜聞的理想方法，又可減少政府開支，同時令華人覺得自己肩負重任，麥當奴又能以此居功。[17] 1870年頒佈的《華人醫院則例》規定，成立由華人組成的董事局掌管院務，總理權力很大，但該則例也為政府保留干涉之權，可以制衡董事局權力，並賦予政府監督角色。[18] 東華醫院在贈醫施藥以外的社會服務日漸繁多，對於政府的幫助就愈大。1878年燕臬斯官式巡視東華時，他讚揚創辦者「功德無量」。[19] 不久，東華董事局也證明他們在調停罷工和抵制活動方面，是政府的重要盟友。1872年貨運工人罷工，1883年小販

14. Ibid., p. 4.

15. *Hong Kong Government Gazette*, February 16, 1878.

16. Great Britain, Colonial Office, Original Correspondence: Hong Kong, 1841–1951, Series 129 (CO 129), Public Record Office, London, CO 129/43, December 5, 1853, Bonham to Newcastle, pp. 289–292.

17. Sinn, *Power and Charity*, pp. 42–43.

18. 《香港東華三院百年史略》，頁83。

19. *Government Gazette*, February 16, 1878.

和人力車夫騷動，東華總理都介入調停，並協助平息 1884 年的反法罷工和暴亂。[20]

更練

東華醫院填補殖民地政府沒有為華人提供的醫療服務，而 1866 年成立的更練，則令華人社會領袖可以處理殖民地政府的另一弱點——無力遏止罪案。

殖民主義宣傳的一個重要主題，是殖民統治能夠維護治安太平，但開埠初期的香港卻並非這麼一回事。華洋商人皆抱怨警察無能和腐敗，而當時的警察主要是印度人和被解僱的歐籍水手，後者不少是醉酒鬼，又不會說中文。《香港紀錄報》渴望能有「一隊能幹、堅毅、勤奮的人來當我們的守護者」，該報形容現有的歐籍警官和警員「巡邏時悠閒懶散，似是睡著多於醒著——他們的靴子和鞋子又大又不合腳，顯然是他們的一大負擔——隨便一個靈活敏捷的華人都能拋離他們一百碼」。[21] 港督寶靈在 1854 年年度報告中概述了這個情況：

> 本地警隊是昂貴、混亂又低效率的組織，整頓警隊一直被視為最應做的事⋯⋯ 警隊高層是歐籍人，次級警官是混血兒、馬來人、印度人和其他亞洲人（華人以外），最低級警員主要是華人。高級警官不大會說東方語言，不利於溝通⋯⋯ 下級警官對華人所知甚少，難以成為執法利器。至於華人，至今能為我們所用的那類人，無一不貪污腐敗，無法令人放心任用。[22]

華洋商人都很快知道，想維持治安就須依賴華人守衛和坊間偵探。1850 年 9 月，一名歐籍人在離中環警署一石之遙的地方，被兩名華人劫匪劫去金錶，警察抓不到匪徒，也無法尋回金錶。那名受害者最後採用「唯一可行方案」——僱用華人偵探，他們很快找到劫匪和起回金錶。[23] 不久所有主要洋行都自聘守衛，華人商家也仿行之，因為警察只在城中的歐籍人社區巡邏。

更練不同於亞洲其他殖民地的類似制度，它不是由政府從上而下設置的。1866 年初，有謠言指廣州的中國人打算火燒和洗劫香港，包括何亞錫和

---

20. 李明仁：〈1884 年香港罷工運動〉，《歷史研究》，1958 年第 3 期，頁 89–90；方漢奇：〈1884 年香港人民的反帝鬥爭〉，《近代史資料》，1957 年第 6 期，頁 20–30。

21. *Hong Kong Register*, September 17, 1850.

22. CO 129/51, September 4, 1855, Bowring to Russell, pp. 243–244.

23. *Hong Kong Register*, September 17, 1850.

譚才的幾名街坊公所領袖,希望成立一個由守衛和更夫組成的團體,請求港督麥當奴批准。[24] 麥當奴樂觀其成。更練直接受華民政務司管轄,只負責城內華人地區的保安,並完全由華人出資成立和維持。[25] 儘管因節慶和宗教儀式的噪音問題,偶然會觸發緊張形勢,但在政府眼中,更練是「殷實和聰穎華人已準備好承擔公共事務」的象徵。[26] 到了 1880 年代,更練的職責擴大至協助政府統計人口、在城內華人社區進行偵緝工作,並協助保良局(1880 年成立的慈善機構)尋找因被迫為奴為娼而逃亡的婦女。[27] 1911 年辛亥革命後,以及 1920 年代罷工潮期間,更練也協助政府維持社會秩序。

1891 年港督成立新的委員會來管理更練——團防局,令更練獲得法律地位。這似乎是政府成功吸納華人組織的例子。事實上,更練的許多活動完全符合伯納德・科恩(Bernard Cohn)所稱的「官方化」過程,現代歐洲殖民政府的權力正是靠這種過程來建立和擴大。雖然正式建議設立團防局的人是華民政務司兼輔政司駱檄(James Stewart Lockhart,又名駱任廷,後世將其漢名譯為駱克),但最早萌生這個意念的人是買辦兼定例局(後稱立法局)非官守議員韋玉(又名韋寶珊)。[28] 團防局由十二名華人名流組成,包括韋玉、何啟(大律師、醫生和金融家)及何福(怡和洋行買辦兼著名慈善家)。團防局的威信沒有因其依附政府而減損,反而因為與政府有了正式聯繫而增強。

團防局與殖民地政府聯繫在一起後,華人報章和政府年度報告對團防局的表現都多有讚揚,稱它為負責任、自我管理和自資的團體。1893 年署理華民政務司說,更練幾乎全賴自發捐獻就能維持,政府無須向它撥發該年度經

24. "Scrapbook of Memories," in China Mail, *Hong Kong Centenary Number*, January 20, 1941.

25. James William Norton-Kyshe, *The History of the Laws and Courts of Hong Kong* (Hong Kong: Noronha, 1898), vol. 2, p. 86; Henry J. Lethbridge, "The District Watch Committee: The Chinese Executive Council of Hong Kong?," in Henry J. Lethbridge, *Hong Kong: Stability and Change; A Collection of Essays* (Hong Kong: Oxford University Press, 1978), pp. 106–108.

26. "Registrar General's Report for 1868," in *Government Gazette, 1869*, pp. 128–129.

27. Hong Kong, *Report of the Special Committee Appointed by His Excellency Sir William Robinson &c., to Investigate the Report on Certain Points Connected with the Bill for the Incorporation of the Po Leung Kuk, or Society for the Protection of Women and Girls, Together with the Evidence Taken before the Committee and an Appendix Containing Correspondence, Reports, Returns, &c.* (Hong Kong: Noronha, 1893);曾鳴:〈香港保良局史略〉,《廣東文史資料》,第六十一輯(1990),頁 212–224。

28. 吳醒濂編著:《香港華人名人史略》(香港:五洲出版社,1937),頁 3–4;Arnold Wright, and H. A. Cartwright, eds., *Twentieth Century Impressions of Hongkong, Shanghai, and Other Treaty Ports of China: Their History, People, Commerce, Industries, and Resources* (London: Lloyds, 1908), p. 109。

費。[29] 1895 年駱檄讚揚更練協助偵破三百五十宗案件，交由裁判司審理，並在 1894 年工人暴動期間協助警察。兩份華文報章以表列方式每周刊載這些案件。[30] 駱檄也説，團防局因為其在 1894 年鼠疫期間的作用而獲得一筆撥款。[31] 1912 年華民政務司報告説，中國「革命所孕育的激昂情緒」，加上「愚昧無知的政治熱情」，帶來了「凶險情勢」和「肆意妄為之徒可乘之機」。不過，「團防局眾紳不辭勞苦，使殖民地各民恪遵法紀，治安平靖，眾局紳功不可沒」。[32] 1916 年，團防局「就影響華人社會的各種問題，提供不偏不倚的建議」，再次「證明對政府幫助甚大」。[33]

到了 1910 年代末至 1920 年代初，每年發表的行政報告經常提及「這個重要組織的忠誠建議與協助」。團防局與殖民地政府聯繫起來，不但令這個組織整體受到讚揚和聲名大噪，還使它的個別成員受人矚目。我們從 1913 年的行政報告得知，歐亞混血兒買辦何甘棠「熱心公益慨捐」港幣五千元，用於在九龍興建更練宿舍。[34] 年度行政報告列出離任或過世的團防局成員 (常稱為局紳) 及其繼任人，還有獲港督續任的成員。1916 年的報告説，包括何甘棠在內的四名團防局紳獲續任五年。[35]

團防局由於與政府有制度化的聯繫，勢力很快超越東華醫院董事局。團防局享有法律地位，其成員後來包括在公務員名單上。不同於東華總理，團防局紳是委任而非選舉產生，每屆任期五年，而且幾乎一定會獲續任，有時候甚至連任四屆，而東華總理任期只有一年。到了二十世紀初，更練從一支非正規的警察隊，發展成制度化的諮詢委員會，經常就各種問題向港府提供意見，例如 1912 至 1913 年的罷搭電車事件和 1925 至 1926 年的省港大罷工，以及關於勞工和貿易政策的議題。政治學家倫諾克斯・米爾斯 (Lennox Mills) 在 1942 年説：「團防局事實上是香港華人的行政局，各種關於華人的問題都會諮詢該局意見。」[36]

29. "Acting-Registrar General's Report for 1893, Laid before the Legislative Council by Command of His Excellency the Governor, on 7th March, 1894," in Hong Kong, *Hong Kong Legislative Sessional Papers, 1894*, p. 100.

30. "Registrar General's Report for the Year 1894," in *Sessional Papers, 1895*, p. 150.

31. "Registrar General's Report for the Year 1895," in *Sessional Papers, 1896*, p. 392.

32. "Report of the Registrar General for the Year 1912," *Administrative Report for 1912*, 重印於 Tsang, *Documentary History of Hong Kong*, pp. 209–210.

33. "Report of the Secretary for Chinese Affairs for the Year 1916," *Administrative Report for 1916*, p. C5.

34. "Report of the Secretary for Chinese Affairs for the Year 1913," *Administrative Report for 1916*, p. C8.

35. "Report of the Secretary for Chinese Affairs for the Year 1916," p. C6.

36. Lennox A. Mills, *British Rule in Eastern Asia: A Study of Contemporary Government and Economic Development in British Malaya and Hong Kong* (London: Oxford University Press, 1942), p. 398.

可靠負責並且有組織的商人

　　東華醫院和團防局是華人領袖利用官民之間的鴻溝來增進自己利益的例子。十九世紀末至二十世紀初，殖民地官員和歐籍殖民者都讚揚這些組織是華人社會「進步」的象徵。[37] 此外，華人領袖利用香港的官方殖民史，把自己從其他香港華人區別出來。

　　為了修正一些古老的殖民史學，學者開始質疑一些關於香港經濟成就的標準解釋。吳德榮指出，把這種成就歸因於開明管治和自由放任經濟政策（「香港傳奇」），是主流殖民史學耍弄的玄虛，而這種殖民史學是以政治支配為基礎。他說，這種史學忽視所有「不是由統治當局認可的活動」，例如華人企業家發展的工業，而把焦點放在英國商人的轉口貿易。即使早在1949年前，由於上海企業家為逃避共產黨統治來港，已令此地工業十分發達，但政府仍然堅稱，香港經濟成功是拜轉口貿易所賜。這種解釋源自殖民地政策，該政策規定香港應該是轉口港，儘管華資工業是香港僱用最多工人的行業。根據這種「『良好政策』的假象」，只有政府認為工業重要，它才會變得重要。因此，只有當殖民政府認為可以放心讓非歐籍的參與者粉墨登場，他們才得以上台。[38]

　　不過，「香港傳奇」是同時建立在支配和合作的基礎上的，政府和華商都受惠。第一，良好政策的假象是殖民地政府與華商共同編造的。1881年，包括韋玉和梁安等華人名流向燕臬斯敬獻〈闔港華人紳商頌詞〉：

> 督憲燕制軍大人之蒞港也茲屈指計之今日恰週四載……燕制軍之為
> 政也公正而廉明，慈祥而懇摯……其所以理繁任劇，革薄從忠，一
> 切德政，難以枚舉。凡在華民無不仰之如神明，愛之如父母。四年

---

37. 例如，*Commercial and Industrial Hong Kong: A Record of 94 Years Progress of the Colony in Commerce, Trade, Industry, & Shipping (1841–1935)* (Hong Kong: Bedikton, 1935), pp. 34–35。

38. Tak-Wing Ngo, "Industrial History and the Artifice of *Laissez-faire* Colonialism," in Ngo, *Hong Kong's History*, p. 119；關於「1949年前香港的工業化」，也見 Frank Leeming, "The Earlier Industrialization of Hong Kong," *Modern Asian Studies* 9.3 (1975): 337–342。關於本地工業的名錄和指南，見 *Commercial and Industrial Hong Kong*; Great Britain, Office of the Commercial Attaché, Shanghai, *List of the Principal Foreign and Chinese Industrial Enterprises in China and Hong Kong* (Shanghai: Kelly and Walsh, 1918)；經濟資料社編：《香港工商手冊》（香港：出版社不詳，1947）；王楚瑩編：《香港工廠調查記》（香港：南僑新聞企業公司，1947）；以及《香港華僑工商業年鑑》（香港：協群公司，1940）。

以來，有如一日⋯⋯慈君之稱，遞邇共祝⋯⋯我華民之飲和而食德
者默受，裁成於罔外隱叨，庇蔭於無窮。[39]

燕臬斯與華人關係固然格外友好，但其他港督也常獲這類敬獻頌詞。德
輔大概是香港最懶惰的總督，他在 1890 年 2 月短暫離開時，送別頌詞列舉他
的所有成就：他上任「未幾」，已經「恩澤溥被，善政良多」，「不勝枚舉」，而
「每立新法或修舊法，無不垂詢華民意見」，並對「各階層一視同仁，無分畛
域」；經常諮詢華人「陋見」，並從善如流。[40] 看到華商這種稱功頌德的恭維，
無怪乎香港傳奇可以傳頌那麼久而不被戳破！

第二，華人企業家主導的早期香港工業發展，固然不應被轉口貿易的重
要性掩蓋，但是，香港作為商貿轉口港的歷史功能，表示那些有助達成此功
能的人，會特別獲得表彰。英國人和其他歐洲殖民者一樣，以各種標準來評
估其他文化的「開化」程度，如科技、潔淨、宗教和商業。但是，沒有別的地
方比香港更以商業為重，因為建立這個殖民地的根本目的，就是為了從中國
獲取金錢和資源。華商把自己表現為可靠負責的成功商人，是致力建設香港
未來的團結群體，這有助他們贏得殖民地政府的尊重。

1868 年南北行公所成立，是顯示他們承擔這種義務的好例子。這個公所
最初成立是作為南北行（從事轉口貿易的華資商行）的互助組織，後來成為香
港最大的商業和行業社團。南北行公所除管理同業公會的活動，又提供銀行
和保險服務，還兼設維持社區治安的更練所和防火的水車館。和中國的情況
一樣，這些工作既為街坊鄰里提供服務，又保障公司行號的財產。南北行公
所的工作和東華醫院的慈善公益服務一樣，顯示現今華人在本地「公共領域」
的參與愈來愈廣泛，當中所顯示的社群精神、都市意識，以及對於改善全體
市民生活的承擔，全都是殖民地官員希望從華人子民身上看到的特質。和東
華醫院一樣，南北行公所也調停罷工和抵制活動。1896 年中華會館成立前，
南北行公所「是最接近於華人商會的事物，而香港要到多年以後，才有華人
商會出現」。[41]

本地華商的創業精神也令殖民地政府刮目相看，認為這是華商致力開創
香港商業前景的明證。到了 1870 年代末，港府愈來愈願意公開承認，香港得

39. *Government Gazette, 1881*, pp. 274–275.
40. Sir G. William Des Voeux, *My Colonial Service in British Guiana, St. Lucia, Trinidad, Fiji, Australia, Newfoundland, and Hong Kong with Interludes* (London: John Murray, 1903), vol. 2, pp. 280–282.
41. 陳雨蕃：《南北行公所會史》，載《南北行公所新廈落成暨成立八十六週年紀念特刊》（香港：出版社不詳，1954），頁 23–24；以及《南北行公所成立壹百週年紀念特刊》（香港：出版社不詳，1968），頁 16–19；關於「華人商會」，見 Sinn, *Power and Charity*, pp. 28–29。

以成為商業重鎮，華商起到了關鍵作用。在政府的報告中，華商所佔的地位愈來愈顯著，描述他們所用的言詞也愈來愈熱情洋溢。燕臬斯在1879至1880年的報告中說，現在政府的收入，逾百分之九十來自華人。華商開始進入之前由歐籍人把持的行業：燕臬斯觀察到「數量可觀」的歐洲船舶「現在落入此殖民地上女王陛下的華人子民手中」，而且「華人擁有的汽船隊」，正在「與外國船東競爭」。華商也開始從歐籍人手上買下商用不動產。1881年4月燕臬斯向華人領袖致辭時說，「闔港諸凡順遂」，不盡因他有所作為，而是「所有〔華人〕商賈、銀號、店戶諸人所致居多」。6月他向定例局發言時，把香港的經濟進步歸功於華商，因為他們「乃聰敏巧捷、善為大賈者」。[42]

1882年2月，燕臬斯再向定例局致辭，他說1881年政府的財政收入是歷來最多的。1876年，繳稅最多的二十人中，只有八人是華人；但到了1881年，除了三人外，其餘全是華人。一名華商最近買了兩幅「非常貴重的地皮」，準備興建大型糖廠，內有最新式的歐洲設備。一群華商甚至買下官地，以興建能夠維修大型英國戰艦的船塢。燕臬斯說：「如當今之世，華洋社會各色人等皆事業順遂，乃本港歷史上前所未有。」有些烜赫華人還建議成立共同信託基金，以促進公益事業，這是「香港確實在進步之又一明證」。燕臬斯在結論中說：「若彼等冀望與子孫後代永遠在本殖民地安身立命，就必安分守己，並事吾等以忠。」[43]

對兩個帝國的支持

從賤民到士紳

忠誠和安分守己在任何政府眼中都很重要，但殖民地的政府就尤其樂見之。香港處於兩個帝國的邊緣，這令本地華商獲得雙倍受人尊重的機會——來自香港政府和清政府。清廷和之前的明朝一樣，以疑慮心態看待移民海外的華人，把他們排除在社會上進身的正途（尤其是科舉考試）之外；對於自願

---

42. 關於「燕臬斯的『熱情洋溢』的報告」，見 "The Governor's Report on the Blue Book," in *Administrative Report, 1879–1880*；關於「闔港諸凡順遂」，見 *Government Gazette, 1881*, p. 279；關於「華人『聰敏巧捷』」，見 *Government Gazette, 1881*, p. 430。

43. "Address of His Excellency Sir John Pope Hennessy, K. C. M. G., to the Legislative Council of Hongkong 7th of February, 1882," in *Administrative Report, 1880–1881*; 亦載於 *Government Gazette*, March 4, 1882, p. 241.

到英國殖民地生活的香港華人，尤其大加貶抑。考慮到英國佔領和開拓香港期間，與英國人合作的華人所發揮的作用，清廷的立場並非沒道理。

雖然清廷對海外華人印象不佳，但卻亟欲令他們在名義上效忠清廷。尤其是十九世紀中葉，中國發生各種撕裂國家的動亂，鎮壓這些動亂所費不貲，所以從1850年代起，清廷愈來愈須靠捐納官職功名來獲取資金，以彌補軍費和賑濟洪災、饑荒。到了十九世紀末，海外華人成為可觀的資金來源。[44]因此香港華商正好能為清廷提供它所需的服務。向中國捐獻賑災是這些商人獲取榮耀的重要途徑。如東華醫院這類大型組織會大規模捐款，商人也會以個人名義輸財。東華醫院和保良局創辦人李陞就出資在家鄉建橋築堤，造福桑梓。其他本地人則創辦學校、圖書館、醫院和慈善團體。[45]清廷其後改稱海外華人為「中國子民」，而非過往那樣貶稱「漢奸」。東華醫院大力賑濟中國饑荒和水災，常常獲中國官員讚揚。1877年山西發生稱為「丁戊奇荒」的災荒，東華籌募賑款不遺餘力，清朝皇帝為表彰東華勛勞，還御賜牌匾（上書「神威普佑」）。[46]

尤其由於清廷原本打算在1891年於香港開設領事館的計劃沒有實現，中國在香港缺乏官方外交代表，本地華商因此擔當香港華人與廣州政府之間的非正式中間人，藉此獲得地位。中國官員途經香港時，會由文武廟值理會接待，捐納官職功名事宜也是由該值理會負責。[47]這些非正式的外交和領事服務，後來由東華醫院接手。

清廷賜予香港華人的地位，也令他們獲得和鞏固領導地位，儼如本地士紳。中國官員（包括有「中國卑斯麥」之稱的李鴻章）在1884年向東華送贈匾額，上面的文字稱呼東華值理為「紳董」。得到了官銜和功名，自然可以有特別的穿戴，這些有官銜和功名的人的服飾，將他們明顯地從普通人中區別出來。據《香港轅門報》（後稱《憲報》）報道，總督燕桌斯1878年巡視東華醫院

44. Yen Ching-hwang, "Ch'ing Sale of Honours and Chinese Leadership in Singapore and Malaya (1877–1912)," *Journal of Southeast Asian Studies* 1.2 (September 1970): 20–32.

45. K. C. Fok, *Lectures on Hong Kong History: Hong Kong's Role in Modern Chinese History* (Hong Kong: Commercial Press, 1990), pp. 111–115；霍啓昌：〈香港華人在現代史對中國的貢獻試析〉，《海外華人研究》，1989年第1期，頁81–88。瞿少宣，〈僑團與祖國〉和何劍：〈華僑與香港建設〉，均載陳大同等編：《香港華僑團體總覽》（香港：國際出版社，1947），頁1–2、7–9；Wright and Cartwright, *Twentieth Century Impressions*, pp. 184–186。

46. 關於「摘除『漢奸』污名」，見 Yen Ching-hwang, "Ch'ing Changing Images of the Overseas Chinese (1644–1912)," *Modern Asian Studies* 15.2 (1981): 282；關於「御賜牌匾」，見 Lethbridge, "Chinese Association," pp. 63–64；以及 Sinn, *Power and Charity*, pp. 98–100。

47. Eitel, *Europe in China*, p. 282.

時，現場有「近三百名來自華人社會各階層的顯赫本土居民；當中五六十人身穿清廷官服，有的飾以藍色鈕扣，有的飾以水晶，有的飾以金鈕扣，有幾個品秩高的還拖翎戴頂。」這些穿清朝官服的人包括伍叙以及買辦梁安、韋亞光和郭松。報人王韜憶述，東華董事於每年春首必行團拜禮，出席時「朝珠蟒服，競耀頭銜，冠裳蹌濟，一時稱盛」。[48]

香港商人穿官服，常被人解釋為試圖模仿中國士大夫。這種衣著無疑暗示權力和權威，顯示穿它的人屬於特殊階層。[49] 但是，模仿不等於想成為同樣的事物，也不一定是以此來顯示尊重、讚賞或崇敬。如同霍米・巴巴（Homi Bhabha）所說，這也可以是避免受控制的方法。同樣，貝絲・福克斯・托賓（Beth Fowkes Tobin）說：「穿上另一種文化的服飾示人，除了可以是挪用，也可以是增權的方式。」[50]

對於華商來說，穿著官服有幾種作用。首先，他們以此炫耀自己的商業成就，而這種成就是靠在一個處於中國之外的華人城市生活和做生意得來。穿官服也令其他香港華人心生敬服，這些華人許多對香港的外交和政治地位不甚了解。穿官服還能向殖民地政府顯示，他們也在響應另一方的呼召；同時又向清廷炫耀他們的地位：雖然身為「體制」外的人，但他們仍能獲取巨大權力、崇高地位和豐厚財富。所以，英國殖民地上的中國官服，是香港處於兩個帝國邊緣的複雜地位的具體象徵。

---

48. 「東華醫院總理獲得『紳士』身份」，見 Sinn, *Power and Charity*, p. 87；*Government Gazette*, February 16, 1878；Wang Tao, "My Sojourn in Hong Kong," trans. Yang Qinghua, *Renditions* (Hong Kong: Chinese University Press, 1988), 重印於 *Hong Kong: Somewhere between Heaven and Earth*, ed. Barbara-Sue White (Hong Kong: Oxford University Press, 1996), p. 64。

49. 關於「衣著的眾多意義」，見 Cohn, *Colonialism and Its Forms of Knowledge*, chapter 5；Joanne Finkelstein, *The Fashioned Self* (Philadelphia: Temple University Press, 1991)；Philippe Perrot, *Fashioning the Bourgeoisie: A History of Clothing in the Nineteenth Century*, trans. Richard Bienvenu (Princeton: Princeton University Press, 1994)；及 Emma Tarlo, *Clothing Matters: Dress and Identity in India* (Chicago: University of Chicago Press, 1996)。

50. Homi Bhabha, "Of Mimicry and Man: The Ambivalence of Colonial Discourse," in *Tensions of Empire: Colonial Cultures in a Bourgeois World*, ed. Frederick Cooper and Ann Laura Stoler (Berkeley: University of California Press, 1997), p. 153, and *The Location of Culture* (London: Routledge, 1994), pp. 86–87; Beth Fowkes Tobin, *Picturing Imperial Power: Colonial Subjects in Eighteenth-Century British Painting* (Durham, NC: Duke University Press, 1999), p. 22.

從香港出發的觀點

對香港當局來說，向中國提供的援助同樣十分重要。這個殖民地與中國大陸如此接近，所以香港和中國兩地的太平安定是第一要緊。雖然神州板蕩常會為香港帶來寶貴的移民、勞動力和資金，是香港繁榮之所繫，但港府通常都盼望與之毗鄰的廣東清平安定。殖民地官員常把香港水域海盜為患和陸上罪案猖獗歸咎於中國局勢。因此，任何有助令邊界彼方安寧平靜的援助，殖民地政府都不吝提供。

華商提供援助的方式，與援助本身同樣重要。我們試把1870年代東華醫院和李陞等人提供賑濟的方式，與早期的譚才相比較。1860年2月，譚才與五名英國子民在香港被控策劃「針對中國皇帝子民的敵意征伐」。[51] 譚才作供說，他是應廣東家鄉高級官員的請求，協助清剿「客家人」，這些客家人「強佔」他的村莊，並「大肆蹂躪鄰近各鄉」。他向郭松租了一艘汽船，在船上架設槍炮，並招募英籍水手。他的兩名水手被殺，譚才則被控海盜罪。譚才和其他被告辯稱，他們攻打客家人村落，是因為那些村民是海盜，他不知道這樣做犯法。譚才堅稱自己是應中國官員的要求行事，並向華民政務司出示中國官廳發出的憑照，他們此舉非為金錢利益。所有被告都認罪，聽任法庭裁決，最後受申誡了事。[52] 1865年，譚才又出貲購洋槍，供應家鄉的鄉勇。雖然譚才的這些行動博得中國官府讚賞，地方志還為他立傳（《開平縣志·卷三十四人物》有譚三才傳略），不過，殖民地政府寧願以更為平和有序的方式協助中國。

大英帝國的活動

令殖民地政府對本地華商刮目相看的另一件事，是他們積極參與大英帝國的活動，以往人們通常只會從殖民地政府的觀點來探討這類活動。伯納德·科恩說，近代歐洲國家政府藉著「儀式展演和劇場式表現」這類「戲劇表演」（theatrical displays）來炫耀力量。這種「戲劇表演」的目的是保證「統治者

---

51. "Notes by W. H. Adams, Chief Justice on the Tam Achoy filibuster case," 附載於 CO 129/78, February 21, 1860, pp. 191–192.
52. 關於「譚才的證供」，見 "Affidavit by Tam Achoy, James Baker, and Thomas Brazil," 附載於 CO 129/78, February 21, 1860, pp. 195–197；關於「譚才的汽船」，見 "Affidavit by Daniel Caldwell in the Tam Achoy filibuster case," 附載於 CO 129/78, February 21, 1860, pp. 193–194；關於「認罪」，見 W. H. Adams, Chief Justice, to Robinson, 附載於 CO 129/78, August 24, 1860, pp. 187–190。

的福祉，並繼續擁有支配被統治者的權力」。[53] 例如，英國皇室人員到訪印度的目的，是激發印度王公的忠誠，並讚許他們保護大英帝國的功勞。[54] 不過，被殖民者在這些活動中的作用通常都被忽略。

十九世紀下半葉，英國皇室人員開始注意到香港，華商已準備好露才揚己。1869年愛丁堡公爵訪港時，華商組織了宴會、戲劇表演和傳統舞獅。1879年籌款賑濟愛爾蘭饑荒的基金，逾一半捐款來自華人，捐款最大筆的個人也是華人。[55] 1887年維多利亞女王登基五十年慶典，華商再次組織慶祝活動。總督德輔憶述，第一批到達總督府的隊伍是「龐大的華人隊伍，帶來辭采華麗的頌辭敬獻女王，盛讚英國公正不偏」。文武廟值理會獻上以中文刻寫「萬代隆昌」（意譯：Everlasting Prosperity）的牌匾，其後懸於總督府正面。多個山頭升起篝火，位於台地上的房屋掛出「數以百萬計」歐洲汽燈與中式、日式紙燈籠，照亮停泊海港的船舶，這一切所「形成的奇觀，唯有仙境才堪可比擬」。翌日舉行的華人巡遊，有上萬人參加，隊伍綿延四英里。巡遊中有四條各長一百英尺的龍，隊伍中的工人赤腳行走，但全都穿上華商提供的外衣和帽子，巡遊堪稱「華美與襤褸的雜糅」。晚上也有夜間巡遊舉行，隊伍長逾一英里，有兩條絲製的龍參與巡遊，龍身之內點了燈，使之通體發亮。儘管歐籍殖民者「顯然已竭力提供與此場合相稱的表演⋯⋯最引人注目的，是華人那種興奮雀躍的情感」。德輔最後斷定：「沒有比這更深刻顯示他們對政府感激之情，而他們是在女王陛下御宇之時接受本政府管治。」[56] 德輔在年度報告中說：「英國人在展現忠誠方面不遜色於其他人，但這場合最令人矚目的，卻是參與華人所表現的熱情⋯⋯他們至今已有約四十五年受英國統治的經驗，這充分證明他們對於所受的統治，大體上感到滿意。」[57]

不管華商是否如德輔所想那樣，對英國人的統治如此滿意，他們知道身為一個全球帝國的一員，是擁有許多贏取認可的出路。1891年香港舉行慶祝成為英國殖民地五十年的金禧慶典，華商是金禧籌備委員會的活躍成員。[58]

---

53. Cohn, *Colonialism*, p. 3.

54. Ibid., p. 125.

55. 關於「舞獅」，見 Eitel, *Europe in China*, pp. 468–469；關於「華人捐款」，見 "The Governor's Report on the Blue Book," in *Administrative Report, 1879–80*; CO 129/189, July 9, 1880, Hennessy to Kimberly。

56. Des Voeux, *Colonial Service*, pp. 205–210.

57. Hong Kong, *Annual Report, 1889* (Hong Kong: Government Printer, 1889), p. 26.

58. Hong Kong Daily Press, *Fifty Years of Progress: The Jubilee of Hongkong as a British Colony, Being an Historical Sketch to Which Is Added an Account of the Celebrations of 21st and 24th January, 1891* (Hong Kong: Hong Kong Daily Press, 1891), p. 32.

擔任怡和洋行助理買辦的何甘棠，與兩名歐亞混血兒兄長一樣富可敵國，他為在布爾戰爭（Boer War）中陣亡英軍的遺孀和孤兒籌款，又為倫敦熱帶醫學院募捐。1892年和1907年，何甘棠為訪港的干諾公爵伉儷（Duke and Duchess of Connaught，當時譯為康樂親王、康樂王妃）籌辦宴會。何甘棠的兄長何東是怡和洋行首席買辦，他負責管理維多利亞女王登基鑽禧紀念慶典經費和南非戰爭軍費。第一次世界大戰時，何東捐助英國政府購買兩架飛機和幾輛救護車。地產商兼保險及航運業鉅子周少岐，出任戰務恤款委員會委員。葉蘭泉是負責中國分區的戰時恤款司理。1924年4月，倫敦舉辦大英帝國展覽會，代表參展香港華商的委員會也是由葉蘭泉主持。[59] 皇室人員到訪和參與帝國展覽會，有助令像香港這樣的地方為眾多英國人得知，也使香港的顯赫商人在本地和整個大英帝國吐氣揚眉。

殖民地教育

　　香港的教育制度也幫助華商成為特殊階層並贏得港府尊重。長期以來，殖民地教育都被指摘為只是帝國主義的工具。[60] 彭尼庫克（Alastair Pennycook）最近認為，英國人在馬來亞殖民地的教育政策造就了「一個受英式教育的精英，還有受土語教育的大眾，令這些人更有能力參與殖民地的經濟」。[61] 對後殖民主義理論家來說，教育代表了現代政府的強大規訓力量。蒂莫西・米切爾寫道：在殖民時代的埃及，「現代學校教育的秩序和紀律，是新政治權力的特點和手段」。教育的目的在於「從內而外」塑造和規訓身心。維斯瓦納坦（Gauri Viswanathan）說，在英屬印度，教授英國文學遮蓋了經濟剝削和政治支配。但其他學者認為，強調教育是殖民工具的說法掩蔽了一個事實，那就是：殖民教育是由各層面的互動所塑造，包括殖民者和被殖民者之間、宗主國與殖民地之間的互動。許多印度人（包括反對英國統治的民族主義改革家）要求英語教育。在西非和印度支那（中南半島），教育的形式和課

59. 關於「何甘棠安排的宴會」，見 Wright and Cartwright, *Twentieth Century Impressions*, p. 174，以及 Des Voeux, *Colonial Service*, p. 279；關於「何東捐贈救護車」，見 Wright and Cartwright, *Twentieth Century Impressions*, p. 176，及吳醒濂：《香港華人名人史略》，頁 1–3；關於「周少岐」，見 A. R. Burt, J. B. Powell, and C. Crow, eds., *Biographies of Prominent Chinese* (Shanghai: Biographical Publishing Co., 1925), p. 81；關於「葉蘭泉」，見 Burt et al., *Biographies*, p. 129。

60. 如 Martin Carnoy, *Education as Cultural Imperialism* (New York: Longman, 1974)。

61. Alastair Pennycook, *The Cultural Politics of English as an International Language* (London: Longman, 1994), p. 82.

程是由兩個元素共同塑造，一是法國殖民政權的設計，一是當地人看待教育的態度。在台灣，日語教育也受到台灣精英的要求所影響。[62]

香港教育制度有哪些地方與這種辯論相符？殖民地教育的目的，是為奉行資本主義的殖民地經濟培養學生，並協助促進中英經濟和外交關係。陸鴻基寫道：「這些學校致力培養雙語、雙文化的精英，作為在港英國商人與中國官商溝通的中間人。」經過1920年代的動盪時期後，殖民地政府尤其利用教育制度來推廣傳統中國文化，以抗衡在中國大陸蔚為風潮的國家和公民概念。[63] 但如同吳倫霓霞所説，香港的殖民地教育不是「全盤照搬宗主國的內容和制度」，而是受幾個因素所塑造，包括「本地華人的社會階級構成和他們的態度」。[64]

我們不應把著眼點放在殖民地教育的目的，而應考慮其成果。那些日後會成為華商的人，因為受過殖民地教育而在香港和中國獲得寶貴機會。殖民地教育也令來自香港和中國的兒童有機會學習英語，而懂英語是在殖民地政府、香港歐資公司或中國海關謀職不可或缺的能力；他們唸書時建立的人際網絡，在以後的營商生涯中也派上用場。受過殖民地教育的畢業生，有能力在香港和中國與外國商人一較高下，通常勝算還很大。最後，儘管歐籍人對華人的種族歧視持續至二十世紀，不過，受過殖民地教育的華商能出入於中西文化之間，並稍為贏得香港歐籍人社會的接納。

最後一點尤其重要。雖然像文武廟、東華醫院和更練這些組織令華商贏得本地華人與中國政府及港府的尊重，但它們在本地歐籍人之間，往往產生相反效果。歐籍居民常懷疑文武廟試圖控制「土著事務」，而本地英文報界從一開始就對東華醫院從事醫療以外的工作甚感不滿，擔心這家醫院會成為「國中之國」（*imperium in imperio*），可能令華人反抗政府。東華醫院與中國政

---

62. Timothy Mitchell, *Colonising Egypt* (Cambridge: Cambridge University Press, 1988; Berkeley: University of California Press, 1991), pp. 75, 94；Gauri Viswanathan, *Masks of Conquest: Literary Study and British Rule in India* (London: Faber and Faber, 1990)；關於「印度人要求英語教育」，見 Ania Loomba, *Colonialism/Postcolonialism* (London: Routledge, 1998), p. 86；關於「對教育的態度」，見 Gail P. Kelly, "Colonialism, Indigenous Society, and School Practices: French West Africa and Indochina, 1918–1938," in *Education and the Colonial Experience*, ed. Philip G. Altbach and Gail P. Kelly (New Brunswick, NJ: Transaction, 1984), pp. 9–32；關於「台灣精英」，見 E. Patricia Tsurumi, "The Non-Western Colonizer in Asia: Japanese Educational Engineering in Taiwan," in Kelly and Altbach, *Education*, pp. 55–74。

63. Bernard Hung-kay Luk, "Chinese Culture in the Hong Kong Curriculum: Heritage and Colonialism," *Comparative Education Review* 35.4 (November 1991): 658–660.

64. Alice Lun Ngai Ha Ng, *Interactions of East and West: Development of Public Education in Early Hong Kong* (Hong Kong: Chinese University Press, 1984), p. viii.

府和港府都保持密切關係，使本地華人對於該醫院更心悅誠服，卻令歐籍人感到猜忌。[65]

歐籍人對這些華人組織的態度，與他們對整體華人的態度是密不可分的。早期香港社會是由許多次群體組成，彼此通常老死不相往來，僅因為在貨物和勞動力方面須互通有無而稍有聯繫。港督寶靈在1858年慨歎：「本土人和歐人幾乎完全隔絕，完全不曾聽聞兩個種族之間有社交往來。」[66]本地歐籍人對於華人的輕蔑和鄙視，常令訪港的歐洲人感到震驚，他們還提到本地歐籍人用拐杖和雨傘打華人苦力。有位1877年訪港的英國人抱怨英國軍官對待華人態度惡劣，「彷彿他們是極低等的動物」。港督堅尼地（Arthur Kennedy）和他的繼任人燕臬斯在總督府接見顯赫華人後，歐籍商人和他們的妻子拒絕受邀到總督府參加節目。英國商界認為燕臬斯「偏袒華人」，所以1882年2月他離開香港時，沒有英商到碼頭出席傳統的送別儀式；但華人領袖前來為這位港督送行，並致贈禮物和繡帳。[67]

英國人對華人的偏見來自他們的階級、文化、民族和種族優越性。但是，由於英國人對華人的鄙夷源於種族中心主義和階級主義，所以，對於那些看起來較不像華人的人，或者經商有成的人，他們會更願意接納──如果兩種條件兼有，那就更容易為英國人接納了。此外，英國人通常認為華人比其他英國殖民地的「土著」優秀。一名新加坡英籍商人把華人與馬來人作比較，認為華人更勝一籌，他形容華人「這個種族有能力發展最高級的文明。他們既可以勞力謀生計，也是治理之才。他們不論寒暑，在任何氣候下都能工作，而且善於貨殖」。此外，即使在同一個「土著」團體之中，有些人能夠比其他人變得「土著色彩較少」。對於富有華人，尤其是那些懂英語並「顯出若干英國化的跡象」（借用萊思布里奇的說法）的人，香港歐籍人經常為之傾倒。這種早期的著迷，從1847年3月《德臣西報》的一篇社論可略見一斑。該社論作者說到新加坡股商胡玉璣（西方人稱他為「黃埔」〔Whampoa〕）取道香港到廣州之行，觀察到年僅三十二歲的胡玉璣已經非常富有，此外，「他是個

65. Sinn, *Power and Charity*, pp. 120–122.

66. 但是，寶靈的繼任人羅便臣則很贊成華洋隔離。他在1861年寫道：「我一直在想，怎樣才能最有效地防止華人在九龍大量定居，由於有一些土著人口是不可缺少的，如何最有效地令他們只聚集在自己的地方，並保持歐籍和美籍人社群不受與他們混雜所帶來的傷害和不便。」兩段說話都是引自 Endacott, *History of Hong Kong*, p. 122。

67. 關於「低等的動物」，引自 James Pope-Hennessy, *Half-Crown Colony: A Hong Kong Notebook* (London: Jonathan Cape, 1969), p. 53。關於「偏袒華人」，見 Pope-Hennessy, *Half-Crown Colony*, pp. 78–79；以及 Eitel, *History of Hong Kong*, p. 567。

卓爾不群的人物，既有華人的外貌特徵和穿唐裝，又説得一口流利英語，表達他道地的英式情感。」[68]

在1847年的香港，本地華人中找不到像胡玉璣那樣能令歐籍人折服的人。港督寶靈在1856年提出提高管治體制代表性的問題，包括像新加坡那樣委任懂英語的華人為定例局議員，他建議鼓勵華人學習英語作為「進身之計」。[69] 然而，殖民地大臣在回覆中懷疑「年輕人有否因受了教育而脱胎換骨，使人指望下一代人在道德文化方面有可能更勝現今一代⋯⋯那些熟悉華人的人指出，華人這個種族智慧很高，但若論道德，則連最基本的都付諸闕如。」[70] 不過，到了1870年代至1880年代，一代兼通中西文化的富有華人已孕育成長起來，這主要是殖民地教育制度的成果。1880年，殖民地大臣勉為其難地批准港督燕臬斯任命伍叙為定例局首名華人非官守議員，他之所以批准，部分原因是伍叙的「教育優勢」，而這種優勢是來自他在香港聖保羅書院和倫敦林肯法學院的學習。[71]

這些人不少是在中央書院（後稱皇仁書院）受教育。中央書院（早期的《香港轅門報》多稱它為國家大書院）是在1862年由三所原有的官立學校合併而成，[72] 這所學校從創立之初起，就非常成功吸引華人學生入讀。1864年《香港轅門報》報告，這所學校繼續「廣受華人青睞」，而且即使學校在1863年起收

68. 關於「偏見的根據」：比較 Henry J. Lethbridge, "Caste, Class, and Race in Hong Kong before the Japanese Occupation," in Lethbridge, *Hong Kong: Stability and Change*, p. 167，該文認為他的偏見的根據是階級而非種族中心主義；關於「華人更『優越』」，見 "The Straits Settlements and British Malaya," in *Honourable Intentions: Talks on the British Empire in South-East Asia Delivered at the Royal Colonial Institute, 1874–1928*, ed. Paul H. Kratoska (Singapore: Oxford University Press, 1983), p. 43；Lethbridge, "Caste, Class, and Race," p. 167；*China Mail*, March 4, 1847。

69. Bowring to Labouchere, March 26, 1856, in "Copies of Extracts of Correspondence between Governor Sir John Bowring and the Secretary of State for the Colonies relative to the Re-construction of the Legislative Council of the Colony of Hong Kong, in the years of 1855 and 1856," 重印於 Irish University Press Area Studies Series, *British Parliamentary Papers, China, 24: Correspondence, Dispatches, Reports, Ordinances, Memoranda and Other Papers Relating to the Affairs of Hong Kong, 1846–60* (Shannon: Irish University Press, 1971), p. 196.

70. Labouchere to Bowring, July 29, 1856, in "Copies of Extracts," p. 12.

71. CO 129/187, April 20, 1880, Hicks Beech to Pope, 重印於 Tsang, *Government and Politics*, p. 67.

72. 關於「中央書院的籌劃與創辦」，見方美賢：《香港早期教育發展史》（香港：中國學社，1975），頁23–30；阮柔：《香港教育：香港教育制度之史的研究》（香港：進步教育出版社，1948），頁40；Gwenneth G. Stokes, *Queen's College, 1862–1962* (Hong Kong: Queen's College, 1962), chapters 1 and 2；及王齊樂：《香港中文教育發展史》（香港：波文書局，1983），頁144–149。

取學費，仍然申請者眾，學額供不應求。[73] 可以入讀中央書院受教育，表示將能在外資公司、中國海關或中國的新官辦學校謀得好工作。

中央書院畢業生無論在香港還是中國開展他們的經商事業，都躋身香港最成功商人之列。例如，容憲邦（容翼廷）成為香港渣打銀行買辦。歐亞混血兒冼德芬在畢業後留校任教，直至1878年離職加入政府，擔當文員兼通譯。1880年冼德芬離開政府，轉投多家著名英資律師行，歷任多個職位。[74] 黃金福成為香港九龍碼頭貨倉有限公司買辦、一家華資輪船公司董事總經理，還與人合夥經營紡織生意。[75] 周少岐成立幾家大保險公司，也是財雄勢大的銀行家、航運巨子和地產商人。劉鑄伯成為香港老牌公司屈臣氏大藥房買辦，也是1896年創辦的中華會館的總董，並且是東華醫院主席、保良局總理和團防局成員。何榮春（音譯，Ho Wing Tsun）成為香港東方匯理銀行買辦。佘寶琛是香港大酒店買辦。伍漢墀是中華滙理銀行買辦，也是元發行的襄理；元發行是歷史很悠久的重要香港華資貿易行，伍漢墀主持該行的外貿業務。黃麗生（音譯，Wong Lai-sang）加入上海大北電報公司。他在香港工務司署任職十年後，轉而效力一名英國建築師，並與人合夥創辦煤氣燈公司。[76]

中央書院最有名的畢業生當數歐亞混血的何氏兄弟。何東，1873年入讀中央書院，後來成為名聞遐邇的大亨。他從學校畢業後即加入廣東海關，但1880年辭職，轉任怡和洋行買辦。三十歲時已成為百萬富翁，他擅長金融投資，擁有地產和輪船事業，涉足航運和保險業，也兼營進出口生意。何東是公認的香港首富，與香港幾乎所有大企業都有聯繫，或者是合夥人或者是董

73. *Government Gazette*, 1864, p. 46; Stokes, *Queen's College*, pp. 22–23.

74. Wright and Cartwright, *Twentieth Century Impressions*, pp. 178, 186–197.

75. Wright and Cartwright, *Twentieth Century Impressions*, p. 178; W. Feldwick, *Present Day Impressions of the Far East and Prominent Chinese at Home and Abroad: The History, People, Commerce, Industries and Resources of China, Hong Kong, Indo-China, Malaya and Netherlands India* (London: Globe Encyclopaedia, 1917), p. 593.

76. 關於「周少岐」，見 Burt et al., *Biographies*, p. 81；Wright and Cartwright, *Twentieth Century Impressions*, p. 176；Feldwick, *Present Day Impressions*, pp. 580–581。關於「劉鑄伯」，見陳大同編：《百年商業》（香港：光明文化事業公司，1941），頁碼不詳；劉富宗等述：《劉公鑄伯行述》；Wright and Cartwright, *Twentieth Century Impressions*, p. 174；吳醒濂：《香港華人名人史略》，頁5-6；Feldwick, *Present Day Impressions*, pp. 573-574。關於「何榮春」，見 Wright and Cartwright, *Twentieth Century Impressions*, p. 182。關於「佘寶琛」，見 Wright and Cartwright, *Twentieth Century Impressions*, p. 182。關於「伍漢墀」，見 Wright and Cartwright, *Twentieth Century Impressions*, p. 182；Feldwick, *Present Day Impressions*, pp. 591–592。關於「黃麗生」，見 Wright and Cartwright, *Twentieth Century Impressions*, p. 187。

事。曾任東華醫院主席，是香港和中國享負盛名的慈善家。[77]其弟何甘棠是
怡和洋行助理買辦，後來自立門戶，也事業有成，並擔任東華醫院總理。何
甘棠在香港和中國大力參與公益服務，樂善不倦，令譽更勝其兄。[78]何東另
一弟弟何福，1881年於中央書院畢業，任職越南一家華資航運公司，後來也
加入怡和洋行，擔任助理買辦，何東辭去怡和洋行總買辦職位後，何福接任
其職。何福與夥伴羅長肇（他在中央書院畢業後留校任教七年，之後在港府
庫務署短暫任職文員）擁有和經營何福公司（Ho Fook and Company），這家公
司經營香港與中國港口之間的食糖買賣生意。[79]

指南與名錄

　　有關香港的英文指南和名錄如何描述香港華商，是顯示他們在十九世紀
末、二十世紀初「進步」程度的指標。早期著作通常對華商著墨不多，但到了
世紀之交，情況有所改觀。例如，《二十世紀香港、上海及其他中國通商口岸
的 印 象》（*Twentieth Century Impressions of Hongkong, Shanghai, and Other Treaty
Ports of China*）（下稱《二十世紀印象》），這本名錄1908年於倫敦出版，出版
商勞埃德大不列顛出版有限公司（Lloyd's Greater Britain Publishing Company,
Ltd.）在大英帝國各地都設有辦事處，此書屬於該公司出版的英國屬地系列。
雖然書中有關運動和社會文化的部分，焦點放在香港歐籍人社會，但論述華
人商業和專業階層的篇幅也不少。

　　我們可以把這些名錄看作是代替英國讀者宣示對「遠東」及其居民的擁有
權，並顯示英國雄霸世界。例如，貝絲・福克斯・托賓說，就算像自然歷史
描繪這樣看似客觀的事物，也可以開拓帝國工作的一環，目的是蒐集有關世
界自然資源的資料，並加以控制：「十八世紀末那些植物插畫的白色邊沿和折
下來的枝條，令人覺得植物是可以從某個文化和生態環境摘下，然後輕易放

---

77. Howard L. Boorman, ed., *Biographical Dictionary of Republican China*, vol. 2 (New York: Columbia
    University Press, 1968), pp. 75–76；Burt et al., *Biographies*, p. 14；陳大同：《百年商業》，頁碼
    不詳；China Mail, *Who's Who in the Far East, 1906-7* (Hong Kong: China Mail, 1906), p. 147；
    Feldwick, *Present Day Impressions*, pp. 582–583；Wright and Cartwright, *Twentieth Century
    Impressions*, p. 176；吳醒濂：《香港華人名人史略》，頁1–3；何文翔：《香港家族史》（香港：
    明報出版社，1992），第一章。

78. Wright and Cartwright, *Twentieth Century Impression*, p. 174；吳醒濂：《香港華人名人史略》，頁
    16–19。

79. Smith, *Chinese Christians*, p. 166; Wright and Cartwright, *Twentieth Century Impressions*, p. 178;
    Who's Who, p. 142.

到另一個文化和生態環境之中，而無須考慮會帶來什麼不良後果。」[80]《二十世紀印象》全書中有不少插圖和照片——港口、風景、建築物、村莊、民居、人、雕像和東華醫院董事局全體人員，全部從他們的自然背景中抽離，帶到英國讀者眼前。其中一頁照片將何福、他的妻妾子女和他們在半山的大宅，介紹給讀者認識。[81]

這種名錄可以視作香港社會組織方式的反映。例如，在《二十世紀印象》有關香港的部分，我們找到兩類傳略——歐籍人的「社會和專業傳記」與「東方人的社會和專業傳記」。這種區分強調歐籍人和華人是（並且應當是）互不相干的群體，並清楚顯示哪一群人更加重要。雖然華人數目比歐籍人多，但在這本名錄的排列次序中，他們排在歐籍人之後。另一個關於「東方人商業社會」的部分，臚列華人、帕西人和日本人公司的介紹。

但是，對這些人來說，這種指南起到什麼作用？首先，它們令許多香港華商不致在歷史中湮沒無聞，並發揮另類官方史的功能，把顯赫香港華商留存在人們的記憶之中。這些名錄羅列「香港華人社會的顯赫成員」，也等於把這些人從其他香港華人區別出來。這些人憑藉家世或個人勤奮，成為香港社會顯達；例如劉鑄伯——「香港本地人，並且是古老廣東名門的一員」。糖商兼中華火車糖局買辦蔡立志是「一個古老華人望族」的族長，這個望族「逾五代人」與新加坡和馬來亞的「英國殖民地有深厚聯繫」。吳理卿是香港老牌百貨貿易商吳源興行的老闆，書中刊出他的大宅、店鋪、客廳的照片和傳略，以令讀者更感真實。

這些著述也說明了成為華人社會顯赫成員需要哪些條件。這些指南讚揚這些人名成利遂之餘，也指出他們的成功之道。周少岐「得享現有地位，全憑他積極進取，以及敏銳的經商本領」。黃金福「為人精明，善於貨殖」。何甘棠「在處理交託給他的事務時，總是展現其犖犖大才，並漸漸躋身顯貴之列」。何福和他的兄弟一樣，「善於營商，又樂善不倦，並大力參與社會公職，因而享負盛譽」。讀者還知道「冼德芬的生平，簡單來說，是任事勤奮正直，從而迭獲應得的升遷」。黃麗生「堅毅不拔，又有精明的營商天賦，不但令自己有優渥、舒適的生活，還在歐籍人和華人之間身顯名揚」。這些指南指出，這些人全是東華醫院、團防局、潔淨局或保良局成員，藉此強調加入這些組織是在香港彰顯地位的重要途徑。

---

80. Tobin, *Picturing Imperial Power*, p. 179.
81. 這一章結束部分所引用的引言、意譯的事實資料和參考照片，可以在 Wright and Cartwright, *Twentieth Century Impressions* 的頁 174–178、181–182、186–188、224–234 找到（頁碼依引述順序列出）。

　　《二十世紀印象》這類著作雖然強調這些華人的個人才能和秉賦，但也把他們描繪為一個群體，這個群體的成員擁有某些共同的成功標準——兼通中英文化、文質彬彬的摩登紳士。蔡立志所居的大宅 Burnside，四周有「幾百種英國和歐洲花卉」環繞。何甘棠那幢殖民地風格的別墅有中式花園。劉鑄伯所住的英式別墅名為 Ardmore，他是「徹頭徹尾的現代人物，深諳西方文明習俗」。而對於協助「他的同胞與歐籍人之間建立和睦關係」，劉鑄伯也建樹良多。事實上，他遊刃於兩種文化之間的能力，與他的商業成就同樣令人敬佩。何東建了許多中英合璧風格的大宅，是「這個英國殖民地引以自豪的事物，訪客也為之讚歎不已」。這些大宅中最華麗的那座就是何東的居所，它有個獨特的英文名字——Idlewild；身處在這幢大宅，香港壯麗的海港景色一覽無遺。這些富人也有充裕的時間和金錢從事閒暇活動。有幾人酷愛蒔花養草。1905 年，蔡立志大宅 Burnside 的花園贏得總督頒發的最佳私人花園獎，1907 年此獎由何東大宅 Idlewild 的花園奪得。何甘棠雅好園藝和攝影，多次在花卉展和攝影比賽中獲獎。這些人大部分有遊歷海外的經驗。何東曾周遊中國和亞洲，又兩次到訪北美和歐洲。他的弟弟何福「遊歷豐富，胸襟眼界為之開闊」，他的遊蹤包括兩次到歐洲和一次到美洲的旅行。

　　這些指南還強調，這些顯赫華人全都善用他們所受的英式教育，這是他們成功之所賴。他們很清楚英式教育帶來的好處，並且渴望後代能接受相同的教育。何榮春的孩子和父親一樣，全都接受「一流英式教育」。何福「深明身在英國殖民地，熟知西方的方法可帶來什麼優勢」，務使他的孩子「盡量得享這些優勢」。黃麗生的獨子「多得他父親深知擁有這種知識素養所能帶來的好處」，也得以接受「徹底扎實的英式教育」。

　　最後，這些指南強調成功華人在香港經濟和社會發揮的作用。他們全都致力促進此殖民地的經濟發展和造福社會。這點在何東身上尤其明顯，儘管何東健康欠佳，但仍是「島上最積極進取和熱心公益的人之一」。何東的弟弟也因樂善好施而備受稱頌。「無論在中國、香港，還是大英帝國任何地方，每當有義行善舉需要協助時」，何甘棠「一定伸出援手，不落人後」。何甘棠活躍於香港各重要慈善或公益機構，也會獨力行善——1894 年鼠疫大流行時贈醫施藥，在本地學校設立獎學金，並向貧困華人家庭施棺贈殮，使亡者不用暴屍街頭。1900 年義和團「騷動」期間，何甘棠親往北京，包租輪船撤走難民。他還協助在 1904 至 1905 年日俄戰爭中陣亡日本兵的家屬。讀者知道，「他事實上樂善不倦」。

　　無論這些指南和名錄原來出版的意圖是什麼——是想展示大英帝國的人類「資產」，還是想闡明殖民地社會該如何組織，它們將這些華人從殖民地上

的其他華人居民區分出來。這些刊物顯示自從殖民地開埠以來，某些華商取得多大成就，藉以說明進身香港上流社會的規則。它們列出合適的組織和活動，從而強調在殖民地香港的成功標準，並揄揚對於香港經濟和社會建樹良多的人。這些著作是香港「名人錄」，最終使得此殖民地的華商名留史冊，即使大英帝國已經呈現帝國斜陽之勢以後，他們仍名傳後世。

第四章

屬於自己的地方：會所和協會

及至十九世紀末，香港華人商界精英已發展為成熟的資產階級。不過，他們雖然財富愈來愈多，地位愈來愈高，卻仍然受到歐籍人的種族歧視，其中一種歧視方式是被摒諸歐籍資產階級上流社交圈的門外。本章會探討華人商界和社會領袖如何應對這種情況。華人資產階級領袖建立由會所和協會構成的精英網絡，藉以創造一個同樣排外的社交世界，從而提高自己相對於歐籍人的社會地位，以及在香港華人居民之中的社會地位。

華人資產階級的崛起

香港的資產階級地位主要取決於財富。到了十九世紀末，香港已成為從中國至南洋的華人資本主義擴張的中心。1880 年代末，本地華商買入歐籍人經營的省港澳輪船公司股份。到了 1890 年代末李陞和潘邦成為這家公司的董事，而歐亞混血兒冼德芬則是最大的非歐籍股東。跟中國的情況一樣，香港的買辦和商人積極投資於外資的製造、加工和包裝產業以及公用事業。在許多事例中，華人擁有百分之六十，甚至超過百分之八十的股份。[1]

華人除了支配與中國和東南亞的貿易，也開始主宰香港工業。1899 年 9 月，港督卜力（Henry Blake）寫道，在過去五年間，「製造產品的數量增加，

1. Gary G. Hamilton, "Hong Kong and the Rise of Capitalism in Asia," in *Cosmopolitan Capitalists: Hong Kong and the Chinese Diaspora at the End of the Twentieth Century*, ed. Gary G. Hamilton (Seattle: University of Washington Press, 1999), p. 23；關於「非歐籍股東」，見汪敬虞：〈十九世紀外國侵華企業中的華商附股活動〉，《歷史研究》，總第九十四期（1965 年第 4 期）：頁 55–56；關於「超過百分之八十」，見頁 68–69。

種類繁多」,「顯示華人不大因循守舊,樂於把資金和能力運用到新方向」。這個階級得以壯大,房地產也是關鍵的經濟因素。1895年,李陞和潘邦成為香港置地公司的華人董事。到了二十世紀初,香港大部分房地產由華人擁有。1900年10月,卜力向殖民地大臣張伯倫(Joseph Chamberlain)報告,說「在這一年間,殷富華人在維多利亞城買下許多原本由歐籍人居住的住宅」。[2]

華人資產階級經濟地位的上升,也清晰見於消費文化和炫富消費的增加,現在的商品廣告是以華人上層階級為對象。在澳洲發跡的華人馬應彪於1900年創辦先施公司,而同樣在澳洲起家的郭樂、郭泉昆仲則於1907年成立永安公司,這些百貨公司的出現,標誌著華人資產階級商業文化的成長。華人顧客在這些公司可以買到幾乎任何想要的貨品,而無須像光顧歐資百貨公司(如英資百貨公司龍頭連卡佛)時那樣,遭人白眼和輕慢。[3]

華人資產階級勢力上升的另一標誌,是企業文化的成長。華商成立新的組織來代表他們的利益,例如華人殷商和買辦在1896年創立的中華會館。中華會館一統了各個行業公會和同鄉會,代表華人商界利益,與歐籍人主宰的香港總商會分庭抗禮。此外,它的成立也是為了扶植香港的現代華商階級。最後,本地和海外華人創辦新的銀行和金融機構。1919年創辦的東亞銀行,是首家在香港股票市場上市的華資銀行。該行的主要推動者有橫濱正金銀行和萬國寶通銀行(花旗銀行的前身)買辦簡東浦,還有李冠春和李子方。當華人工業家轉為向這些新銀行尋求資本,香港華人資產階級就真正羽翼已豐了。[4]

---

2. Blake to Chamberlain, in Hong Kong, *Annual Report, 1898* (Hong Kong: Government Printer, 1898), p. 13;關於「房地產」,見汪敬虞:〈十九世紀外國侵華企業中的華商附股活動〉,頁55–56;Blake to Chamberlain, in *Annual Report, 1899* (London: Her Majesty's Stationery Office, 1901), p. 44。

3. 馮邦彥:《香港華資財團:1841–1997》(香港:三聯書店〔香港〕有限公司,1997),頁63–68;張曉輝:《香港華商史》(香港:明報出版社,1996),頁76–80;楊國雄:〈香港早期百貨公司是怎樣的?〉,載魯言等著:《香港掌故》,第七集(香港:廣角鏡出版社,1984),頁113。

4. 《香港中華總商會成立八十周年紀念特刊》(香港:香港中華總商會,1980);《香港中華總商會成立六十周年紀念特刊》(香港:香港中華總商會,1960);關於「華資銀行」,見 Elizabeth Sinn, *Growing with Hong Kong: The Bank of East Asia, 1919–1994* (Hong Kong: Bank of East Asia, 1994), pp. 4–7;黎照寰:〈華僑資本的五家銀行〉,《廣東文史資料》,第八輯(1963):頁135–136;馮邦彥:《香港華資財團》,頁79–82。

自我觀感

　　資產階級領袖自視為特殊階級,有別於其他本地華人。他們與英國人一同把香港從荒島建設成繁榮穩定的都市。這些人呼籲改革中國經濟、政治和社會,間接重申他們身為特殊和特權階級的地位。一如在其他英國殖民地或屬土的新興地方資產階級,華商表示他們深信重商主義和資本主義是治療中國宿疾的良方,也等於同時宣稱華人資產階級在香港具有特殊的重要性。[5]

　　1901年3月,一批顯赫華人居民聯名具稟港督卜力,請准成立專為他們的子女而設的學校,此舉尤其清楚顯示,這些人認為自己並非一般華人。八名陳情者的職業和背景,有助我們了解華人資產階級的典型面貌。第一名簽署者是何啟,他是大律師、醫生、金融投資家兼定例局非官守議員。何啟的好友韋玉也是定例局非官守議員,並且是有利銀行買辦和東華醫院前主席,他曾在英格蘭和蘇格蘭受教育,是早期留學英國的華人。[6]其他陳情者的資歷也十分可觀。曾任中華匯理銀行買辦的馮華川,當時是一家美資大洋行的買辦,也是成功的鴉片商人,並參與創辦中華會館。周東生是中華匯理銀行主席,而阮荔邨和盧冠廷則分別是東華醫院現任主席和前主席。曹善允是在英國受教育的著名律師,有一段時間是唯一在香港執業的華人律師。一如何啟,曹善允是在華人社會享負盛名的律師兼對外事務顧問。韋安是韋玉的兩名弟弟之一,也是在英國受教育,是很有影響力的律師。[7]

　　這些陳情者自稱代表「華人社會中重要而有影響力的一群人」,他們解釋何以需要設立「合適的英式學校,以供此殖民地內華人上流階層居民的子女就讀」。他們讚揚政府為香港華洋居民提供教育,但慨歎華人教育「幾乎全以

5.　如見布萊恩・維蘭 (Brian Willan) 對於金伯利非洲黑人資產階級的研究:*Sol Plaatje: South African Nationalist, 1876–1932* (Berkeley: University of California Press, 1984)。

6.　*Who's Who in the Far East, 1906–7* (Hong Kong: China Mail, 1990), p. 334; W. Feldwick, *Present Day Impressions of the Far East and Prominent Chinese at Home and Abroad: The History, People, Commerce, Industries and Resources of China, Hong Kong, Indo-China, Malaya and Netherlands India* (London: Globe Encyclopaedia, 1917), pp. 575–576;吳醒濂編著:《香港華人名人史略》(香港:五洲出版社,1937),頁3–4。

7.　關於「馮華川」,見 *Who's Who*, pp. 105–106;關於「東華醫院董事局」,見 Chan Wai Kwan, *The Making of Hong Kong Society: Three Studies of Class Formation in Early Hong Kong* (Oxford: Clarendon Press, 1991), p. 214;關於「曹善允」,見《曹善允博士追思錄》(香港:僑聲出版社,1956);Arnold Wright and H. A. Cartwright, eds., *Twentieth Century Impressions of Hongkong, Shanghai, and Other Treaty Ports of China: Their History, People, Commerce, Industries, and Resources* (London: Lloyds, 1908), p. 178, 及吳醒濂:《香港華人名人史略》,頁8–11;關於「韋安」,見 Carl T. Smith, *Chinese Christians: Elites, Middlemen, and the Church in Hong Kong* (Hong Kong: Oxford University Press, 1985), pp. 69, 159。

下層和中下階層為對象」，因而令「富裕階層兒童」無法得到「更高深、全面的培育」。有些陳情者畢業於皇仁書院的前身——中央書院，他們説，像皇仁書院這些學校是「優秀的官立學校」，不過，它們對於「社會和道德背景迥異家庭的兒童不加區別，五方雜處」，使得這些學校「不受有名望華人家庭歡迎，認為不適合他們的子女就讀」。鑒於「擁有崇高社會地位並永居本殖民地」的華人數目大增，是時候「提供專為他們的子女而設的中學教育」。[8]

　　陳情者表達他們的要求時，其發言遣辭都旨在迎合取悦殖民地行政官員，顯示他們深諳在殖民地環境內運作之道。他們不但承認英式教育優越，還認為華人女孩的教育應有「相稱的進步」，要求向她們「平等提供」教育，藉此把自己塑造成改革者。香港華人「對於英國人所關心的事物和概念，以往完全沒有吸收學習」，而且「對於履行公共責任的呼籲，反應遲緩麻木」。陳情者説，這所新學校「不但能賦予我們的年輕男女更開放的思想，令他們更熱心公益」，而且能「促進英、中兩個民族更和睦合作，更密切交往」，這種説法附和英國人的觀念——香港的歷史使命是促使中國開放。教育（「回報甚佳的國家投資方式」）的價值大於支出，可以增進「工商業效率」，並令人能善盡「更大的公民責任」。更重要的是，它有助於「更廣泛傳播道德文化和宗教情感」，而這是此殖民地華人居民極為匱乏的。[9]

政府觀感

　　陳情書的內容反映了華人商界精英的自我觀感，而殖民地執政者的評語，則顯示政府如何看待這些華人。港督卜力在給張伯倫的公文中支持這個建議：「不可不知，一如所有歐籍人，上流階層華人亟欲阻止子女與低下階層接觸，因為與低下階層過從太密，會損害他們的道德品格。」而「向來認為應為地位崇高的華人提供學校」的監督學院（Inspector of Schools，譯註：這個職位的中文名稱，不同時期有不同譯法，根據《香港轅門報》，1875年稱為監督學院，1909年改稱提學府，1914年再改為視學官）蒲魯賢（A. W. Brewin），對於陳情者的背景印象深刻，注意到當中四人曾負笈英國。[10]另一名監督學院

8.　Great Britain, Colonial Office, Original Correspondence: Hong Kong, 1841–1951, Series 129 (CO 129), Public Record Office, London, CO 129/306, September 24, 1901, Blake to Chamberlain, pp. 672–673; 亦載於 Hong Kong, *Hong Kong Legislative Council Sessional Papers, 1902*, p. 14.

9.　關於「改革者」，見 Blake to Chamberlain, p. 679；關於「『新學校』的好處」，見 pp. 673–674；另見 *Sessional Papers, 1902*, pp. 14–15。

10.　Blake to Chamberlain, p. 677.

額榮（E. A. Irving）寫道，雖然該建議明顯帶有「階級隔離」的含意，但卻「完全有其道理」，因為它的目的是「培養受過最優良教育，並完全贊同現代理念的華人小夥子」。額榮覺得，「花大量金錢向一些不打算求學深造的兒童傳授粗淺知識」是一種「浪費」，政府的政策應當是協助那些「願意接受較完整教育」的華人孩子。[11] 殖民地官員的想法與陳情者一樣，認為這所新學校是必要的，不只是為了維護香港「顯貴的」華人上流階層，也為了中國的未來。卜力盤算，中國大陸上流階層的兒童，「日後可能會當官」，如果這所學校能吸引他們前來就讀，影響將「十分深遠，而且為這個國家所帶來的利益，可以完全抵償這個計劃所需的小小花費」。[12] 儘管華人社會有人反對，但這所新學校——聖士提反書院，最終在翌年動工興建。

持續不斷的種族問題

無論華人資產階級領袖地位多高多富有，他們仍要面對香港社會無處不在的種族歧視。有些史家說，香港的種族歧視在二十世紀初期甚至更趨嚴重。自開埠之初起，香港華人和歐籍人通常就分別居住在不同區域，但二十世紀之前，政府都沒有立法保留某些住宅區專供非華人居住。[13] 雖然種族主義和歧視難以用數字來衡量，但香港的經驗似乎並非獨一無二。印尼的殖民城市在不斷發展的過程中，種族隔離的程度也愈來愈大於從前。在世界另一頭的另一個英國殖民地——牙買加的金士頓，禁止奴隸買賣和非洲裔商人階級崛起後，就日益出現空間分隔的現象。[14]

香港的歐籍父母竭力保護子女不受所謂的華人惡劣影響。1901年1月，有署名「一名家長」的人投書《孖剌西報》說，所有中國通商口岸都有專為歐籍人開設的學校，他對香港沒有這種學校感到失望和驚訝：「歐籍小童與華人孩子密切接觸，對他們的道德難有裨益。」同月稍後，《德臣西報》說：「本

11. Ibid., p. 679.
12. CO 129/306, September 27, 1901, Blake to Chamberlain, p. 671; 亦載於 *Sessional Papers, 1902*, p. 13.
13. Peter Wesley-Smith, "Anti-Chinese Legislation in Hong Kong," in *Precarious Balance: Hong Kong between China and Britain*, ed. Ming K. Chan (Armonk, NY: M. E. Sharpe, 1994), p. 98.
14. 關於「印尼」，見 I. Schöffer, "Dutch 'Expansion' and Indonesian Reactions: Some Dilemmas of Modern Colonial Rule," in *Expansion and Reaction: Essays in European Expansion and Reactions in Asia and Africa*, ed. H. L. Wesseling (Leiden: Leiden University Press, 1978), p. 83；關於「牙買加金士頓」，見 Colin G. Clarke, "A Caribbean Creole Capital: Kingston, Jamaica (1692–1938)," in *Colonial Cities: Essays on Urbanism in a Colonial Context*, ed. Robert Ross and Gerald J. Telkamp (Leiden: Martinus Nijhoff, for Leiden University Press, 1985), pp. 153–170。

殖民地的歐籍兒童上小學時，不得不與不同種族接觸，而這種交往和玷污，已使他們受到不可彌補的損害。」[15] 同年，一批包括主要洋行主管的歐籍人，說服政府開辦專供歐籍兒童就讀的學校，認為「歐籍人與亞裔人混雜，大有礙於歐籍兒童的教育」，而且「在教室內和遊樂場上一直與華人接觸，必定會影響歐籍兒童性格的養成」。港督卜力擔心「兩個種族在學校裡混合，會造成敗壞道德的惡劣影響」，因此覺得這個提議「非常合宜」。監督學院額榮之前曾在馬來亞擔任華民護衛司，他寫道，雖然「我十分敬佩華人的許多優良品質……但我極為反對把自己的子女送往混合學校就讀」。額榮同意該學校應保留給「歐籍英裔家庭的學生」。九龍學校是歐亞混血兒何東開辦的英式學校，原本是招收不同族裔兒童的學校，但政府現在勸他把該校改成專收歐籍兒童。何東雖不甘願也只好同意，無奈地說：這一決定「與我向本殖民地捐獻此校的初衷背道而馳」。雖然殖民地大臣張伯倫擔心按種族分校上課，會成為香港的標準做法，但由於歐籍父母要求，他最終批准設立九龍英童學校。[16]

到了1908年，有西方居民投書英文報章，建議電車和公園應另設外籍人專用座位。[17] 這個建議的結果，只是在本地報章引發一場激烈辯論，不過，種族隔離往往藉著各種非正式規範和法律規定在香港實行。某些酒店，只准華人入住指定房間，或者不能留宿。滙豐銀行不贊成其歐籍主管人員娶非英籍女性為妻；第二次世界大戰前，沒有一名銀行主管與華人通婚。[18] 雖然沒有法律明文禁止歐籍公務員和非歐籍女人結婚，但華洋通婚不獲鼓勵：娶華人或歐亞混血兒為妻的歐籍警察，合約到期後不會再獲聘任，而監獄獄吏和工務司署職員如與華人或歐亞混血兒結婚，就不准住在政府宿舍。1912年，港督梅含理（Francis May）自豪地說，在他管治下，沒有歐籍警官或者監獄職員與華人或歐亞混血兒通婚。[19] 香港種族隔閡之廣泛，常常令來自中國和外國的訪客感到震驚。

---

15. *Hongkong Daily Press*, January 31, 1901, p. 3; *China Mail*, January 30, 1901, p. 2.

16. CO 129/306, September 3, 1901, Blake to Chamberlain, pp. 309, 314, 319; 亦載於 *Sessional Papers, 1902*, pp. 5, 8, 12。關於「英裔家庭」，見 CO 129/311, May 8, 1902, Blake to Chamberlain, p. 97。關於「何東無奈同意」，見 G. B. Endacott, *A History of Hong Kong*, rev. ed. (Hong Kong: Oxford University Press, 1973), p. 281。

17. 潘孔言：〈種族歧視的辯論〉，載黎晉偉主編：《香港百年史》（香港：南中編譯出版社，1948），頁53。

18. Frank H. H. King, *The Hongkong Bank between the Wars and the Bank Interned, 1919–1945: Return from Grandeur* (*The History of the Hongkong and Shanghai Banking Corporation*, vol. 3) (Cambridge: Cambridge University Press, 1988), pp. 286–288.

19. CO 129/392, September 14, 1912, May to Harcourt, p. 58.

種族歧視的山頂

政府實行種族隔離的明顯例子，是太平山山頂。這是香港島的高級山區，高於香港島其他地方，常被人與印度德里北部的山中小鎮西姆拉（Simla）相提並論，而西姆拉是英國精英避暑（更重要的是避開印度人）之地。山頂設有自己的警署，並有從山下抽上來的食水供應；雅緻英國城鎮的所有特點——英式住宅和別墅、會所、酒店、醫院和聖公會教堂，這裡一應俱全；1888年5月山頂纜車通車，將山頂與山下的城市聯繫起來。[20] 除了傭人、廚子和穿著特別制服的司機，沒有其他華人可以在山頂居住。1902年，殖民地部同意立例只許獲港督批准的人（包括地位高的華人）住在山頂，這種居住地域的隔離遂正式成為法律。根據1904年的《山頂區保留條例》（當時《憲報》譯為《山邱約留限住居界則例》），除了僕役，華人不得在山頂居住。由於1904年條例有漏洞，1918年再立新例，以令只有歐籍人可住在山頂，這種情況直至二次大戰結束後才有所改變。

殖民地當局竭力把山頂保留給歐籍人，顯示三個互相關連的要點：殖民統治經常朝不保夕的本質；有關山頂（乃至香港）的問題，須從比較殖民主義的角度探討；山中避暑地（hill station）對英國殖民統治的重要性。如同安東尼‧金（Anthony King）和戴恩‧肯尼迪（Dane Kennedy）所說，山中避暑地看起來奇特而近乎可笑，但其實透露出許多關於英國殖民主義的事情。[21] 據安東尼‧金所說，山中避暑地是「具社會意涵的自然地點」（social physical place），它「既是印度英國殖民者社會結構和社會行為的產物，又反過來維持這種結構和行為」。[22] 同樣地，由於擔憂與華人接觸愈來愈多，並懼怕華人資產階級日益上升的經濟競爭力，所以就有了上述行動，目的是為維持香港歐籍精英的地位和社會結構。

長期以來，殖民者的文化被描繪為有自信和優越的文化，這個假設直至最近始受學者質疑。肯尼迪指出，在肯尼亞和南羅德西亞，當地白人殖民者

20. Henry J. Lethbridge, "Caste, Class, and Race in Hong Kong before the Japanese Occupation," in Henry J. Lethbridge, *Hong Kong: Stability and Change: A Collection of Essays* (Hong Kong: Oxford University Press, 1978), p. 173; R. C. Hurley, *Picturesque Hong Kong: A British-Crown-Colony and Dependencies* (Hong Kong: Commercial Press, 1925), pp. 83, 107–108; Geoffrey Robley Sayer, *Hong Kong 1862–1919: Years of Discretion* (Hong Kong: Hong Kong University Press, 1975), p. 66.
21. Dane Kennedy, *The Magic Mountains: Hill Stations and the British Raj* (Berkeley: University of California Press, 1996); Anthony D. King, "Culture, Social Power, and Environment: The Hill Station in Colonial Urban Development," *Social Action* 26.3 (July–September 1976): 195–213.
22. King, "Culture, Social Power, and Environment," p. 196.

的文化非但欠缺自信心和把握，而且「充分表現了白人在殖民秩序中的支配位置岌岌可危。對於那種支配而言，塑造和控制社會身份的權力，以及界定自己和他者之間差別的權力，是十分關鍵的」。[23] 此外，殖民者表面上的優越性，無法掩飾他們對熱帶地區懷有強烈恐懼，害怕熱帶地區在生理和心理上對他們造成的影響。進入了二十世紀中葉，歐洲人援據最新的生物學和社會學理論，爭論白種人在熱帶地區能否興旺發展。醫學手冊常常告誡，白種人在熱帶地區逗留太久，會變得身體衰弱、精神萎靡，並喪失文化方向。[24]

因此，設立山中避暑地的目的，表面上是作為避暑和渡假勝地，其根據是認為霍亂、瘧疾和傷寒等疾病較少在山區發生的「民族醫學觀念」。[25] 不過，山中避暑地的另一功能是協助英國人保持英國特質。肯尼迪把殖民地的山中避暑地稱為「懷舊擬像」（nostalgic simulacra），將它們重新創造出來，可以令英國人在陌生的環境營造社群歸屬感和身份認同感。在這裡「英國人可以恢復開拓帝國所需的體力和精神，複製某些社會和文化環境，以體現他們想要表現的價值觀，並規範和複製對於延續其管治不可或缺的人」。[26] 山中避暑地還有一個功能，就是保持殖民者表面上的威嚴，以抗衡非白人的社會經濟地位上升。在印度，英國人擔心須與社會地位不斷上升的印度人接觸，這種憂慮常常隱晦地表達為對衛生、潔淨和疾病的關注。為保障白人殖民者的健康而制定的法律和條例，其目的是要構建、修補和維持種族樊籬。

最後，山中避暑地是殖民者權力和支配的戰略中心。雖然香港從沒發生重大的本土起義，也沒有受到毗鄰的中國攻擊，但在遠離華人的山頂，英國人能保持優越感和支配感。即使在今天，到山頂徜徉一圈，仍會看到香港島、維多利亞港和九龍半島的全景。1898 年英國租借新界前，身在山頂的人視野可以越過九龍，遠眺中華帝國。港督德輔憶述從名喚 The Mountain Lodge 的總督山頂別墅看到的景觀：從一面迴廊眺望，是「中國海的壯麗景色，漫長的海岸線山巒起伏，島嶼星羅棋布」。把華人隔絕於山頂，對營造這種優越感和支配感十分重要。如德輔所說：「眼不見人跡，耳不聞塵囂，似乎

---

23. Dane Kennedy, *Islands of White: Settler Society and Culture in Kenya and Southern Rhodesia, 1890-1939* (Durham, NC: Duke University Press, 1987), p. 189.

24. Ann Laura Stoler, "Sexual Affronts and Racial Frontiers: European Identities and the Cultural Politics of Exclusion in Colonial Southeast Asia," in *Tensions of Empire: Colonial Cultures in a Bourgeois World*, ed. Frederick Cooper and Ann Laura Stoler (Berkeley: University of California Press, 1997), pp. 214, 222; Bernard S. Cohn, *Colonialism and Its Forms of Knowledge: The British in India* (Princeton: Princeton University Press, 1996), p. 155.

25. King, "Culture, Social Power, and Environment," p. 203.

26. Kennedy, *Magic Mountains*, p. 8.

很難想到咫尺之間已是人煙稠密之地。」從山頂的某些位置俯瞰，「腳下整個維多利亞城一覽無遺」。[27] 殖民地官員從山頂看到的，不只是維多利亞港內的輪船、帆船和舢舨，還可以睥睨被禁止坐山頂纜車的華人工人，他們揹負貨物，沿著陡峭的舊山頂道艱難跋涉；居住在半山的葡萄牙人、猶太人、亞美尼亞人、帕西人、日本商人，以及華人和歐亞混血兒買辦；還有在山麓最低層棲身於唐樓的華人勞工，這一切彷彿是此殖民地眾生的浮世繪。誰知道有多少行政管理的問題，是殖民地官員於山頂早晨，在遠離人間煙火的空氣中散步時決定的？

　　但是，山頂跟印度的山中避暑地一樣，若不靠法律強制執行，就無法將之維持為歐籍人專用之地。一如在印度，對於歐籍人健康的關注，是與對「土著」愈來愈富有的恐懼息息相關的。1904 年 5 月，九十名在山頂擁有物業的人中，有八十人向政府請願，要求把山頂劃為「只供非華裔居民居住的地區」。請願者希望把山頂保留為「他們自己和妻兒，以及他們後代子孫的妻兒居住的地點」，因為華人數目和財富「大幅增加」，之前歐籍人所住的地區，現已「多為華人所佔」。如果再有更多華人遷入山頂，歐籍人就會被迫引避於山下，那將「大有礙於他們的健康」。歐籍人不習慣這種熱帶和「不合其天性的環境」，對他們來說，山頂不但是「毋庸置疑」的最佳地點，而且是香港唯一「適合慣於溫帶氣候的人居住，並有益於他們健康的住宅區」。為了把山頂留給歐籍人，政府必須禁止華人在那裡居住，唯有僕役例外。由於華人已生活在他們的「本土氣候」之中，所以這種禁令不會對他們有任何「虧損」。每個民族都應居住在「最能適應的環境之中」，這才合乎「整體社會的利益」。但是，香港的「未來福祉」及其「以後對於大英帝國的價值」，極大取決於「這個社會內歐籍人的福祉」。因此，應該把山頂保留給歐籍人，讓他們的「新一代」在「所能找到的最健康環境」中度過童年。[28]

　　這個草案提交定例局，華人議員何啟和韋玉沒有大力反對。何啟說，雖然這草案帶有「階級立法性質的明顯意味」，但他「確信」它是「合理和允當」的，因為香港的財富和福祉大大依賴於歐籍人。其他華人領袖大多不反對該草案，但他們支持何啟和韋玉的建議，增加一項條款，令港督有權准許他認為適合的華人破例在山頂居住。[29] 港督梅含理報告說，華民政務司與東華醫院董事局、「主要華人商號和同業公會」成員，以及「其他有影響力的華人」

---

27. Sir G. William Des Voeux, *My Colonial Service in British Guiana, St. Lucia, Trinidad, Fiji, Australia, Newfoundland, and Hong Kong with Interludes* (London: John Murray, 1903), vol. 2, pp. 222, 224.

28. 附載於 CO 129/322, May 4, 1904, May to Lyttleton, p. 638。

29. *Hong Kong Hansard, 1904*, pp. 18–19, 附載於 May to Lyttleton, p. 639.

會面。他們不反對草案，但敦請政府修改草案字眼，使之「不致太惹華人反感」。這些華人明白這「並非無理措施」，並且「不會實質損害他們的利益」，顯示出「他們素為人知的見識」。港督欣然報告，條例獲得通過，「並無引起摩擦或不快」。[30] 新法例規定，業主或租戶不得把物業或建築物租予「任何人，或容許任何人在此土地或建築物居住，除非該等人士並非華人」。唯一獲准繞過這條規定的華人，是歐亞混血兒何東爵士，他在1906年靠一名歐籍人替他買下山頂幾座大宅，之後把平妻張靜蓉及其子女搬去居住。到了1917年，何東在山頂區擁有三座大宅，不過他和家人從沒有完全獲得歐籍鄰居接納。[31]

1917年9月，憂心忡忡的港督梅含理報告，一名華人或其歐籍律師發現1904年條例的字眼有漏洞：華人如在山頂擁有房屋自住，並不會去「容許」任何人住在那裡。何東之弟何甘棠也從公開拍賣買下名叫 Lysholt 的大宅。梅含理引用1904年條例，要求何甘棠把這間屋賣給政府。何甘棠是著名慈善家，同意把賣屋所得捐給戰爭慈善基金。但現在何甘棠嘗試買下另外一個物業。幾天前何東已買了兩間半獨立式房屋，並計劃把它們合併成一間，供他一名即將嫁給華人的女兒居住。其他華人也有意購買類似的物業，何東還計劃在「山頂一處仍然空置的上佳地點」興建自住的大宅。[32]

如同1904年，1917年的爭議既關乎健康，也關乎種族和階級。梅含理說，「與妻妾過著半歐式生活」的富有華商，把歐籍人從半山區「逐漸趕走」。葡萄牙人是最早被迫離開的，之後是其他歐籍人。結果山頂租金節節攀升。如果容許華人在山頂定居，他們會爭相以「歐籍人財力難以負擔的高價」大購房屋。這些「失去家園」的歐籍人會被迫遷到「本殖民地環境較差和不利於健康的地區」。但問題不只是經濟方面。山頂的兒童愈來愈多，歐籍父母「極力反對他們的子女與華人兒童接觸」。富有華裔男人不久會帶來妻妾與「無數後代」，他們將會「每天到兒童遊樂場和少數陰涼之處與歐籍兒童接觸，這些都是現在歐籍兒童的保姆和女傭會帶他們去的地點」。住在山頂的華人家庭會與山下地位較低的華人有更多接觸，可能令「傳染病感染與傳播」的風險大增。「如果任由半開化（以歐洲標準來看）的異族，將白人從香港唯一能與妻兒居住、有利白人健康環境的地區趕走，那不啻是一場災難。」此外，何甘棠可能違反條例，因為他打算讓妻妾和子女住在他的新物業，而自己則繼續住在半

---

30. May to Lyttleton, pp. 633–636.
31. 關於「只准『非華人』居住」，見 CO 129/433, confidential, September 5, 1917, May to Long, p. 384。關於「何東的大宅」，見 Irene Cheng, *Clara Ho Tung: A Hong Kong Lady, Her Family and Her Times* (Hong Kong: Chinese University Press, 1976), p. 20。
32. 關於「何東的大宅 Lysholt」，見 May to Long, p. 70。

山區的華貴新屋。梅含理因此要求修改條例，令「除了港督會同定例局批准的人，所有華人均不得在山頂居住」，藉此使條例「有目共睹的原意」獲得「法律效力」。[33]

最後，居住權爭議凸顯了歐亞混血兒群體的崛起，儘管這批人有兩個種族的血統，兼擅兩種文化，但歐籍人仍然視他們主要為「華人」。1904 年的條例沒有為「華人」下定義，令何東和何甘棠這些歐亞混血兒可以鑽當中的空子。對殖民地官員和歐籍居民來說，這些歐亞混血兒的「習慣和風俗在各方面都屬於華人」。梅含理現在希望擴大「華人」的定義，以涵蓋歐亞混血兒。他建議把這個詞定義為「只要父母其中一方是華裔的人；或者換一個說法，在條例中不寫華人，而寫『有華人血統的人』，至於判斷何謂華人血統的權力，則由總督會同議政局（後稱行政局）擁有。」[34]

如同 1904 年，定例局華人議員沒有反對草案。梅含理說，雖然他們知道「修改法律會令他們種族的尊嚴有所減損」，但對於「所建議的法例是公正和合理」這點，他們並無異議。[35] 一些歐亞混血兒在香港華商總會召開特別會議，並通過決議反對這個條例，但山頂區條例草案仍按原稿通過。[36]

解釋種族鴻溝

為什麼香港華人和歐亞混血兒沒有積極抗議這種種族歧視？何東女兒鄭何艾齡說，對於這條山頂區條例，「香港華人和其他亞裔居民深惡痛絕」。[37] 1921 年，外僑領袖和受過英式教育的華人精英一起成立博愛會（League of Fellowship），目標是「增進香港境內居民之和睦友好，無分種族、階級和宗教」。[38] 但要到 1925 年省港大罷工期間，才出現要求准許華人居住山頂的聲音，而提出這種要求的人卻是廣州的罷工組織者，就算開放山頂讓華人居住，他們也住不起。

本地歐籍人通常把種族隔閡歸咎於華人。1891 年，《孖剌西報》說：「華人不大明白他們不是身處屬於自己的土地；他們把香港街道上的歐籍人稱為『番鬼』和『蠻夷』，其口吻猶如廣州人在他們的街道上稱呼歐籍人一樣理直氣

33. May to Long, pp. 386–390.

34. Ibid., p. 389.

35. CO 129/447, confidential, January 24, 1918, May to Long, p. 70.

36. *Hansard*, 1918, p. 29.

37. Cheng, *Clara Ho Tung*, p. xiv.

38. *South China Morning Post*, December 13, 1921.

壯，他們從沒想過，在這片英國領土之上，英籍子民以外的人才是真正的外國人。」歐籍史家一般認為，華人對於種族隔閡逆來順受，是種族隔閡持續的原因。香港的早期史家歐德理責怪華人「刻意不與歐籍人交往」。他認為，這點加上其他「華人宗族排他心態」的跡象，「清楚顯示華人至今還無意消除仍然分隔此殖民地華人和歐籍人生活的鴻溝」。[39]

這種觀點在英文的歷史著述中比比皆是，一直沒人質疑。1941 年來過香港的政治學家倫諾克斯・米爾斯提出他的看法：「雖然英國人和華人有各自的會所，而且整體而言，這兩個種族之間往來甚少，但在印度引致紛爭不已的種族摩擦，卻不見於香港⋯⋯也許有人會大膽猜測，華人十分滿足於本民族組成的社會，對於自己被摒諸歐籍人圈子門外，全然不以為忤。」一本近年出版的通俗香港史著作說，華人並不特別熱中於參與歐籍人的社交和體育活動：「汗味難聞、愛吃芝士的西方人如果希望將他們討厭的習慣留給自己，華人是不會有怨言的。」[40]

中國史家的取向截然不同。他們有些人指摘華人資產階級為虎作倀，幫助英國主子壓迫華人大眾。但大多數史家認為，華人資產階級遭受歐籍人壓迫，含羞忍辱，又深受孫中山反帝國主義熱情的影響，後來又受五四時代的革命熱情激發，致力打破橫亙在他們與歐籍人之間的種族主義高牆。[41]

但這些論點都不足以解釋華人精英如何處理香港的種族鴻溝。香港這個殖民地有各種各樣歐籍資產階級的協會、會所和社團，可供華人精英借鏡。華人資產階級領袖與世界其他英國殖民地和屬地的同類人一樣，仿效歐籍資產階級的態度和活動，再挪為己用。然而，他們並非嘗試加入歐籍人的圈子，而是另外建立自己專屬的社交世界，藉以顯示自己與歐籍人資產階級不同，並突出自己是獨樹一幟的一群。華人資產階級領袖如果嘗試加入歐籍人

39. 關於「華人不大明白⋯⋯」，見 "Hong Kong Jubilee: 21st–24th January, 1891," in Hong Kong Daily Press, *Fifty Years of Progress: The Jubilee of Hongkong as a British Crown Colony, Being an Historical Sketch to Which Is Added an Account of the Celebrations of 21st to 24th January 1891* (Hong Kong: Hong Kong Daily Press, 1891), p. 4；E. J. Eitel, *Europe in China: The History of Hong Kong from the Beginning to the Year 1882* (1895; reprint, Hong Kong: Oxford University Press, 1983), p. 575。

40. Lennox A. Mills, *British Rule in Eastern Asia: A Study of Contemporary Government and Economic Development in British Malaya and Hong Kong* (London: Oxford University Press, 1942), p. 410；關於「愛吃芝士的西方人」，見 Frank Welsh, *A Borrowed Place: The History of Hong Kong* (New York: Kodansha, 1993), p. 382。

41. 例如，元邦建：《香港史略》(香港：中流出版社，1993)；以及徐日彪：〈香港的社會結構〉，載余繩武、劉存寬主編：《十九世紀的香港》(香港：麒麟書業有限公司，1994)，頁 299、378。

的社交世界，只會一直處於從屬地位。但在自己的社交世界裡，則是無可置疑的主人。

在港歐籍人的社交生活

　　若要了解華人如何應對歐籍人的種族歧視和排外心態，就須先了解在港英國人上流階層的社交世界。當然，並非所有英國人都生活優渥。此外，香港的英格蘭人、蘇格蘭人、愛爾蘭人和少數威爾斯人之間也有階級分野。但是，富裕的英國人通常嘗試去過他們在英國時曾經或渴望享有的生活。他們興建英式大宅和別墅，四周有精心修整的花園、草地網球場和槌球草坪。在港英國上流階級的社交生活的重心是：派對、在半島酒店屋頂花園或淺水灣酒店舉行的正式晚宴、橋牌、各種會所，以及每年一度的聖喬治舞會和聖安德魯斯舞會。

　　在港英國人與英國本土和其他殖民地的同類人一樣，酷愛運動和團體遊戲。珍‧莫理斯（Jan Morris）寫道：「大英帝國帶給世界眾多禮物，當中最令人愉悦歡樂的禮物之一，是有組織的運動。」運動的最終目的並非鬆弛或享樂，而是增進品德。運動是「多種意念的混合物：基督教、達爾文思想、民族主義和帝國主義」。像木球（cricket，又稱板球）這類剛陽的運動，據說有助陶冶性情。它們培養人們生活所需的道德和身體素質——團隊合作、忠心、誠實和公正，在殖民地的艱難處境中，這些素質被認為尤其可貴。[42]

　　在香港，體育運動是精英地位的特徵。對於崇尚風雅的英國上流社會所愛好的時髦運動和玩意，在港英國人資產階級全都趨之若鶩。[43] 幾乎每種體育運動在香港都有專屬的會所，各專注於一項運動：木球會坐落在中環的辦公大樓之間，去那裡打木球十分方便；到婦女遊樂會可以打網球；到奇力島

42. Jan Morris, *The Spectacle of Empire: Style, Effect and the Pax Britannica* (London: Doubleday, 1982), p. 202；關於「多種意念的混合物」，見 David W. Brown, "Social Darwinism, Private Schooling and Sport in Victorian and Edwardian Canada," in *Pleasure, Profit, Proselytism: British Culture and Sport at Home and Abroad, 1700–1914*, ed. J. A. Mangan (London: Frank Cass, 1988), p. 227；關於「運動與品格」，見 James A. Mangan, *The Games Ethic: Aspects of the Diffusion of an Ideal* (New York: Viking, 1986)。

43. 關於「運動與社會分層」，見 M. A. Speak, "Social Stratification and Participation in Sport in Mid-Victorian England with Particular Reference to Lancaster, 1840–79"；John A. Daly, "A New Britannia in the Antipodes: Sport, Class and Community in Colonial South Australia"；以及 Brian Stoddard, "Cricket and Colonialism in the English-Speaking Caribbean to 1914: Towards a Cultural Analysis"；全部載 Mangan, *Pleasure, Profit, Proselytism*, pp. 42–66, 163–174, 231–257。

的維多利亞賽舟會（又叫鬥三板會）可以划艇，到島上的遊艇會可以駕船出海；到銅鑼灣可以打馬球；到深水灣可以打高爾夫球；到粉嶺則可以狩獵。佔香港人口大多數的華人，大都被禁止參與這些活動。體育運動是精英活動的象徵，英國資產階級藉著體育運動向同儕、華人與低級歐籍人炫耀和證明自己的地位及聲望。

嚴格限制會員人數的「紳士俱樂部」，是宣示地位和聲望的最重要機構。這種俱樂部是英國人社交生活的重心，在大英帝國各地都是社會地位和政治支配權的象徵。人在這裡「置身於其他紳士之間，並由土著員工服侍，令人有自己是紳士的感覺」。[44] 莫理斯寫道，這種俱樂部是帝國主義者「顯揚他們的英國特質、權力和帝國生活方式的地方」，在亞洲和非洲尤其如此。但「無論它們設在什麼地方……無論它們如何自我標榜，大英帝國的俱樂部都有一個共通點：它們令合資格的人自感不凡，不合資格的人自慚形穢」。[45]

在香港，把合資格的人從不合資格的人區分出來的俱樂部是香港會，該會由主要英資洋行的主管於1846年成立。儘管到了十九世紀末，西方和華資商行董事會和委員會內的華人成員愈來愈多，但主要的歐籍人會所全都不接納華人入會，香港會也不例外。坐落皇后大道的香港會樓高三層，美輪美奐，內設閱覽室和餐廳、酒吧、客房、圖書館、九張桌球檯，還有保齡球場。該會會規訂明，「所有人」和「任何紳士」均能入會，但卻沒有華人會員。[46] 第二次世界大戰結束前，能夠進入香港會的華人，是兩百多個受僱於該會的廚師和僕役。

歐籍女性也被禁止加入香港會（香港會在1897年遷入新大樓前曾舉行拍賣會，拍賣品包括一張從未有女性踏足過的地毯），[47] 但這些女士有自己的會所。1884年2月，婦女遊樂會在山頂之下一幅地皮上成立，當時還有人用該會的英文名字 Ladies Recreation Club 調侃，說它是 Ladies Recrimination Club（婦女反擊會）。1883年，一群英國婦女「代表此殖民地的婦女和家庭」致函署理輔政司史安（Frederick Stewart，後世把他的漢名譯為史釗域），要求「以象徵式租金撥予一小幅土地，供保持健康和休閒之用」。這些婦女提醒輔政司「在這個熱帶荒島上，消遣方式和機會不多，香港的夏季漫長又炎熱，令婦孺健康大受折磨」，她們還說：「獲得一塊供女士休閒遊樂的土地，對於衛生極

---

44. Jürgen Osterhammel, *Colonialism: A Theoretical Overview*, trans. Shelley L. Frisch (Princeton: Markus Wiener, 1997), p. 87.

45. Morris, *The Spectacle of Empire*, pp. 199–200.

46. Hong Kong Club, *Articles of Association of the Hongkong Club* (Hong Kong: Noronha, 1924).

47. 吳文心：〈香港會137年滄桑史〉，載魯言等著：《香港掌故》，第七集，頁54。

為重要，大眾將受益匪淺，因為這可以調劑單調沉悶的生活，並促使婦女參與運動，這是在熱帶地區保持健康所必需的，但她們現在因缺乏合適的地方而無法做運動。」署理港督司馬維麟（William H. Marsh，又譯馬威林、馬師、馬殊）向殖民地大臣證明此建議合理時説：「承批人包括英國人、德國人、美國人和葡萄牙人，因此代表了所有階級，只有不做任何運動的華人不包括在內。」[48]《德臣西報》報道：「香港婦女現在擁有一個休閒勝地，可以在那裡進行最有益健康和振奮精神的體育康樂活動。」該報所指的其實是：香港的**歐籍**婦女有了自己的會所。[49]

華人應對之道

華人對於殖民地英國人歧視的反應，不是竭力去結束它，而是創造他們專屬而同樣排外的社交世界。在某些方面來看，這種策略並不新鮮。殖民地開埠初期，華商的成功已令他們成為歐籍人經濟上的勁敵。儘管他們很富有，但被排除在提升社會地位的途徑之外，後來到了十九世紀末、二十世紀初，同樣的途徑仍將他們摒諸門外。華商很快懂得成立像東華醫院和團防局之類的組織，藉以獲取社會地位。這些組織成為華人建立和顯示社會地位的途徑，其作用就如香港會之於歐籍人。

但到了十九世紀末、二十世紀初的時候，情況在兩方面有所變化。華人資產階級成立的新會所和協會，不再以中國士紳的傳統組織自居，也不再尋求中國政府來認可它們履行士紳功能。這些會所和協會仿效西方模式，而且常常是以體育運動等現代概念為基礎。華人商界也有了更多背景各異的成員。香港日漸發展，其經濟也趨於多元化後，受西式訓練的新一代商人、實業家和專業人士出現。1880 年代末，這個殖民地迎來新一批由海外歸來的華人——英國自治領實施限制華人的移民法，以及美國 1882 年制訂《排華法案》的結果。[50] 華僑零售商（如先施公司的馬應彪，永安公司的郭樂、郭泉昆仲）把新的零售和管理技術引進香港及中國。如蔡榮芳所説：「新一代的商人、實

---

48. 引自 *The Ladies' Recreation Club, 1883–1933* (Hong Kong: Ladies' Recreation Club, 1983), pp. 1, 3。

49. *China Mail*, February 1, 1884。關於「香港的西方婦女」，見 Susanna Hoe, *The Private Life of Old Hong Kong: Western Women in the British Colony* (Hong Kong: Oxford University Press, 1991)。

50. C. Y. Choi, *Chinese Migration and Settlement in Australia* (Sydney: Sydney University Press, 1975), pp. 18–27；Arthur Huck, *The Chinese in Australia* (Croydon, VIC: Longmans, 1967), pp. 1–5；劉達人、田心源編著：《澳洲華僑經濟》（台北：海外出版社，1958），頁 36–42；以及沈已堯：《海外排華百年史》（香港：萬有圖書公司，1970），頁 78–86。

業家、專業人士和知識分子開始出現，他們比前一代西化，也更願意接受新事物。」[51]

華商會所

1899年，幾名被禁加入香港會的華人和歐亞混血兒翹楚成立自己的會所——華商會所。創辦人包括歐亞混血兒何東（華商會所首任主席）和他的弟弟何甘棠，另一創辦人關景良（即關心焉）則是香港早期的華人西醫。關景良，1893年畢業於香港西醫書院，是中華民國國父孫中山的同學兼宿友。關景良開設的私家醫院，規模與利潤在香港是數一數二的。[52]

香港會是歐籍人顯示社會威望的機構，同樣地，華商會所成為華人的紳士俱樂部，其會員和董事全是香港最顯赫的華人以及歐亞混血商人和專業人士，許多成員是買辦，如屈臣氏大藥房（A. S. Watson's）的劉鑄伯和德商禮和洋行（Carlowitz & Co.）的程敬先。[53] 葉舜琴則是泰和洋行（Reiss & Co.）買辦，其家族早在廣州「公行」時期及自香港開埠初期起，已經擔任買辦。劉渭樵是滙豐銀行（當時香港實力最雄厚的銀行）買辦（不過，不知是處理不善還是虧空公款，他在1912年帶走銀行超過七萬港元的資產，捲款潛逃上海），並且是東華醫院總理，也是大力支持廣東辦學和賑災的慈善家。其他成員來自法律界、銀行界和保險界的新專業人士階層。歐亞混血兒洗德芬是華商會所三任會長，他是本地法律界聞人，在伊尹氏及夏士頓律師樓（Ewens and Harston）擔任首席翻譯，這家律師樓是香港的重要律師事務所；黃炳耀是曾留學新西蘭的保險業巨子。[54] 華商會所成員這個團體，代表香港最成功的商人和專業人士。

---

51. Tsai, *Hong Kong in Chinese History*, p. 97.

52. 關於「華商會所」，見陳大同編：《百年商業》（香港：光明文化事業公司，1941），頁73；Wright and Cartwright, *Twentieth Century Impressions*, p. 172；張曉輝：《香港華商史》，頁143；以及洗玉儀：〈社會組織與社會轉變〉，載王賡武編：《香港史新編》，上冊（香港：三聯書店〔香港〕有限公司，1997），頁160。關於「華商會所創辦人」，見 Wright and Cartwright, *Twentieth Century Impressions*, p. 180；吳醒濂：《香港華人名人史略》，頁97。

53. Wright and Cartwright, *Twentieth Century Impressions*, p. 184.

54. 關於「葉舜琴」，見 Feldwick, *Present Day Impressions*, pp. 585–586, and Wright and Cartwright, *Twentieth Century Impressions*, p. 184；關於「劉渭樵」，見 Carl T. Smith, "Compradores of The Hongkong Bank," in *Eastern Banking: Essays in the History of The Hongkong and Shanghai Banking Corporation*, ed. Frank H. H. King (London: Athlone, 1983), pp. 108–109，以及 Wright and Cartwright, *Twentieth Century Impressions*, p. 182；關於「洗德芬」，見 Wright and Cartwright,

中華游樂會

　　華商會所是華人的香港會，中華游樂會則是華人的香港木球會。一如香港會，開埠之初頭一二十年間創辦的木球會，只接納歐籍人為會員。[55] 1912年，被拒加入木球會的何啟、韋玉（他們在1901年聯署要求設立華人學校的請願書）和另外幾名顯赫華人，聯名上書政府，要求撥出大坑村一處土地，供他們開辦會所。[56]

　　決定成立以運動特別是木球為中心的英式會所，在這裡尤其重要。所有英國領土都玩這種「陽剛的古老英式運動」。特羅洛普（Anthony Trollope）說，無論英國人到了甚麼地方，都可以憑木球看出他的英國人身份：「某個地方找得出二十來個本國子弟，就找得到木球。」[57] 木球還有重要的道德意義，可以提供英國人成年後賴以為指引的「道德觀內涵」。在各種運動中，木球最能象徵使英國成為帝國的價值觀：忠於民選領袖、重視團隊精神，並且尊重真理和公平。英國殖民者尤其希望藉著木球顯示，他們沒有因為身處熱帶地區而衰退虛弱。木球也是效忠祖國和帝國統一的象徵。前孟買總督哈里斯勳爵（Lord Harris）在1921年聲稱：「就鞏固大英帝國而言，木球的影響力比其他事物都來得大。」著名印度擊球手蘭吉辛吉（Ranjitsinhji）曾說，要是大英帝國官員全都是木球運動員，那麼這個帝國會更加美好，他寫道：「木球肯定是維持我們的帝國團結統一的有力紐帶之一。」如同曼根（James Mangan）總結說：「木球是帝國的臍帶，連繫著母國與她的兒女。」[58]

　　木球不但是非常英式的運動，而且是精英階層的運動。據布迪厄（Pierre Bourdieu）說，精英運動之所以那麼受歡迎，一方面在於它們的「區別功能」，

　　Twentieth Century Impressions, pp. 186–197；關於「黃炳耀」，見陳大同：《百年商業》，頁碼不詳；吳醒濂：《香港華人名人史略》，頁32。

55. 一名前滙豐銀行職員憶述，1930和1940年代，連他的一位歐亞混血兒壁球拍檔都無法加入木球會。J. F. Marshall, *Whereon the Wild Thyme Flows: Some Memoirs of Service with the Hongkong Bank* (Surrey, UK: Token, 1986), p. 29。

56. 《香港中華游樂會》（香港：香港中華游樂會，1987），頁3–4；《香港中華游樂會七十週年紀念特刊》（香港：香港中華游樂會，1982），頁42。

57. 引自 Daly, "New Britannia," p. 167。

58. 關於「道德觀」，見 J. Thomas Jable, "Latter-Day Cultural Imperialists: The British Influence on the Establishment of Cricket in Philadelphia, 1842–1872," in Mangan, *Pleasure, Profit, Proselytism*, pp. 175, 189；關於「哈里斯勳爵」，引自 Richard Cashman, "Cricket and Colonialism: Hegemony and Indigenous Subversion?," in Mangan, *Pleasure, Profit, Proselytism*, p. 258；關於「擊球手蘭吉辛吉」，引自 Sadatru Sen, "Chameleon Games: Ranjitsinhji's Politics of Race and Gender," *Journal of Colonialism and Colonial History* 2.3 (2001): 75 (electronic journal)；Mangan, *Games Ethic*, p. 153。

另一方面是這種區別所帶來的好處。在各殖民地的英國僑民社會中，木球是富裕殖民者炫耀地位和財富的方法。如同在印度，木球受香港華人上流社會歡迎，是因為它能顯示階級、地位和等級制度。比起運動更重要的，是與它們相關的制度和功能。中華游樂會和英國人的會所一樣，篩選會員十分嚴謹，會籍費用也很高昂。該會會規很嚴格，並且無論在運動場之內或之外都氣派非凡。打木球和網球需要穿正式得體的白色球服，而會所餐廳的餐具全是銀製的。[59]

如同歐籍人的會所，中華游樂會是展顯精英地位和特權的機構，其值理和會員都是香港最有名望的華人（通常受過西式教育）。除了何啟（他在創會後兩年過世）和韋玉，還有周壽臣。周壽臣來自古老的香港家族，1873年獲清政府選入首批赴美留學的中國幼童。他先後入讀麻省安多弗（Andover）的菲利普斯中學（Phillips Academy）和哥倫比亞大學，直至清廷中止留美學習計劃，召留美學生回國。周壽臣到仁川擔任清廷駐朝鮮仁川署理領事，之後在1903年獲任命為天津輪船招商局副幫辦，1907年出任京奉鐵路總辦。周壽臣屢獲清政府嘉獎，辛亥革命後他返回香港，此後專心在香港經營工商業。他是多家本地企業董事，包括香港電燈公司、香港電話公司、香港電車公司、屈臣氏大藥房和東亞銀行。[60]

另一名中華游樂會值理是在英國習醫的名醫胡惠德。胡惠德，1913年從倫敦大學醫學院畢業後，於倫敦的醫院歷任要職，包括一個從前只由英國人出任的職位。在美國和歐洲深造後，胡惠德於北京協和醫學院工作兩年。在北京的時候，他還擔任外交部和交通部顧問，並且是中華民國大總統黎元洪的私人醫生。胡惠德回香港後開設診所，並獲聘為香港大學婦產科教授，曾在英國和中國的醫學期刊上發表多篇著述，而且是世界各地醫學組織成員。1928年他成為香港中華醫學會首名華人會長。如同許多更為顯赫的醫學和法律專業人士，胡惠德與中港兩地的華商過從甚密。中華游樂會另一位

---

59. Pierre Bourdieu, "Sport and Social Class," in *Rethinking Popular Culture: Contemporary Perspectives in Cultural Studies*, ed. Chandra Mukerji and Michael Schudson (Berkeley: University of California Press, 1991), pp. 362–363; Richard Cashman, *Patrons, Players and the Crowd: The Phenomenon of Indian Cricket* (New Delhi: Longman Orient, 1980), p. 26；關於「得體氣氛」，見《香港中華游樂會七十週年紀念特刊》，頁42。

60. Howard L. Boorman, ed., *Biographical Dictionary of Republican China*, vol. 1 (New York: Columbia University Press, 1968), pp. 387–388；A. R. Burt, J. B. Powell, and C. Crow, eds., *Biographies of Prominent Chinese* (Shanghai: Biographical Publishing Co., 1925), p. 79；Feldwick, *Present Day Impressions*, pp. 578–579；吳醒濂：《香港華人名人史略》，頁4–5。

值理，是在英國受教育的著名歐亞混血兒律師羅文錦，他也是香港華商總會法律顧問，以及幾家大企業的董事。[61]

華人資產階級參與在港英人資產階級愛好的英式精英運動，證明華人也可以成為體面的現代紳士，並能適應和吸收英國文化。中華游樂會成員會在星期六、日和公眾假日與香港木球會、九龍木球會以及本地葡萄牙人的西洋波會（Club de Recreio）舉行木球友誼賽，藉此向同儕、歐籍對手以及低下階層華人顯示和證明自己的地位及聲望。然而，華人資產階級成立這種會所，並不表示他們試圖令自己「比英國人更像英國人」。事實上，香港華人資產階級不像大英帝國其他地方的新興本地資產階級，他們沒有全心全意接受英式運動和遊戲文化。[62] 如果他們嘗試成為英國人，只會一直從屬於「貨真價實」的英國人。反之，他們想當香港華人。中華游樂會創辦者從《易經》的八卦中選了兩個卦象（乾卦及離卦）為會徽，外圍環繞著兩束嘉禾，而非英國體育會使用的桂花環。這個會所的建築物樓高兩層，磚牆瓦頂，中西合璧，四周是草地網球場。除了如網球和桌球等英式運動和遊戲，會員還可以練國術或打麻將。

南華體育會

華商會所和中華游樂會明顯是專為商界精英設立的組織，但其他運動和休閒娛樂協會的領導層，也成為精英地位的象徵。南華體育會創立時，是不具精英背景的體育會，但不久就成為另一個顯耀精英地位的途徑。南華會的濫觴是 1904 年由官立英文學校學生組成的足球隊，這支足球隊與華南其他足球隊比賽，1911 年於南京贏得全國運動會冠軍，1913 年代表中國參加在菲律賓舉行的首屆遠東運動會。[63]

61. 關於「胡惠德醫生」，見 Burt et al., *Biographies*, p. 135，及吳醒濂：《香港華人名人史略》，頁 35–37；關於「羅文錦」，見陳大同等編：《香港華僑團體總覽》（香港：國際出版社，1947），頁碼不詳；吳醒濂：《香港華人名人史略》，頁 13。

62. 如見 Stoddard, "Cricket and Colonialism," and André Odendaal, "South Africa's Black Victorian: Sport and Society in South Africa in the Nineteenth Century," in Mangan, *Pleasure, Profit, Proselytism*, pp. 182–214。

63. 陳公哲編：《香港指南》（長沙：商務印書館，1938），頁 96；《南華體育會八十週年會慶紀念特刊》（香港：南華體育會，1990），頁 26–27；《南華體育會六十週年會慶紀念特刊》（香港：南華體育會，1970），頁 1–5；《南華體育會七十週年會慶紀念特刊》（香港：南華體育會，1980），頁 19–22。另見冼玉儀：〈社會組織與社會轉變〉，頁 190–191。

南華會會員人數漸多，其組織架構也隨之趨於正規，並且新增其他運動和活動，華人商界名流縉紳獲選為該會領袖。不久，當上南華會董事，就成為某人鞏固精英地位的必要條件。除了周壽臣、羅文錦和胡惠德（他們全是中華游樂會會員或董事），南華會的董事或名譽會董，還包括多位香港重要華商。在美國受教育的陳鑑坡是英利行總司理兼董事，這是一家大型進出口公司和皇家海軍的承包商，他之前在中國政府歷任要職。他在香港擔任幾家公司的董事或司理，包括廣東銀行，又是香港華商總會司庫、東華醫院總理。陳鑑坡還在香港和廣州兩地捐資興學育才，廣受推崇。[64] 在牛津學習法律的周埈年是很有影響力的大律師兼商人，也是多家本地輪船和保險公司的合夥人、經理或董事。李自重曾參與孫中山在日本的革命運動（同盟會），是香港廣東銀行司庫。李右泉是著名生產商，經營皮革廠、製紙廠和製冰廠，曾有一段時間是所有重要華人委員會的成員，因賑濟水災而獲中國政府嘉獎。[65]

基督教青年會

一如南華體育會，基督教青年會最初並非精英組織，但二十世紀初它在香港設立後，也為香港華人資產階級提供了擔當領袖的機會。雖然在香港設立分會的構想是源於兩名來訪的西方基督教青年會幹事，但最初的創辦資金有部分來自商人李紀堂昆仲。李紀堂是李陞之子，曾大力資助報紙出版。[66] 香港中華基督教青年會於 1901 年成立，翌年開張。剛開始時人們對這個協會的宗教背景懷有偏見，但很快就一掃而空，到了 1903 年，該會陸續獲欽佩其教育工作的非基督徒華人捐助。其中一名曾向它捐款之人是李煜堂。李煜堂原籍廣東台山，十八歲到了美國加州，在當地經營藥材行，其後來到香港，創辦兩家雜貨商行。1895 年，李煜堂去了廣州，開設廣州電力公司、磨麵粉

64. 陳大同：《百年商業》，頁碼不詳；Wright and Cartwright, *Twentieth Century Impressions*, p. 231；吳醒濂：《香港華人名人史略》，頁 28。

65. 關於「周埈年」，見陳大同：《香港華僑團體總覽》，頁碼不詳；吳醒濂：《香港華人名人史略》，頁 12；關於「李自重」，見吳醒濂：《香港華人名人史略》，頁 53；關於「李右泉」，見陳大同：《香港華僑團體總覽》，頁碼不詳，吳醒濂：《香港華人名人史略》，頁 20。

66. 基督教青年會資料來源：*Hong Kong Hansard, 1932*, pp. 46–47；《香港中華基督教青年會五十周年紀念特刊》（香港，1951），頁 2–7，49–62；香港中華基督教青年會：《青年會事業概要》（香港，1918），頁 15–22。

公司和大型出入口貨莊。回到香港後，他又創辦多家保險公司，是本地華資
保險公司的濫觴，又協助在廣州和上海創辦了好多家保險公司。[67]

一如南華體育會，青年會是由華人名流組成的董事會管理。擔任青年會
的董事職位，也使先施公司創辦人馬應彪這些新近從海外來港並信奉基督教
的華僑商人，找到身為較晚前來者宣示地位的合適方式。馬應彪生於廣東香
山縣（後來改稱中山縣），在澳洲經營水果生意發家，1899年他和一群澳洲華
僑成立先施公司。在他領導下，先施成為亞洲首屈一指的百貨公司，分行遍
佈廣州、上海和新加坡。馬應彪是虔誠基督徒，他把中國傳統與基督教道德
思想和社會關懷，結合到西方百貨公司提倡的企業理想。先施公司為員工提
供基督教和道德培訓，又開辦英語班和會計班，並為公益慈善事業籌款。馬
應彪常應邀就社會事務提供意見，並大力參與多個教育、社會和宗教組織。[68]
僅數年間，馬應彪從移民企業家搖身一變成為本地華人商界領袖。

香港華人資產階級社交世界

這些新興團體並沒有取代舊有的精英組織。新興團體的許多成員本已是
東華醫院總理、團防局紳或華商總會會員；有些人（如何啟和韋玉）是殖民地
政治機構的成員；另一些（如何東及其弟何甘棠）則因富有和慷慨大方而躋身
精英之列。不過，這些新興團體常常是通往歷史更悠久和地位更鞏固的精英
組織的踏腳石。在南華體育會八名早期董事中，只有李右泉一人是東華醫院
總理或華商總會值理。但在之後幾十年間，南華會董事大多都成為東華醫院
總理或華商總會值理，有幾人還獲委任為定例局或議政局議員。

從這些團體的成立可見，華人資產階級領袖有能力挪用和適應新的模
式，藉以加強和鞏固他們在變革時代中的地位。這些新興團體彌補舊有組織

67. Burt et al., *Biographies*, p. 65；陳大同：《百年商業》，頁碼不詳；吳醒濂：《香港華人名人史
　　略》，頁6–8。
68. 有關馬應彪、先施公司和廣大澳洲華僑的文獻非常多。關於「馬應彪」，見 Burt et al.,
　　Biographies, p. 66；《馬應彪先生簡史》（廣州：廣東省公安司法管理幹部學院，1986）；及吳
　　醒濂：《香港華人名人史略》，頁22–23。關於「先施公司」，見 Wellington K. K. Chan, "The
　　Organizational Structure of the Traditional Chinese Firm and Its Modern Reform," *Business History
　　Review* 56.2 (Summer 1982): 229–232；〈幾家華資百貨公司〉，載《香港商業錄》（香港：中國新
　　聞社，1948），頁13；關於「香港先施有限公司」：〈先施公司二十五年經過史〉，《先施公司
　　二十五週紀念冊》（香港：商務印書館，1924）；楊國雄：〈香港早期百貨公司是怎樣的？〉，
　　頁114；馮邦彥：《香港華資財團：1841–1997》，頁58–62；張曉輝：《香港華商史》，頁
　　72–76。

的不足。華商藉著舊式組織成為英國殖民地上的中國士紳，而富有華人與歐亞混血兒把英式精英會所和體育運動的模式，以及它們為中心的制度挪為己用，證明自己也能成為體面的現代紳士。如同它們對於歐籍人的用途，英式精英運動是富有華人炫耀地位與財富的新方法，發揮了重要的社會功能。對於香港社會無處不在的歧視，這些華人並非坐視而無所作為，但也沒有很認真地嘗試去改變它。反之，他們創造自己專屬的社交世界。這個世界既非完全西式，也非完全中式，而是第三種世界——香港華人資產階級的世界。

第五章

民族主義與身份認同：何啟的例子

香港進入二十世紀，新的華裔商人和專業人士階級亦隨之崛起。這個階級的領袖不少是生於香港，在此地受教育，再到英國深造，他們自視為得天獨厚的一群，不獨在香港如此，在大中華世界和大英帝國亦復如是。然而，他們和許多海內外華人一樣，愈來愈關注祖國的命運。中國經過十九世紀末連串與西方列強爆發的衝突後——以1894至1895年甲午戰爭慘敗於日本為極點，已證明無力抗禦外國帝國主義者，只能任人魚肉。

何啟是這個香港華人新階級的一員，他是大律師、金融投資家、醫生，並且是社會領袖。何啟支持中國革命運動，卻同時相信西方勢力的存在有利於中國；他又為香港殖民地政府效力，因此常被人形容為「與外國強權協力的愛國者」，不得不在香港與中國之間二選其一。但是，何啟似乎不同意這種非此即彼的二分法。何啟的中國民族主義思想是在殖民地環境中孕育，在他眼中，有利於香港的事物，對中國也必有裨益。要令中國強大，關鍵在於令中國商業興旺。這種信念是源自何啟對於殖民地香港的認同。

歷史天平上的何啟

何啟不如其他中國民族主義者那麼為人熟知，但十九世紀下半葉，香港和中國通商口岸有一批人數不多但十分重要的改革家，何啟是其中一員。一項有關晚清政治改革家的研究，把何啟對洋務運動（1861–1895）的撻伐形容為「這個改革運動中具有象徵意義的轉捩點」。事實上，中華民國國父孫中山的許多政治意念，「至少部分是源於他在早年歲月熟知何啟的人民主權思想」。有些學者強調何啟政治思想的激進本質。雖然何啟與立憲派的康有為和

梁啟超一樣，贊成在中國實行君主立憲制，但他認為中國經學不能致用，無益於中國。反之，他鼓吹採用西方民主理念來加快中國政治改革。事實上，由於人們認為何啟是中國改革運動的重要人物，因此往往忽略他與殖民地香港的聯繫。[1]

另一些學者就不是那麼欣賞何啟和他的改革思想。例如，中國大陸學者常將他貶抑為「買辦改革家」，認為何啟囿於其階級背景，無法提出任何取代封建主義的根本選擇。何啟身為華僑資本家，自然希望中國能像香港一樣繁榮。但他主張增加外國在中國的投資，最終只會帶來災難。日本馬克思主義學者也批評何啟被資本主義障目，無法從資本主義以外的眼光來看事物。他們說，在資本主義世界裡，何啟力言資本主義的工商業發展可以令中國擺脫外國宰制，這種看法大謬不然，它只會加強外國對中國現代經濟的支配。[2]

根據這種分析，何啟屬於廣義上的「買辦」，這主要是指與外國資本有聯繫的買辦和商人，這種聯繫令他們成為這一群人的「種子和胚胎」。這個類別很快就擴大為一個龐大、反動和寄生的華人「買辦資產階級」。這群人利用與外國帝國主義的各種聯繫，打壓愛國的「民族資產階級」，加強外國對中國近代經濟的支配，阻撓剛萌芽的中國資本主義的成長，並窒礙中國民族主義發展。[3]

---

1. 關於「一批改革家」，見 Paul A. Cohen, "Littoral and Hinterland in Nineteenth Century China: The 'Christian' Reformers," in *The Missionary Enterprise in China and America*, ed. John K. Fairbank (Cambridge, MA: Harvard University Press, 1974), pp. 197-230, 以及 *Between Tradition and Modernity: Wang T'ao and Reform in Late Ch'ing China* (Cambridge, MA: Harvard University Press, 1974), chapter 9；關於「孫中山與何啟的思想」，見 Lloyd E. Eastman, "Political Reformism in China before the Sino-Japanese War," *Journal of Asian Studies* 27.4 (August 1968): 698, 709；關於「採用西方理念」，見蕭公權：《中國政治思想史》，第五卷（台北：中華文化出版事業委員會，1954），頁 795-803；關於「何啟與香港的『聯繫』」，見如 Immanuel C. Y. Hsu, "Late Ch'ing Foreign Relations, 1866-1905," in *The Cambridge History of China*, vol. 11, ed. John K. Fairbank (Cambridge: Cambridge University Press), pp. 189-190, 195。試比較同一著作中張灝的論文 "Intellectual Change and Reform Movement, 1890-8"，頁 280 至 281 形容何啟為香港的「高等公民」。

2. 關於「買辦改革者」，見任繼愈：〈何啟、胡禮垣的改良主義思想〉，載馮友蘭編：《中國近代思想史論文集》（上海：上海人民出版社，1958），頁 75-91；關於「外國投資」，見胡濱：《中國近代改良主義思想》（北京：中華書局，1964），頁 73-75；關於「馬克思主義者對何啟的批評」，見渡邊哲弘：〈何啟・胡禮垣的新政論〉，《立命館文學》，1961 年第 197 期，頁 59-75。

3. 黃逸峰：〈關於舊中國買辦階級的研究〉，《歷史研究》，總第八十七期（1964 年第 3 期）：頁 89-116 和〈帝國主義侵略中國的一個重要支柱——買辦階級〉，《歷史研究》，總第九十一期（1965 年第 1 期）：頁 55-70；黃逸峰：《舊中國的買辦階級》（上海：上海人民出版社，1982）；聶寶璋：《中國買辦資產階級的發生》（北京：中國社會科學出版社，1979），頁 52、

　　但是，這個「買辦」的類別過於寬泛，沒有真正的分析價值。此外，它是建立在所謂「買辦資本」和「買辦資產階級」與「民族資本」和「民族資產階級」的區別之上。如郝延平指出，人們很少能夠有所依憑地分別所謂「買辦資本」和「民族資產階級資本」，任何區別實際上都是模糊不清的。同樣地，白吉爾説，這些最初由毛澤東和中共在 1920 年代提出的標籤「表面看來顯而易見」，但卻是「人為製造的」，它們未能令人看到「民族資本」是「是毫無意義的經濟用語」。[4]

　　由於何啟為香港殖民地政府效力，與歐籍商人又過從甚密，所以他對於中國的忠誠常受人質疑。史扶鄰（Harold Schiffrin）形容何啟「雖然滿腔愛國熱情，又嚮往立憲政體，但仍然背負著雙重忠誠的擔子」。他「本質上是個視條件而行的革命者，除非得到英國炮艦撐腰，否則他是不會付諸行動的」。蔡榮芳形容何啟及其友胡禮垣困囿在「與外國強權協力的愛國主義」的矛盾中。何啟深慕英國自由主義，令一些當代歐籍觀察者印象深刻，但卻頗懷疑他的中國特質。一篇 1890 年發表的文章説，難以把像何啟這樣的人視為「真正的土著」，因為「華人『基本上』不會在乎代議權」。何啟因此成為歷史上「集中國民族主義者……與西方（尤其是英國）帝國主義走狗於一身的奇怪混合體」。[5]

　　雖然何啟確實是個「奇怪混合體」，但上述歷史分析過於簡化何啟所生活和運作於其中的狀況。這些分析忽略了何啟可能認為，有利於香港這個英國殖民地兼華人城市的事物，同樣有利於中國這個由滿族皇帝及其官員統治的帝國的事物；而且淡化了一點，就是何啟的中國民族主義，部分是源於他的

64、119–126；任繼愈：〈何啟、胡禮垣的改良主義思想〉，頁 88；汪敬虞：〈十九世紀外國侵華企業中的華商附股活動〉，《歷史研究》，總第九十四期（1965 年第 4 期）：頁 39、69–70。

4. 關於「模糊不清的區別」，見 Yen-p'ing Hao, *The Comprador in Nineteenth Century China: Bridge between East and West* (Cambridge, MA: Harvard University Press, 1970), pp. 112, 217；Marie-Claire Bergère, *The Golden Age of the Chinese Bourgeoisie, 1911–1937*, trans. Janet Lloyd (Cambridge: Cambridge University Press, 1989), p. 49，以及 "The Role of the Bourgeoisie," in *China in Revolution*, ed. Mary C. Wright (New Haven, CT: Yale University Press, 1968), pp. 249–250。

5. Harold Z. Schiffrin, *Sun Yat-sen and the Origins of the Chinese Revolution* (Berkeley: University of California Press, 1968), pp. 211–212；Jung-fang Tsai, *Hong Kong in Chinese History: Community and Social Unrest in the British Colony, 1842–1913* (New York: Columbia University Press, 1993), p. 160。另見蔡榮芳的文章："The Predicament of the Comprador Ideologists: He Qi (Ho Kai, 1859–1914) and Hu Li-yuan (1847–1916)," *Modern China* 7.2 (April 1981): 191–225；關於「真正的土著」，見 *Asian Quarterly Review*，引自 *Hong Kong Daily Press*, July 22, 1890；關於「奇怪混合體」，見 Chan Lau Kit-ching, *China, Britain and Hong Kong, 1895–1945* (Hong Kong: Chinese University Press, 1990), p. 29。

殖民地經驗。它們把何啟對於香港秩序治安的關注，誤認為是反對中國；又將他對於香港的自豪，誤解為對英國自由主義不加辨別的崇拜。這些分析也把焦點只放在中國民族主義的問題上，因而把何啟對自己財務利益的關注，與他對中國和香港華人的關注混為一談。最後，它們忽略了民族主義和殖民主義一樣，對不同的社會群體或有不同涵義。簡言之，它們把十九世紀末、二十世紀初香港的身份認同問題看得太簡單。

何啟與香港身份認同

香港是一個有自己身份認同的地方，這個問題直至最近才有學者認真處理。大部分學者都說，香港的身份認同感是1949年後才出現，當時中華人民共和國新成立，中港之間的邊界關閉，令本地華人與香港休戚與共的感情更加強烈。他們提出了幾個產生催化作用的重大時期：1967年暴動期間，香港華人支持殖民地政府對付共產黨煽動者和本地左派組織；1970年代，對於香港文化的認同感開始出現；繁榮興旺的1980年代，本地出生的一批居民已屆成年；1990年代初，由於天安門事件和迫在眉睫的九七回歸，許多華人認為自己首先是「香港人」，其次才是中國人；或者1990年代末，香港的特點愈來愈在於它的電影和建築，以及阿巴斯所稱的「消失的文化」（culture of disappearance）。無論到底是哪個時期或原因，學者幾乎總把側重點放在1949年後的時期。[6]

但是，這種論調低估了身份認同與政治或地理邊界之間的複雜關係。例如，過去二十年，台灣人踏足中國大陸的機會大增。但許多台灣人，無論是外省人還是本省人，都愈來愈認同台灣。因為兩岸之間的邊界開放自由往來，令他們可以比較中國與台灣的差別。香港在1949年前的情況與此相似，

---

6. 關於「六七暴動」，見 John D. Young, "The Building Years: Maintaining a China–Hong Kong–Britain Equilibrium, 1950–71," in *Precarious Balance: Hong Kong between China and Britain, 1842–1992*, ed. Ming K. Chan (Armonk, NY: M. E. Sharpe, 1994), p. 140；關於「1970年代」，見 Gordon Mathews, "Heunggongyahn: On the Past, and Future of Hong Kong Identity," *Bulletin of Concerned Asian Scholars* 29.3 (1997): 7–9；關於「1980年代」，見 Ronald Skeldon, "Hong Kong Communities Overseas," in *Hong Kong's Transitions, 1842–1997*, ed. Judith M. Brown and Rosemary Foot (London: Macmillan, 1997), p. 122；關於「1990年代初」，見 Lynn White and Li Cheng, "China Coast Identities: Regional, National, and Global," in *China's Quest for National Identity*, ed. Lowell Dittmer and Samuel S. Kim (Ithaca, NY: Cornell University Press, 1993), pp. 180–190；關於「1990年代末」，見 Ackbar Abbas, *Hong Kong: Culture and the Politics of Disappearance* (Minneapolis: University of Minnesota Press, 1997)。

進出中國（尤其毗鄰的廣東省）的便利，令香港華人察覺到中國與香港之間的巨大差異。

學者通常還假設香港身份和中國身份不能並存。但是，近期關於中國城市史的著作指出，就算有專門都市意識冒起，還有羅威廉（William Rowe）所稱的「地方上的凝聚團結」（locational solidarity），但多重身份的情況仍然存在。[7] 同樣地，王賡武說，東南亞華僑可以有「多重身份」。後殖民理論、批判人類學和女性研究愈來愈廣為應用，揭示出海外華人身份游移和不穩定的本質，顯示人是「各種差異並存的所在」（site of differences）。身份也不是靜止的。反之，如霍爾（Stuart Hall）所說，這種過程或生產活動「永遠不會結束，總是處於變化過程之中，而且總是在再現過程中內在（而非外在）地建構」。[8]

學者或許也太過集中於香港和其他殖民地內華人的「中國特質」，而忽視了其他身份種類：移民開拓者身份（何啟家族是來自廣東的移民）、混雜身份（何啟是生於英屬香港的廣東人）或者階級身份（他是商人）。有關大英帝國其他地區的研究，對於我們這裡可能也有所啟發。菲利普・摩根（Philip Morgan）說，英國人身份與「許多不同的身份並存，有時候相輔相成，有時候彼此扞格，這些身份的表達是來自地方──但同樣鏗鏘有力」。簡言之，英國人「有許多種忠誠，有許多效忠對象」。薩達特魯・森（Sadatru Sen）在其有關偉大印度木球手蘭吉辛吉的研究中說，蘭吉辛吉並非試圖成為「完全的英國人或純粹的印度人」。同樣，在何啟眼中，自己不但是華人，也是英國子民。他頻繁到訪中國，時常令他感到自己是一種不同類型的華人；情況就像澳洲婦女坐船「返回祖家」到英國，令她們想到自己雖然身為大英帝國一員，但同時屬於一個類別特殊的英國子民──澳洲人。[9]

7. Bryna Goodman, *Native Place, City, and Nation: Regional Networks and Identities in Shanghai, 1853–1937* (Berkeley: University of California Press, 1995); William T. Rowe, *Hankow: Commerce and Society in a Chinese City, 1796–1889* (Stanford: Stanford University Press, 1984), p. 342.

8. Wang Gungwu, "The Study of Identities in Southeast Asia," in *Changing Identities of the Southeast Asian Chinese since World War II*, ed. Jennifer Cushman and Wang Gungwu (Hong Kong: Hong Kong University Press, 1988), p. 10；關於「各種差異並存的所在」，見 Aihwa Ong and Donald M. Nonini, "Chinese Transnationalism as an Alternative Modernity," in *Ungrounded Empires: The Cultural Politics of Modern Chinese Nationalism*, ed. Aihwa Ong and Donald M. Nonini (New York: Routledge, 1997), pp. 24–25；Stuart Hall, "Cultural Identity and Diaspora," in *Contemporary Postcolonial Theory*, ed. Padmini Mongia (London: Arnold, 1996), p. 110。

9. Philip D. Morgan, "Encounters between British and 'Indigenous' Peoples, c. 1500–c. 1800," in *Empire and Others: British Encounters with Indigenous Peoples, 1600–1850*, ed. Martin Daunton and Rick Halpern (London: University College of London Press, 1999), p. 45；Sadatru Sen, "Chameleon Games: Ranjitsinhji's Politics of Race and Gender," *Journal of Colonialism and Colonial History*

　　強調中國特質，即假定香港華人只認同中國政治，而非英屬香港的事務。但像何啟這樣的人，卻很積極參與中港兩地政治。事實上，就是因為何啟兩地事務都參與，才令殖民地當局最終與他疏遠。如同蕭鳳霞所說，身為華人與身為中國政治的一部分是很不同的。儘管香港華人肯定渴望中國能統一和穩定，但許多香港華人對中國的認同，是視之為文化而非國家。最後，對於中國特質的強調，忽略了香港華人不同成員間的身份差異——例如，過客和永久居民。何啟常認為自己有別於其他英國化程度不如他的香港華人。1892年稽查保良局委員會調查期間，他向英國官員說：「你們必須體諒華人。他們不一定說出真正原因。他們所說的原因並非真實的——至少就我的經驗是如此。」[10]

　　何啟對香港的認同感，是塑造其中國民族主義觀點的因素。在1901年的辦學請願中，何啟稱自己和其他香港華人顯達為「永久居民」。這些人認為自己的特點是不同於外國人和其他華人，這點和其他地方的殖民開拓者一樣。例如，歐亞混血的百萬富翁何東在1917年指出，香港人口中無人可以稱為「百分之百的原居民」，但他把在香港「經商和定居的華人」與低下階層華人和在港外僑相比較，後者主要是一些「過境之鳥，取道此地前往馬來亞各邦和荷屬東印度群島的錫礦場和橡膠園」。香港之所以如此成就斐然，就是全靠這個華人社會的「進步，以及物質卓著，人文鼎新」。何東強調：「不可以再說華人出於卑劣的動機託庇於香港。」華人「克勤克儉」，使他們不少人積攢了「可觀財富」，而這些財富大多「投資於香港，並在此地花費」。香港五分之三的房地產由華人擁有，證明「他們相信本殖民地會永久繁榮昌盛，並且於獵獵飄揚的大英國旗下定居可享平安」。[11]

2.3 (2001): 98 (electronic journal)；關於「澳洲的英國人」，見 Angela Woollacott, "'All This Is the Empire, I Told Myself': Australian Women's Voyages 'Home' and the Articulation of Colonial Whiteness," *American Historical Review* 102.4 (October 1997): 1003–1029。

10. 關於「中國政治」，見 Stephanie Po-yin Chung, *Chinese Business Groups in Hong Kong and Political Change in South China, 1900–25* (London: Macmillan, 1998), pp. 16, 125；Helen F. Siu, "Cultural Identity and the Politics of Differences in South China," *Daedalus* 122.2 (Spring 1993): 19–43；關於「何啟向英國官員的解釋」，見 *Report of the Special Committee Appointed by His Excellency Sir William Robinson, &c. to Investigate and Report on Certain Points Connected with the Bill for the Incorporation of the Po Leung Kuk or Society for the Protection of Women and Girls, Together with the Evidence Taken before the Committee and an Appendix Containing Correspondence, Reports, Returns, &c* (Hong Kong: Noronha, 1893), p. 95。

11. Sir Robert Ho Tung, Kt., "The Chinese in Hong Kong," in W. Feldwick, *Present Day Impressions of the Far East and Prominent Chinese at Home and Abroad: The History, People, Commerce, Industries*

1911 年 12 月，即辛亥革命後兩個月，許多華人明顯開始視香港為永久家園。何啟和另外十七名華人聯名上稟港督盧吉（Frederick Lugard，又譯盧嘉），要求為「永居香港的華人」專設墳場。這批上書者已在港島南邊物色到一幅合適土地，他們自稱「香港華人社會十八名主要成員」，全是「本殖民地的永久居民」，並且「大多是英國子民」。他們代表自己和以此殖民地為家的同胞陳情，表示「無意返回中國，只會短暫回去處理一些事務，如社交、經商或其他」。除了一個華人基督教墳場，現有的華人墳場沒有一個像跑馬地的殖民地墳場（即今天所稱的香港墳場）那樣，是「規劃完善，並廣植灌叢、喬木和裝飾花草」的永久場地。[12]

1912 年 7 月，接替盧吉出任港督的梅含理欣然批准這個要求。梅含理向殖民地部說，盧吉也支持此建議，因為「它可以培養殖民地感情，並專門扶植一個渴望認同此殖民地的階級」。梅含理建議，以為期九百九十九年的租約撥出一幅兩英畝的土地，每年象徵式收取一港元地租。這幅土地只作墳場之用，專門安葬「永居本殖民地之華籍居民」，而該墳場的管理和保養維護，將靠華人捐獻。[13] 1927 年，一批華人要求擴建這個永遠墳場，華民政務司夏理德（E. R. Hallifax）向輔政司說：「該墳場有助令香港華人與本殖民地的聯繫更緊密，此事非同小可。」1928 年 6 月，護督修頓（W. T. Southorn，又譯蕭頓）批准擴建，他說：「香港華人一直極為關注這個公共設施，它完全成功達到了最初目的，亦即加強把真正的香港華人與本殖民地連結在一起的紐帶。」[14]

身為真正的香港華人，何啟所體現的那種民族主義，與他生活在其中的殖民地環境密不可分。何啟之父何福堂既是新教牧師，也投機買賣土地和經商。何福堂和許多其他華人商界精英一樣，在香港成為英國殖民地後不久，就與香港休戚與共，儘管廣州當局三令五申叫華人離開香港。何福堂與傳教士理雅各一同遊歷，在 1843 年抵達香港，之前就讀於倫敦傳道會在馬六甲創辦的英華書院。何福堂在 1846 年獲委任為香港首名華人牧師，一直效力倫敦傳道會，直至 1871 年去世為止。何福堂篤信基督教，對商業也同樣熱中，他

---

and Resources of China, Hongkong, Indo-China, Malaya and Netherlands India (London: Globe Encyclopaedia, 1917), pp. 527–530.

12. Great Britain, Colonial Office, Original Correspondence: Hong Kong, 1841–1951, Series 129 (CO 129), Public Record Office, London, CO 129/391, July 20, 1912, May to Harcourt, p. 110.

13. May to Harcourt, pp. 107–109.

14. Public Records Office of Hong Kong, Hong Kong Record Series (HKRS), HKRS 58.1.60–71.

抵達香港後不久就投資土地，去世時留下遺產之豐厚，在這個殖民地絕無僅有。[15]

何啟先後在香港和英國的學校就讀，接受全英式教育。他早年在中央書院求學，中央書院於 1862 年創辦，目的是培訓年輕華人為教師、文員、通譯和商人，服務殖民地官員眼中的新中國。一如其他歐洲殖民地的情況，香港政府創辦學校和選拔學生到歐洲深造，並且廣泛鼓吹公民概念，促使了中國民族主義的發展。何啟在 1873 年負笈英國，先入讀馬格特（Margate）的巴爾美學校（Palmer House School），繼而考入阿伯丁大學聖托馬斯醫學院（St. Thomas's Medical and Surgical College）習醫，其後又到林肯法學院（Lincoln's Inn）攻讀法律。他在 1881 年成為皇家外科學院（Royal College of Surgeons）院士和林肯法學院高級法律學士（Senior Equity Scholar）。何啟回到香港後開設診所行醫，但發覺除非免費，否則華人居民大多不會看西醫治病，他憤而不再懸壺濟世，轉為在 1882 年發展大律師事業，又像其父一樣投資房地產和本地生意。[16]

何啟不久就在公職生涯大放異采。他在 1890 年繼黃勝之後出任定例局華人議員，《士蔑西報》（Hong Kong Telegraph）報導說，人們對他「寄望甚殷」，並且何啟「實質上是在我們本地議會內代表其香港同胞的人」。他「與中國官員誓不兩立，又博聞閎覽，理所當然是極受歡迎的公民」。[17] 何啟是雅麗氏利濟醫院（創辦於 1887 年，以其亡妻雅麗氏〔Alice Walkden〕命名，他倆在英國結婚）和香港西醫書院的主要創辦人，他在香港西醫書院教授生理學和法醫學，對於香港華人醫務的發展厥功甚偉。他也協助香港大學成立文學院。何啟在其人生的最後二十五年，出任香港各主要委員會委員。他擔任太平紳士二十六年，是四屆定例局議員，加入潔淨局委員會超過十年、工務局委員會五年。他又兼任保良局和東華醫院顧問，以及團防局紳。何啟因服務殖民地功績卓著，1892 年獲頒聖米迦勒及聖喬治勳章（Companion of the Order of St.

15. Carl T. Smith, *Chinese Christians: Elites, Middlemen, and the Church in Hong Kong* (Hong Kong: Oxford University Press, 1985), pp. 4, 7, 129–130, 186.

16. 何啟的生平資料，來自 *Who's Who in the Far East, 1906–7* (Hong Kong: China Mail, 1906), pp. 142–143；Gerald H. Choa, *The Life and Times of Sir Kai Ho Kai* (Hong Kong: Chinese University Press, 1981); Smith, *Chinese Christians*, pp. 131, 160–162；Arnold Wright and H. A. Cartwright, eds., *Twentieth Century Impressions of Hongkong, Shanghai, and Other Treaty Ports of China: Their History, People, Commerce, Industries, and Resources* (London: Lloyds, 1908), p. 109；吳醒濂編著：《香港華人名人史略》（香港：五洲出版社，1937），頁 2–3。

17. *Hong Kong Telegraph*, March 3, 1870.

Michael and St. George），1912年獲冊封爵士。華商會所成員還舉行慶祝晚宴祝賀他封爵。[18]

　　何啟為香港感到自豪，認為香港的繁榮和政治穩定，是任何中國城市均難望其項背，而且香港政府沒有那麼腐敗和高壓，其教育和公務員制度是中國望塵莫及的。香港代表兩個世界的精髓——英國人的自由貿易原則和開明管治，以及中國商人的進取拼搏精神，他們於此地可擺脫在大陸面對的束縛和禁制。1898年，何啟與其友胡禮垣反駁康有為批評香港華人只是英國人的走狗，由此可見他這種自豪感。與中國政府不同，香港錄用和銓敘官員的殖民地制度，是以才幹和品德為標準，而非中國典籍的知識。香港開辦學校教授科技知識，而這些學校的學生九成是華人。在香港這個殖民地，華人有許多在政府和商界升遷的途徑。康有為說，買辦是華人在香港所能做到的最高職位，何啟以自己為活生生的例子反駁康有為的指摘。何啟身兼七八項公職，包括定例局議員。他說，全港有兩名定例局華人議員，十一名華人太平紳士，而華人也可以擔任陪審員。而且，買辦的地位不容小覷。大部分香港華人公職是由買辦出任，他們通過如東華醫院的組織，改善香港的社會福利，並在香港和中國提供重要的賑災服務。[19]

香港與中國

　　何啟為香港辯解，有人可能會嗤之以鼻，認為是出於帕爾塔·查特吉所稱的困囿於「中間狀態」（middleness）的「被殖民心態」。但是，何啟為香港感到自豪並致力促進此殖民地的福祉，與他關懷祖國並無牴觸。他也從不掩飾自己對中國關懷之情。1887年2月，何啟在寫給《德臣西報》編輯的一封信中宣稱：「我對中國所受的種種屈辱深感同情，並與所有赤誠為國的中國人一樣，渴望中國有一天能躋身富強國家之列，中國人在世界各地都受人歡迎和敬重。」[20]

　　何啟對香港肩負義務，對中國也懷有責任感，他不讓兩者互相衝突，而是知道可以憑藉自己的地位積極參與中國事務。何啟是香港西醫書院主要創辦人，也是該校唯一華人教員，這種身份大有利於他向來自香港和中國的年

---

18. *Hong Kong Telegraph*, March 11 and 25, 1912.
19. 〈康說書後〉，載《胡翼南先生全集》（香港，1917），卷十三，頁1上–20上，重刊於沈雲龍主編：《近代中國史料叢刊續編》（台北：1975），第262冊，頁783–821。
20. Partha Chatterjee, *The Nation and Its Fragments: Colonial and Postcolonial Histories* (Princeton: Princeton University Press, 1993), p. 55; *China Mail*, February 16, 1887.

輕華人學生宣揚自由開明思想,這些學生包括之前在夏威夷求學的少年孫中山。這所書院的畢業生並非全都投身革命,但許多人離校後至少帶著一絲革命思想的痕跡,關景良是其中之一,他在書院唸書的五年間,與孫中山同住一宿舍,並且是香港杏林新秀。1909年關景良於華商會所發起「剪髮不易服會」,會員仍穿傳統中式長袍,但剪去辮子,象徵排滿反清。[21] 何啟也在十九世紀末至二十世紀初參與革命活動,是興中會歷史上的重要人物。他與另外幾名本地華商資助興中會機關報《中國日報》,並協助策動1895年沒有成功的廣州起義。何啟在謀劃1900年惠州起義期間,嘗試利用自己與香港英文報界的聯繫,代表孫中山的革命黨人爭取英國人協助,或至少保證港府會善待革命黨人。[22]

有些人認為,何啟試圖同時致力於促進香港和中國的福祉,結果兩者互相牴觸角力,而最終獲勝的是他矢志為香港承擔的義務,尤其是它的資本主義經濟制度。蔡榮芳說這是「買辦思想家的困境」:身為與中國農民和士紳疏離的西化知識分子,何啟主張借外國之力改革中國,不惜冒損害中國主權的風險。不過,1900年惠州起義後,何啟在革命活動方面的參與已大不如前,也很少擔當中國革命黨與香港政府之間的中間人,但他對中國事務的關注並沒減少。反之,何啟認為中國不應實行共和政體,而應像英國那樣實行君主立憲,所以他開始覺得孫中山及其革命黨人的共和理念過於激進。何啟的多年好友兼同為定例局議員的韋玉曾說,何啟「終其一生都擁護維新,而不贊同革命」。在往後十四年的生命中,何啟仍致力促進中國的福祉。1908年7月,廣東和廣西發生大水災,災黎無數,何啟和韋玉促請定例局批准撥款三萬港元賑濟。[23]

在何啟眼中,有利於香港的事物與有利於中國的事物無異。香港得益於商業發展而變得較中國繁榮和穩定,所以,以英式自由主義和議會政治為支柱的商業發展,也是治療中國的良方。何啟與其友胡禮垣發表了一系列政論文章宣揚這種思想,並在1900年結集為六卷本的《新政真詮》出版。例如,何、胡二人都相信香港成功的原因,是它成為了轉口港,而非英國的軍事基

---

21. 吳醒濂:《香港華人名人史略》,頁97。

22. 馮自由:《中國革命運動二十六年組織史》(上海:商務印書館,1948),頁22–23;Schiffrin, *Sun Yat-sen*, pp. 71–75, 82, 180–208;以及 Tse Tsan Tai, *The Chinese Republic: Secret History of the Revolution* (Hong Kong: South China Morning Post, 1924), pp. 8–9, 19。

23. Tsai, "Comprador Ideologists," p. 209; Letter from Wei Yuk to Henry May, August 20, 1914, 附載於 CO 129/413, September 11, 1914, May to Harcourt, pp. 272–277. 關於「促請定例局批准」,見 *Hong Kong Hansard: Reports of the Meetings of the Legislative Council of Hong Kong*, July 2, 1908, p. 24, and July 24, 1908, p. 90.

地。他們在一篇寫於1887年的早期文章中，反駁改革家曾紀澤的著述，曾
紀澤認為中國的急務是整頓海防，改革軍事，何、胡同意中國須建設強大軍
隊，但他們認為中國當務之急應是民政、社會和經濟改革。中國不應像曾紀
澤建議那樣，以鞏固藩屬為富強之法，而應先整飭內政。[24] 何、胡在〈新政論
議〉中強調民辦企業的作用。私人資本不應受政府限制和干涉囿限，可以建
立全國採礦、鐵路和航運網絡，全面開發中國天然和農業資源的潛力。[25]

　　何啟和胡禮垣尤其批評張之洞的名言「中學為體，西學為用」，他們認
為藉西方軍事科技來學習西方富強之道是緣木求魚。張之洞是洋務運動的主
要人物，他創設了軍事學堂、技術學堂、機器製造廠、兵工廠，並提升中國
的科技和工業發展，並派學生留學日本，同時希望保存中國儒家精髓。1899
年，何啟和胡禮垣發表〈勸學篇書後〉，指出應當改變的就是中國的「體」。中
國須設議會，興民權，實行君主立憲政體。中國不只像張之洞所提出的那樣
需要更多學校，還須推行普及教育，令大眾得到訓練，以便可以任官和在議
會擔當民意代表。[26]

　　何啟認為有利香港的事物同樣有利中國，所以並不苛責在中國的西方勢
力。他不諱言許多華人在中國和世界各地受到壓迫和羞辱，但他不同於孫中
山那樣的革命家，他不為此怪罪西方。何啟和胡禮垣在〈勸學篇書後〉和〈新
政變通〉中歸咎於中國本身積弱。他們在〈康說書後〉批評康有為把中國的
苦難諉過西方。他們責備中國領袖忽略西方觀念。如林則徐等目空一切的
官員抱殘守缺，一直以為中國是世界上最大的國家，自以為是世界中心，中
國在鴉片戰爭期間及之後飽受西方屈辱，這些官員難辭其咎。張之洞、曾國
藩和他的門生李鴻章等改革派專注於軍事和科技革新，卻始終不肯放棄中國
文化優越的想法，愚昧地以為這樣中國就能最終抗衡西方。[27] 何啟和胡禮垣
在1897年寫成的〈新政始基〉和〈新政安行〉中，把中國的採礦權和鐵路權被
西方支配歸咎於中國本身。因為中國無力發展本國經濟和開發自己的天然資

---

24. 〈曾論書後〉，載《胡翼南先生全集》，卷三，重刊於沈雲龍：《近代中國史料叢刊續編》，第
　　261冊，頁221–310；另見何啟：〈新政論議序〉，載《胡翼南先生全集》，卷四，頁1上 –2
　　下，重刊於沈雲龍：《近代中國史料叢刊續編》，第261冊，頁313–316。

25. 〈新政論議〉，載《胡翼南先生全集》，卷四，重刊於沈雲龍：《近代中國史料叢刊續編》，第
　　261冊，頁325–379。

26. 〈勸學篇書後〉，載《胡翼南先生全集》，卷十五至十八，重刊於沈雲龍：《近代中國史料叢刊
　　續編》，第262冊，頁855–899；第263冊，頁901–1049。

27. 〈康說書後〉，載《胡翼南先生全集》，卷十三，頁1上 –15下，重刊於沈雲龍：《近代中國史
　　料叢刊續編》，第262冊，頁784–812。

源，自然被外國人佔了上風。[28] 西方在中國經營的事業也不一定對中國有害。如同何、胡二人在〈勸學篇書後〉中說，西方勢力提供中國亟需的外國資金，以及嶄新而有效率的營商技巧。外國傳教士興辦免費學校、育嬰堂和醫院，倡導反鴉片和反纏足運動，又發起賑濟水災、饑荒的活動。西方教育家翻譯西方科學、醫學和政治的著述。外國商人引進西方營商技巧，從而為中國經濟帶來公平競爭的新概念。[29]

不過，何啟對在中國的西方勢力，並非毫無選擇全盤接受，他認為中國應效法的對象唯有英國，而非其他和中國相似的歐洲國家。不過，何啟雖然佩服英國的政治、司法和教育制度，卻並非不加批判地接受英國在華的作為。何啟和胡禮垣在〈新政論議〉中指摘英國於其亞洲殖民地驅逐華人。在〈新政安行序〉和〈新政始基序〉中，何啟撻伐英國侵略中國，佔據山東的威海衛和浙江外海的舟山。[30]

這些文章可以視為何啟只著眼於商人權利的證據。例如，有些學者認為何啟和胡禮垣代表新崛起的華人資產階級的要求。[31] 蔡榮芳說，何啟和胡禮垣為古典自由主義所吸引，是因為這套學說「契合於他們的資產階級興趣和抱負」。還說，何、胡二人和許多十九世紀末中國的紳商一樣，以愛國的名義提出自己的社會和政治要求。陳劉潔貞說，儘管何啟的改良主義思想，是以實現中國民主為最終目標，但這些改革的最大得益者是資產階級。[32]

在何啟和胡禮垣的著作中，商人確實佔據顯要位置。在〈勸學篇書後〉和〈新政論議〉中，他們認為重商務是中國走向富強之道，而商人應當成為新中國的基礎。政府應成立商部，使之成為政府的高級組織，並任用有才能的中

---

28. 〈新政始基〉，載《胡翼南先生全集》，卷七至九，重刊於沈雲龍：《近代中國史料叢刊續編》，第 262 冊，頁 489–647；〈新政安行〉，載《胡翼南先生全集》，卷十至十二，重刊於沈雲龍：《近代中國史料叢刊續編》，第 262 冊，頁 653–781。

29. 〈勸學篇書後〉，載《胡翼南先生全集》，卷十五至十七，尤其是卷十七，頁 18 上 –19 下，重刊於沈雲龍：《近代中國史料叢刊續編》，第 263 冊，頁 981–984。

30. 〈新政論議〉，載《胡翼南先生全集》，卷四，頁 1 上 –2 下，重刊於沈雲龍：《近代中國史料叢刊續編》，第 261 冊，頁 325–328；何啟的〈新政安行序〉和〈新政始基序〉，兩文皆載《胡翼南先生全集》，卷十，頁 1 上 –2 上，以及卷七，頁 1 上 –2 下，重刊於沈雲龍：《近代中國史料叢刊續編》，第 262 冊，頁 485–487、645–648。

31. 胡濱：《中國近代改良主義思想》，頁 73–74；任繼愈：〈何啟、胡禮垣的改良主義思想〉，頁 73–91。

32. 關於「資產階級利益」，見 Tsai, "Comprador Ideologists," p. 202；關於「紳商」，見 Tsai, *Hong Kong in Chinese History*, pp. 157–159；Chan Lau, *China, Britain and Hong Kong*, p. 27。

國海內外華商和實業家。[33] 但更重要的是，何啟的中國民族主義和香港身份認同如何互相強化。他認為香港能夠建設為繁榮的轉口港，華商建樹甚大，所以他深信華商也能在中國發揮相同作用。但何啟在呼籲改革中國經濟、政治和社會之時（他相信最好是通過重商主義來實現），他和香港華人資產階級其他成員一樣，間接重申自己是屬於特殊和得天獨厚的階級。

香港華人資本家的困境

雖然何啟認為香港的福祉和中國的福祉並無二致，但他個人的經濟和政治地位，經常令他處境尷尬。生於香港的何啟，是在英國受教育的華人專業精英，又是殖民地公職人員，有利於香港繁榮穩定的事物，有利於香港華人的事物，與有利於他自己錢包的事物，這三者之間孰輕孰重，該如何權衡取捨，經常令他十分為難。

對於影響華人商界精英的事情，何啟的立場通常都十分堅定一致。例如，1890 年代初，歐籍人指摘保良局腐敗、勒捐，並嚴密控制華人；這個組織行事鬼祟，恍如「秘密結社」。但是，何啟「與華人素有聯繫，尤其是華人社會的赫赫名流」，他協助華民政務司駱檄為保良局辯護，並令政府給予它合法地位。何啟協助證明這個組織的管理者「不但秉正辦事，而且苦心孤詣採取措施，保障那些有關人士的自由和利益」。[34] 何啟庇護保良局，捍衛了本地華人利益，使之不受心生疑竇的洋人損害，又保住了這個機構，它既是慈善組織，又是建立香港華人精英地位的途徑。1894 年鼠疫大流行期間，東華醫院同樣受本地洋人居民和醫生譴責，何啟和駱檄也挺身維護東華。[35]

然而，對於關乎香港華人大眾利益的問題，何啟的立場就有點反覆不一。一方面，何啟會為捍衛華人低下階層的利益出力。1884 年，工人和艇夫為抗議中法戰爭而罷工，何啟和幾名歐籍律師同意為罷工者辯護。1901 年，身為定例局議員的何啟力爭在新的電車條例草案（准許電車公司在香港島營運的草案）中，加入為低下階層勞工提供較低車資的條款。1908 年，人力車

---

33. 〈新政論議〉，載《胡翼南先生全集》，卷四，頁 18 下，及卷六，頁 20 上 –21 上，重刊於沈雲龍：《近代中國史料叢刊續編》，第 261 冊，頁 362；第 262 冊，頁 457–459；〈勸學篇書後〉，載《胡翼南先生全集》，卷十八，頁 4 上 – 下，重刊於沈雲龍：《近代中國史料叢刊續編》，第 263 冊，頁 991–992。

34. *Report of the Special Committee*, p. 91.

35. Chan Wai Kwan, *The Making of Hong Kong Society: Three Studies of Class Formation in Early Hong Kong* (Oxford: Clarendon Press, 1991), p. 130.

車主把每日車租提高四仙,約三千名車夫因而罷工。何啟與同為定例局議員的韋玉協助政府安排談判,車主最後同意不加車租。[36]

另一方面,何啟又盡量與低下階層華人保持距離,1901 年他領導一群富有華商請願,要求設立專門學校供他們的子女就讀。1890 年,何啟反對港督的刑政改革,尤其反對擴建香港的主要監獄以提供獨立囚室的建議,認為這只會助長貧窮華人故意犯案以求入獄,因為「他們不花分文就可以在那裡快活過日」。[37] 1893 年 1 月,何啟聯同另外十六名華人和歐亞混血兒向華民政務司駱檄陳情,解釋他們「與絕大多數華人」為何「大力反對擴建監獄」。中國監牢的作用是嚇阻「壞人,令他們害怕被投入牢中,從而不敢為非作歹」。但域多利監獄「不怎麼令人畏懼,而如果將它弄得更加舒適,人們就更加無所忌憚,這會令罪案上升,因為罪犯不畏入獄」。因此,這份陳情書說:「要防止本殖民地有人犯罪,最有效的方法並非擴建監獄,而是更肆意運用放逐和笞刑之權,令犯人的生活不像現在那麼輕鬆。」現有監獄空間已經很寬敞,「囚犯擁有的空間比起在獄外更大。換言之,他們在囹圄中的生活,更勝獄外」。建議設立的獨立囚室,無法遏止罪案發生:「提出這種意見,一定是對華人罪犯的習慣毫無所知,讓他們住在獨立囚室,絕對阻嚇不了他們。」[38]

何啟一方面致力改善香港衛生,大力推動成立一所醫院和西醫書院;另一方面,他身為醫生,必定知道有些衛生措施會有益於香港及其居民,但他卻加以反對。1887 年,他不贊成一個旨在改善衛生標準的草案,形容它「完全是多餘的」,但這個草案卻是他參與草擬的。好幾年前,殖民地大臣金巴利勳爵(Lord Kimberly)派英國工程師調查香港衛生情況。這名工程師在 1882 年發表報告,要求徹底改變公共衛生法例。到了 1886 年,旨在改善屋宇衛生標準的立法草案提出時,何啟身為負責草擬這份草案的委員會成員兼潔淨局首名華人議員,竟然予以反對。何啟現在認為這份草案不符合華人風俗,又說應容許華人以自己覺得愜意的方式居住,不管環境過度擁擠和不衛生。1887 年 5 月,何啟寫了以下投訴:

---

36. 關於「為罷工者辯護」,見 *Hong Kong Daily Press*, October 16, 1884;關於「電車條例法案」,見 Choa, *Life and Times*, p. 107;關於「人力車車租」,見 Chan, *Making of Hong Kong Society*, p. 160。
37. 引自 Choa, *Life and Times*, pp. 111–112。
38. "Memorial to the Registrar General (Lockhart) Respecting Gaol Extension, from Wei A. Yuk, Lau Wai Chün, Seung Sz Kai, Ip Juck Kai, Ho Fook, Chan Pan Poo, Law Yam Chuen, C. Chee Bee, Poon Pong, Ho Kai, Chan A Fook, Wong Shing, Chow Peng, Chen Quan Ee, Kaw Hong Take, Woo Lin Yuen, Ho Tung," *Hong Kong Legislative Council Sessional Papers*, January 6, 1893.

有些衛生學家一直犯了個錯誤，就是把華人當作歐洲人看待。他們
似乎忘記了土著華人和歐洲人在體質上有很大差異。他們沒有顧及
兩者在習慣、使用、生活模式和其他眾多事情上的分別。他們死抱
著對所有民族一視同仁的理論，無視他們在身體、心智和先天構造
上各有不同……有人還大力主張華人全應改吃麵包和牛排，而不吃
米飯和豬肉，只因為前兩者比後兩者更適合英國人的口胃。[39]

何啟繼續説：「試想一下，這個草案若成為法律，貧窮租戶的處境將如
何。」這些租戶「會被迫繳付高昂租金，而住的地方卻比以前更狹小，加上各
種改善衛生措施，無論從歐籍人的立場看是如何良善，他們都不感興趣，這
些租戶認為，自己的體質不需要這些措施」。租戶可能堅稱「他們已習慣了像
廣州、九龍城等城市，相較之下，目前的香港已是天堂，是整潔的典範，是
完美的休養勝地，如果還要推行更多改善措施，那麼應由提倡的人來付鈔，
而不是他們」。改變有關潔淨的法例，等於說本地華人自己「不知道什麼事物
於他們有益，而須由其他人教導，還要以嚴格的法律措施來強迫遵行」。這份
建議令何啟想到專制的「星室法庭和宗教裁判所」。如果殖民地政府要干涉子
民的生活條件，何以只限於衛生標準？為何不一併禁吸鴉片煙，或強迫華人
改信基督教，或禁止中醫在香港執業？港府提出的衛生草案，是以最新的英
國法律為基礎，但何啟説，香港盲目跟從英國法律並不合理。反之，他另外
提出一系列可以實行的替代措施，包括重修公共排水溝，並要求每家每戶設
有管用的排水溝，供應充足的食水（「沒有水就無法做到潔淨衛生」），填平
沼澤地，清理垃圾，並向東西兩個方向擴建城市。[40]

1901年何啟以同樣理由反對另一條衛生附例。他在告誡政府不要干涉華
人日常生活時，經常引用義律上校在1841年發出的公告中的主張：「應照《大
清律例》規矩主治居民。」例如，他在批評1886年衛生條例時質疑潔淨局：
「本殖民地開埠之初，曾承諾管治華人時，盡量根據他們的方式和習俗，尊重
他們的宗教和定見，若按此承諾來治理華人，則不得不修改我們的法律，以
遷就他們的獨特要求。此外，在許多事例中，制定法律應視乎情況和環境，
因時制宜，才是明智之舉，這難道不是憑常識就可知嗎？」[41]

39. "Dr Ho Kai's Protest Against the Public Health Bill, Submitted to the Government by the Sanitary Board, and the Board's Rejoinder Thereto," *Sessional Papers, 1887*, p. 404.

40. "Dr Ho Kai's Protest," pp. 405–407.

41. Ibid., p. 404.

在以上兩個事例中，何啟身為醫者的關懷，或許被他金融投資家和地主身份的利益所凌駕。班凱樂（Carol Benedict）曾指出，十九世紀末引進到中國和香港的歐洲醫學，是社會和文化建構。香港華人居民抗拒殖民地政府的健康和衛生措施，是對殖民地政府侵擾的回應。因此，我們可以把何啟的行為視為保護香港華人對抗擾民的殖民政府。但是，考慮到何啟受過西方醫學訓練，這些建議的衛生措施在他眼中是否只是社會或文化建構，是很令人懷疑的。同樣地，在 1908 年的反鴉片辯論中，何啟與其他華人富商認為，香港禁鴉片雖然於華人大眾有益，但卻會令政府和商人收入減少。[42]

何啟所做的，不僅是保護自己的階級利益，而且還嘗試維護香港這個他和其他華人自認曾參與創造的地方。何啟和許多香港居民一樣，認為對於來自中國大陸的華人，必須只接納種類「合適」的人，這樣才能保持香港繁榮穩定。何啟了解到，由於香港與中國近在咫尺，香港經濟將永遠依賴來自中國的移民。他在反對 1886 年衛生草案時說：「不知是幸運還是不幸，我們與中國大陸近在咫尺，那裡有成千上萬貧窮的中國人為求餬口而在掙扎求存。勞工市場永遠供過於求，許多身強力壯的人為每天賺一兩毛錢也心甘情願，甚至是他們夢寐以求的。那些以租金上漲和居住面積減少為由要求加薪的人，會被願意收取較低工資的人取代。」[43] 何啟和其他陳情者在反對改革域多利監獄的建議時說，改革對香港會有壞影響。他們寫道：「在許多流氓惡棍眼中，這座監獄已是天堂，而且我們與中國領土只有一石之遙，擴建監獄肯定會引起中國的匪類歹徒大量湧入。」[44]

陳情者提醒華民政務司：「我們身為華人，如果政府所做的事真能惠及我們的同胞，有益於廣大華人社會，我們斷不可能阻撓。」但是，擴建監獄「不利於這個社會，並會引致大量罪犯進入本殖民地，令罪案大增」。[45] 這或許不大符合何啟對中國民族主義的獻身出力，也牴觸他的政治自由主義，但我們

---

42. Carol Benedict, "Framing Plague in China's Past," in *Remapping China: Fissures in Historical Terrain*, ed. Gail Hershatter et al. (Stanford: Stanford University Press, 1996), pp. 27–41；關於「禁鴉片辯論」，見 Colin Criswell and Mike Watson, *The Royal Hong Kong Police (1841–1945)* (Hong Kong: Macmillan, 1982), p. 100，以及楊思賢：《香港滄桑》（北京：中國友誼出版公司，1986），頁 120–121。

43. "Dr Ho Kai's Protest," p. 405.

44. "Memorial Respecting Gaol Extension," p. 71.

45. Ibid., p. 72.

不要忘記，民族主義和自由主義所賴以為根據的基礎，除了納入融合，還有
拒外排他的心態。[46]

最後，殖民地政府一方面為華人子民健康著想，制訂相關法律，另一方
面這些子民（甚至永久居民）卻毫無政治代表權，何啟也明白這是荒謬和偽善
的。何啟說，英國的法律不管如何影響廣泛，「都是由人民藉著他們的民意代
表通過的」。何啟認為：「專斷獨行地立法處理子民財產，尤其是這些措施涉
及如此巨大的財產損失，對任何政府來說都非明智之舉，更何況是缺乏民主
代議基礎的政府。」這種法律會損害大眾的信心，令資金外移。這可能不會
「影響那些無意在本殖民地永久定居的人」，但卻「足以令那些永久居民和對
本殖民地的未來福祉念茲在茲的人，頓感疑慮」。[47] 何啟再次把像他那樣的「永
久」香港華人與過客加以區分，雖然過客對於香港的經濟進步不可或缺，但
這些人對香港沒有相同的獻身精神。

1912 至 1913 年的罷搭電車運動與何啟退休

何啟常被視為「買辦改革家」或「與外國強權協力的愛國者」，被迫在香
港與中國之間做取捨時選擇了前者。結果到頭來，何啟無法做出正確的選
擇，至少在殖民地政府眼中是如此。1912 年有謠言流傳，說何啟有意在新成
立的中華民國政府中謀一官職。[48] 1912 至 1913 年的罷搭電車運動，似乎令何
啟的民族主義與他對殖民地政府的忠誠產生對立，最終斷送了他的政治生涯。

1912 年 4 月，香港政府禁止中國錢幣流通。自香港開埠之初起，廣州與
香港兩地的經濟已是息息相關，而中國錢幣從一開始就在香港流通。但辛亥
革命後，廣東局勢惡化，廣東的中國錢幣貶值，港府愈來愈擔心這些貶值錢
幣流入的影響。許多香港華人把禁令視為對新生的中華民國的侮辱。1912 年
11 月，新上任的港督梅含理勸說天星小輪、電車公司和山頂纜車停收中國錢
幣。這引發華人更大的憤怒，因為香港錢幣比中國錢幣少，香港錢幣供應不

46. Uday S. Mehta, "Liberal Strategies of Exclusion," in *Tensions of Empire: Colonial Cultures in a Bourgeois World*, ed. Frederick Cooper and Ann Laura Stoler (Berkeley: University of California Press, 1997), p. 59.
47. "Dr Ho Kai's Protest," pp. 405–406.
48. *Hong Kong Telegraph*, April 2, 1912.

足，令本地居民缺少付電車車資的錢。全港爆發罷搭行動，行動組織者以各種方法威嚇那些不理罷搭命令的人。[49]

1912年12月，梅含理促請華人社會的頭臉人物協助結束罷搭事件。12月18日，他與約一百五十名主要華商開會，在會上強調抵制電車只會損害香港和中國，因為有不少華人資金投資在電車和纜車公司。梅含理向與會者保證，電車和纜車公司不收中國貨幣，純屬商業決定，並無侮辱中國之意。他敦促這些華人領袖以身作則，帶頭搭電車，並叫他們的員工搭電車。包括何啟和韋玉的幾名華商，在重申必須結束抵制事件後，親自乘坐電車。12月20日，何啟和韋玉在華商公局會議上為電車和纜車公司辯護，並譴責罷搭行動損害香港和廣東經濟。[50]

在本地華商幫助下，罷搭行動在1913年2月初結束。不過，梅含理認為他們沒有竭盡全力，出手也太遲。對於何啟和韋玉這兩名定例局非官守議員等到12月18日的會議後，才出手了結罷搭事件，梅含理尤其不悅。此外，梅含理在東華醫院召開重要會議，商討如何結束罷搭運動，何、韋二人都沒有出席。1913年8月，梅含理向殖民地大臣哈考特（Lewis Harcourt）報告：「我很遺憾地說，本政府對何啟爵士已失去信心。」梅含理一開始就指摘何啟貪污和干預華人事務。「在華人之間有流傳已久的傳聞，說何啟爵士利用定例局議員的地位，向殖民地的許多行會強索金錢捐獻。」雖然梅含理承認，這些指控大多缺乏確鑿證據，但他強調「謠言並非空穴來風」。這些行會中有「惡名昭彰」的四邑商工總局，梅含理認為，就是四邑商工總局在背後策劃罷搭電車運動，而且它「公然違抗政府，並和廣州政府關係密切，以致它實際上從本殖民地掌管著該政府」。何啟本人「由始至終」與廣東起義和廣州政府有「千絲萬縷的關係」。梅含理聲稱何啟為新成立的廣州政府草擬了一部「周延的憲法」，以此為何啟與廣州政府過從甚密的證據。此外，何啟「在廣州的利害關係深厚，足以令他的一名兄弟（一個素行不良之人）獲委任在汕頭擔當要職」。另外，何啟因姻親關係而與陳少白有所關連，這名報章編輯兼孫中山友人是廣州政府首名法律顧問，只是「他完全沒有法律知識或資格」。[51]

更重要的是，兩年前獲冊封爵士的何啟，不再對殖民地政府有幫助。梅含理向哈考特寫道：「政府需要的時候，可以依靠何啟爵士提供資料和意見。

49. 關於「罷搭電車運動」，見 Tsai, *Hong Kong in Chinese History*, chapter 10；以及 Ming K. Chan, "Hong Kong in Sino-British Conflict: Mass Mobilization and the Crises of Legitimacy, 1912–26," in Chan, *Precarious Balance*, pp. 29–32。

50. CO 129/394, December 30, 1912, May to Harcourt, pp. 175–190.

51. CO 129/403, August 18, 1913, May to Harcourt, pp. 124–126.

現在則無此需要。」罷搭電車事件期間，何啟「幾乎沒有協助政府」。梅含理説，華民政務司（最早期稱為戶籍官）也在抱怨，説何啟不再向他報告本地華人事務的最新情況。簡言之，「何啟爵士不再代表華人社會，華人已不再信任他，就如政府不再信任他一樣。他與華人商界的聯繫已不再緊密，而他因政治傾向而過從甚密的那些人，在真正與此殖民地休戚與共的華人眼中，是太平安定的大敵，不過他們欠缺道德勇氣去公然反對這些人的陰謀。」[52]

不過，如果説與香港「休戚與共」的華人缺乏道德勇氣，梅含理也不見得有很多。梅含理嘗試避免與何啟攤牌，他向殖民地部説，在何啟四屆（每屆任期六年）定例局議員任期於1914年屆滿後，不應再予續任。他建議請英國駐華高級官員朱爾典（John Jordan）爵士遊説大總統袁世凱在中國政府內覓一職位授予何啟，那樣他就能「發揮其英文所長，以及毋庸置疑的才能」，襄辦中國外交事務。儘管何啟「對於英國制度心存一些尊敬，對於大英帝國也無疑頗為忠誠」，並且自出生起就是英國子民，但梅含理覺得這些都無礙於中國政府任用他。如果這個方案不奏效，梅含理就要親自告訴何啟，做四屆議員已經夠了。「對何啟爵士來説，這當然在經濟和政治上都是打擊，因為喪失定例局議席，他在華人社會就會淪落到無足輕重的位置……但從大局而言，我十分相信本政府會因這種改變而得益。」[53]

後來殖民地部通過新規例，限制殖民地立法機關議員的任期，這幫了梅含理一把，令他不用做不討好的工作。1913年11月，護督史雲（Claude Severn，後世把他的漢名譯為施勳）建議由屈臣氏藥房買辦劉鑄伯取代何啟出任定例局議員。[54] 1914年1月，復任輔政司的施勳致函給何啟説，「除非遇到極特殊情況」，否則各殖民地立法機關的非官守議員只會連任一屆。何啟對情況心知肚明，並盡力避免難堪，他回信説：「本人體弱力衰，不堪重任，倘再蒙委以定例局議員之職，也只能辭謝不受。」何啟表示，能為自己「生於斯長於斯的殖民地」效力，他深感榮幸。[55]

何啟的政治生涯在1914年初結束，港督虛情假意地褒揚他一番。1914年3月，梅含理致函殖民地部，信中寫道：「定例局對何啟爵士去任深感惋惜，他明目達聰，知識淵博，令局內議政論事大為生色。」梅含理冀望「他仍會不吝建言和合作」，輔佐港府。[56] 1914年3月25日是何啟在任的最後一天，梅含

---

52. Ibid., p. 127.
53. Ibid., May to Harcourt, pp. 128–129.
54. CO 129/404, November 20, 1913, Severn to Harcourt, pp. 161–164.
55. CO 129/409, March 5, 1914, May to Harcourt, pp. 410–412.
56. Ibid., p. 410.

理向定例局演説,感謝何啟過去二十四年的辛勞。港督説何啟「不但是華人代表,而且是定例局中特立獨行的成員,竭誠服務,勳績甚偉⋯⋯深知其同胞民情,又材智高奇、明辨是非、英語流利,素來大有助於此議事堂內的商議與辯論。此外,他在定例局內外均殫智竭力,務求促進華人社會利益及本殖民地整體福祉,我們無不欽仰」。[57]

何啟在其向定例局發表的告別演説中,強調自己一直盡心從公,從不因為「個人志向或私利妨礙」他在定例局內外履行公職。何啟答應繼續盡力「促成能裨益本殖民地的措施」。[58] 何啟在四個月後的 1914 年 7 月去世,享年五十五歲,身後留下很少錢財,政府還得答應協助他五個兒子的教育。[59]

合謀協作的局限

學者在回顧何啟的一生和活動時,只從與外國強權合作這個範圍著眼,把何啟生活和運作於其中的錯綜複雜情況大為簡單化。何啟的中國民族主義觀點,是受他的香港身份認同所塑造。律師曹善允曾説:「何啟爵士畢生唯一目標,是為華人謀利益,並促使這些無論是説英文還是中文的人,都勇於擔當,協助政府,並關注公共事務。」[60] 何啟是中國民族主義者,很關心祖國的命運。他為香港這個殖民地及其繁榮穩定感到自豪,並致力保持這些特點。但這種自豪感和使命感與他對中國的關心並不扞格;反之,何啟在香港的經濟和政治地位,使他得以積極參與中國的改革運動。由於何啟認為商業和自由主義是香港大獲成功的原因,他相信只要有適當的政治環境,它們對於中國也可以發揮相同效果。

在何啟眼中,香港的歷史任務是促進中國的貿易和商業發展,這類似於英國統治者看待香港的觀點。何啟最後不再支持中國革命運動,是因為他相信拯救中國之道是憲政改革,而非激進革命。後者只會引領中國走上毀滅之途,這又可能危害香港的繁榮穩定。何啟的預言在 1925 至 1926 年的省港大罷工中幾乎應驗。但殖民地政府很幸運得到華人夥伴與它合作,而這些華人之所以與政府合作,是為了保全他們的香港。

57. *Hong Kong Hansard, 1914*, pp. 28–29; 亦附載於 May to Harcourt, pp. 414–415.
58. Ibid., p. 29; pp. 414–415.
59. Ibid., p. 79; 亦附載於 CO 129/413, September 11, 1914, May to Harcourt, pp. 269–277.
60. Letter from S. W. Tso, *South China Morning Post*, January 4, 1921.

第六章

保全香港：1925至1926年省港大罷工

　　致使何啟政治生涯結束的1912至1913年罷搭電車事件，在香港歷史上是相對輕微的事件，但它顯示了中國的政治變化對此殖民地所造成的影響有多大。在新成立的中華民國，革命和民族主義情緒大都是針對日本和英國。日本在1915年春天強迫北京政府接納惡名昭彰的二十一條，英國則在中國掌握最大的經濟利益。第一次世界大戰及其餘波為中國帶來新的社會和經濟問題，最嚴重的是1919年因米價上升而爆發的騷動。到了1922年，中華海員工業聯合總會和十二個其他行業公會發動罷工，是香港經過十年相對平靜的時期後首次發生的大罷工。

　　1925至1926年發生的省港大罷工，是對香港打擊最大的事件。雖然觸發罷工的導火線是發生在中國的事件，但背後也有一些本地因素，包括一般大眾對外國人特權地位的嫌惡。這從罷工委員會提出的要求中明顯可見，除了每天工作八小時、廢除包工制和童工、言論和出版自由、結社自由、減低房租這些通常的要求外，還有一些完全針對本地情況的要求，如各工會有權投票選舉定例局華人議員、平等對待華人與歐籍人、華人可以在山頂居住。

　　對華人資產階級領袖來說，大罷工是一場意識形態和經濟戰爭，直接威脅香港的存亡。這些領袖之所以如此積極與殖民地政府合作以結束罷工，是為保障自己的階級利益，但對抗罷工也是為了保全這個他們參與建立的殖民地。此外，對抗罷工令這些資產階級領袖能向殖民地政府證明自己是忠心的香港華人。

五卅慘案與沙基慘案

1925 年 5 月 30 日，英國人指揮的印度錫克人巡捕，在上海公共租界向一群中國示威群眾開火，至少九名示威者被殺，多人受傷。這宗史稱「五卅慘案」的消息以野火燎原之勢傳遍中國，在各地引發抗議，尤其在英國利益最集中的兩個城市——上海和廣州。雖然大多數香港華人對於 1920 年代的民族主義革命沒有太大興趣，但上海的殺戮事件令許多人敵愾同仇，聲援他們在中國大陸上的同胞。6 月 18 日，皇仁書院大部分學生響應號召罷課。第二天，貨物搬運工罷工，接著電車司機和售票員、海員、排字工人和親共工會成員也相繼效法。[1]

6 月 23 日，廣州沙面英法兩國租界附近發生一場激烈示威，外國人指揮的軍隊射殺超過五十名中國遊行示威者，另有約一百二十人受傷。大屠殺的消息傳出，廣州工人和工會領袖號召華南大罷工，尤其是香港這個最明顯代表英帝國主義勢力的地方。國民黨軍事領袖和他們的蘇聯顧問，甚至考慮攻打沙面英法租界。[2] 香港出現反英傳單和揭帖，呼籲華人挺身而出，趕走英國殖民者和他們的華人「走狗」。廣州罷工領袖呼籲華人離開香港，散播謠言説港府計劃在此地水源下毒，他們還免費提供火車或輪船接載工人回廣州。[3]

最早罷工的是為外國人工作的人——山頂酒店與山頂會的侍應和雜工，在山頂工作的僕役，還有酒店員工。後來當上港督的葛量洪（Alexander Grantham）在 1922 年來港擔任官學生，他憶述，大罷工期間最艱難的是「要自己張羅做飯和處理其他家務，因為我們家中所有工人都已離去」。學生不久走出教室聲援罷工。之後是工人、店主和電車公司職員。最初兩個禮拜，超過五萬人離開香港。到了 6 月底，餐館、政府機構和報館的大部分華人員工都罷工，另外巴士司機、渡輪駕駛員和人力車夫也一樣。糧食價格飛漲，銀行出現擠提，香港經濟幾近癱瘓。[4]

---

1. Daniel Y. K. Kwan, *Marxist Intellectuals and the Chinese Labor Movement: A Study of Deng Zhongxia (1894–1933)* (Seattle: University of Washington Press, 1997), pp. 99, 111.

2. Ibid., pp. 118–119.

3. D. W. Tratman, "Report of the Secretary for Chinese Affairs for the Year 1925," in Hong Kong, *Administrative Report, 1925*, Appendix C, p. 17; Great Britain, Colonial Office, Original Correspondence: Hong Kong, 1841–1951, Series 129 (CO 129), Public Record Office, London, CO 129/488, Stubbs to Amery, June 26, 1925, pp. 468–472; July 10, 1925, pp. 580–585; July 24, 1925, pp. 646–649.

4. Alexander Grantham, *Via Ports: From Hong Kong to Hong Kong* (Hong Kong: Hong Kong University Press, 1965), p. 15；關於「學生罷課」，見 Robert Kotewall's report on the strike, October 24, 1925, 附載於 CO 129/489, October 30, 1925, Stubbs to Amery, p. 432；關於「五萬人離港」，見

6月22日，殖民地政府宣佈進入緊急狀態。6月26日，港督司徒拔（Reginald Stubbs，又譯史塔士）向殖民地大臣艾默里（L. S. Amery）發電報，要求英國海軍部派一艘巡洋艦來「鼓舞香港華人」。司徒拔已根據《維持治安條例》（Peace Preservation Ordinance）動員義勇軍，又根據1922年海員大罷工時通過的《緊急法令》，禁止運出糧食和資金，並批准華人銀行家提出有關華資銀行延期償付的要求。華人的電報、信件和中文報章全都要接受審查。[5] 司徒拔很快就擴大緊急措施的範圍，限制可帶出香港的貨幣數目，派警察守衛水塘，派軍隊接管天星小輪和巡邏街道，關閉學校提早放暑假，並頒佈宵禁令。他也下令主要華資和歐資百貨公司每天須開門營業至少四小時。某些小商店也接到相同命令。[6]

到了7月初，這個殖民地猶如「死城」。廣州的糾察隊阻止罷工工人回港，香港的運作唯有靠華洋志願人員維持。有人負責派信，有人運送冰塊，另一些人開電車，海軍則駕駛天星小輪。7月10日，司徒拔寫道：「正常商貿全陷於停頓。」香港警察將無業遊民和其他「不受歡迎人物」遞解出境。到了7月底，約二十五萬華人離港前往廣州。9月18日，司徒拔形容香港財政狀況「極為嚴峻」。一家著名華資銀行已遭清盤，其他公司也瀕臨破產，司徒拔擔心這種情況會接踵出現。華商總會要求英國政府提供貿易貸款。雖然最惡劣的情況已經在1925年10月初結束，但大罷工令香港備受蹂躪。罷工持續了超過一年，英國政府須提供三百萬英鎊商業貸款，以挽救香港經濟免於崩潰。[7]

香港和中國歷史上的省港大罷工

省港大罷工是香港史上的重大事件，但史家對它的關注頗為不一。安德葛在他那本香港通史中，只花了一段來談這場罷工，隻字不提協助香港渡過難關的華人。至於更為透徹探討這場大罷工的學者，研究時主要從中國勞工

Tratman, "Report of the Secretary for Chinese Affairs," Appendix C, p. 17；關於「……人力車夫」，見 Paul Gillingham, *At the Peak: Hong Kong between the Wars* (Hong Kong: Macmillan, 1983), p. 35。

5. CO 129/488, June 26, 1925, telegram, Stubbs to Amery, p. 455。關於「司徒拔的審查制度和其他緊急措施」，見陳謙：〈香港舊事聞見雜錄（四）〉，《廣東文史資料》，第四十七輯（1986）：頁31–33。

6. 陳謙：〈香港舊事聞見雜錄（四）〉，頁31–32。

7. 關於「死城」，見 Gillingham, *At the Peak*, p. 37；關於「不受歡迎人物」，見 CO 129/488, July 10, 1925, Stubbs to Amery, pp. 580–581；關於「商業貸款」，見 CO 129/489, September 18, 1925, Stubbs to Amery, p. 212。

運動的觀點出發。[8]那些專注這場罷工對本地的影響的作者,則多視之為中國民族主義在香港發展的標誌。陳劉潔貞探討這場大罷工的角度,是將之放在中國、英國與香港之間經常動盪的關係之中。在萊思布里奇看來,這場罷工「令華人和歐籍人領袖緊密團結在一起,不管他們願意與否」。因此,大罷工代表香港邁入重要的成熟階段:「它不再只是匯聚各種由貪婪、飄泊和暫居的個人組成的團體,而是開始凝聚成社群;如果所有種族團體都包括在內,還成為了多元社會,可以說,其成員在由契約安排而結成的網絡中團結在一起。它已開始形成身份認同。」[9]

華人資產階級領袖和殖民地政府之間的關係不斷演化,從這個角度看,省港大罷工及其解決並非孤立事件。這些領袖給予政府的支持,是幾十年來合謀協作的高潮。他們不但支持政府,甚至發揮積極作用對抗罷工。對抗罷工等於保護這個他們共同建設的殖民地。同時,他們渲染這場罷工是共產主義、「布爾什維克」針對香港的陰謀,從而利用與殖民地政府的關係來保護自己的階級利益。他們把邊界彼方的廣州的混亂局勢與香港的情況相比較,藉以凸顯自己在維持和平與秩序方面的作用。對抗罷工令華人資產階級領袖以殖民地政府的盟友自居,顯示他們對政府的忠誠,並且證明自己是香港華人。

殖民地政府對罷工的看法

殖民地官員在呈交倫敦的報告中,強調大罷工是由廣州的激進煽動者主使,與香港的經濟或政治狀況無關。7月10日,司徒拔在發給艾默里的機密公文中堅稱:「本殖民地仍不見明顯的排外情緒跡象,整個事件是廣州的蘇俄共產主義者在背後策劃,這已日益昭然若揭。」司徒拔盡量淡化這次大罷工的反英層面,他說:「正在針對這個殖民地的攻擊,是對一切法律和秩序的攻

---

8. G. B. Endacott, *A History of Hong Kong*, rev. ed. (Hong Kong: Oxford University Press, 1973), pp. 289–290;關於「中國勞工運動」,見蔡洛、盧權:《省港大罷工》(廣州:廣東人民出版社,1980);甘田:《省港大罷工》(北京:通俗讀物出版社,1956)。有關這個地區勞工運動最權威的研究,仍然是陳明銶的 "Labor and Empire: The Chinese Labor Movement in the Canton Delta, 1895–1927" (PhD diss., Stanford University, 1975)。

9. 關於「中國民族主義」,見張月愛:〈香港,1841–1980〉,載魯言等著:《香港掌故》,第四集(香港:廣角鏡出版社,1981),頁 22–26,以及元邦建:《香港史略》(香港:中流出版社,1993),頁 156–158;Chan Lau Kit-ching, *China, Britain and Hong Kong, 1895–1945* (Hong Kong: Chinese University Press, 1990), chapter 4;Henry J. Lethbridge, "Introduction," in Henry J. Lethbridge, *Hong Kong: Stability and Change: A Collection of Essays* (Hong Kong: Oxford University Press, 1978), pp. 21, 25。

擊，它針對的是全體商人階級，不分華洋。」到了7月底，司徒拔在另一份發給艾默里的機密公文中說，大罷工正「癱瘓」英國在華南的貿易。他後來試圖說服倫敦貸款給反共的廣州商團，以助結束罷工，他警告說，這「攸關本殖民地的整體生存」。9月，司徒拔在一封電報中預言：「如果繼續奉行無所作為的政策，香港可能會被完全摧毀，而英國與華南的貿易也可能盡喪。」在他10月底離開香港之前，司徒拔抱怨，雖然廣州華商就協助結束罷工擺出了「一些姿態」，但廣州當局沒有興趣談判。[10] 暫代司徒拔的護督修頓堅稱，罷工是「出於政治原因，並非本地政府有任何疏忽或錯失引起，也不是旨在矯正任何真實或出於想像的經濟弊端」。華民政務司卓文（D. W. Tratman）強調工人和學生中的「狂熱分子」如何煽動香港的騷動，以及廣州政府如何「與莫斯科合作無間」。[11]

接替司徒拔出任港督的金文泰（Cecil Clementi）也認為大罷工是由廣州的煽動者挑起，而沒有省思本地的情況。他在1926年2月初向定例局發表的演說中，指摘廣州政府組織這場罷工，並引述廣州政府外交部特派交涉員發出的公告，這份公告聲稱香港工人的罷工，是反對英國政府的愛國示威。但金文泰接著問，既然如此，何以廣州罷工委員會須派糾察隊在廣州阻止香港工人返回香港？為什麼幾乎所有香港工人都復工，不理廣州罷工委員會的威脅？[12]

金文泰深信罷工是廣州政府試圖搗亂香港的陰謀，堅持港府只和廣州國民政府談判，而不會與罷工委員會打交道，並說港府「的原則是永遠不會答應付款給罷工者，也不會賠償未能恢復原職的工人」。因為大罷工違反條約權利，而且受損害的主要是華商，廣州政府應當負責結束罷工。「廣州與香港之間悠久而友好的正常關係無法恢復，全因廣州罷工委員會的非法活動所致，而這背後是受到布爾什維克陰謀煽動。」[13]

但僅僅一個月前，金文泰卻不是那麼反對與罷工委員會談判。1925年12月，他建議港府和本地商人向廣州提供貿易貸款，以此方式向罷工者提供「賠償」。雖然這安排可能乖違「英國人的慣常想法」，但本地華人不認為這樣

---

10. Stubbs to Amery: CO 129/488, July 10, pp. 580–581; July 24, 1925, pp. 645–649; July 27, 1925, telegram, p. 655; September 25, 1925, telegram, p. 237; October 30, 1925, pp. 428–429.

11. W. T. Southorn, "Annual General Report for 1925," in Hong Kong, *Administrative Report, 1925*, p. 2; Tratman's report, Appendix C, pp. 16–17.

12. Clementi's statement to the Legislative Council, February 4, 1926, in *Hong Kong Hansard: Reports of the Meetings of the Legislative Council of Hong Kong, 1926–1927*, pp. 1–2.

13. Ibid., p. 2.

做有何不尋常，也不覺得不妥當。「除非罷工能在明年1月初解決，否則香港華人可能會有嚴重財政困難。」金文泰指示本地華商代表選派代表團，向廣州呈交付款方案。12月24日，周壽臣和歐亞混血兒羅旭龢這兩名定例局「華人」非官守議員，會見華人太平紳士、華商總會幹事值理、廿四商行聯合會代表、團防局紳、東華醫院董事局高層成員、銀行家和「其他負責可靠的商人」。全體同意須盡快結束大罷工，並應選派代表到廣州談判。[14]

「負責可靠的」華人包括李右泉，他除了是各重要華人委員會的成員，還是金文泰口中的「烜赫華商——非常穩健可靠，一直鼎力協助華民政務司」。馬敘朝是東華醫院董事局主席。歐亞混血兒羅文錦是著名律師事務所羅文錦律師樓的負責人。江貽蓀是煤商，其兄擔任東華醫院總理。曹善允這名「沒有專門生意業務的富人」，是廣州銀行董事。李耀堂是廿四商行聯合會的代表。謝樹棠是推銷員，是早前由一個香港商會派出的另一代表團的成員。李星衢是康年人壽燕梳有限公司經理，也是東華醫院和保良局總理。[15]

1926年1月4日，金文泰向艾默里報告，派往廣州的代表團「完全失敗」，還說廣州政府正在支持罷工者。[16] 罷工者只肯與有權解決事件的港府代表談判。金文泰引述羅文錦關於代表團的報告，指出在廣州政府眼中，這場罷工不只是勞資鬥爭，而且是「以英國尤其是香港政府為對手的政治和愛國主義鬥爭」。只要這種情況繼續下去，就不可能有解決。[17] 1月25日，金文泰舉行議政局特別會議，商討結束大罷工的方法。最後一致認為，罷工僅能以兩種方法之一結束。香港一是寄望廣州政府會被外省軍閥或內部鬥爭推翻；一是等待罷工自行結束，並指望商人能夠支撐下去。[18]

2月初，金文泰報告說，罷工糾察隊對香港的敵意升級。他們向邊界香港方面的印籍守軍開火，又射擊航行於香港與中國之間的深圳河上的警艇，攔截往來中國的火車，並阻止鄉民越界回港。儘管廣州政府是「叛逆政府」，但對之動武會損害英國與中國其他地區的商貿，所以英國不可能出兵廣州。較好的替代方案是協助中國海軍打敗廣州，或向莫斯科施壓，要它結束罷工。金文泰拒絕與廣州罷工委員會正式談判，委員會內有來自香港的前工

---

14. Diary Letters of Sir Cecil Clementi, 1925–1927, Public Records Office of Hong Kong, microfilm, December 23, 1925, Clementi to Amery, box 1, file 1, ff. 28–57.

15. Diary Letters, December 30, 1925, Clementi to Amery, box 1, file 2, ff. 81–83.

16. Diary Letters, January 6, 1926, Clementi to Amery, telegram, box 1, file 2, f. 2.

17. Diary Letters, January 6, 1926, Clementi to Amery, box 1, file 3, f. 2.

18. Diary Letters, February 2, 1926, Clementi to Amery, box 1, file 3, f. 2.

人，金文泰不想這些人返回香港。最後的選擇是嘗試說服廣州政府放棄俄國人的援助，改為接受英國人援助，不過金文泰對此方案不抱厚望。[19]

　　殖民地官員把這場罷工歸咎於受到廣州的「布爾什維克」影響，未必是誇大其辭。早在罷工發生前，左派知識分子和工會組織者已散播傳單，號召工人罷工，煽動香港人的民族主義情緒。殖民地官員也沒有誇大境外資金援助的重要作用。最大筆的財政資助來自廣州國民政府，其次是海外華僑，俄國工人也捐了一萬盧布，而一個匿名的英國工會亦捐出一百三十英鎊。[20] 1928年，香港輔政司符烈槎（A. G. M. Fletcher）聲稱，在蘇聯駐北京武官身上發現文件，顯示蘇俄在罷工中發揮的作用。[21]

　　不過，布爾什維克的影響有多大，並非這裡的關注重點。香港政府須令英國政府相信大罷工與香港本地情況無關，亦與華人商界無關。英國國內大多數觀察家並不同情在港歐籍僑民。如羅旭龢其後所說，英國輿論對於香港的困境，「說得好聽是冷漠」，而「說得不好聽是反感」。一般大眾的印象是：這場大罷工是「正義的工人起義，目的是反抗在英國本土早已明令禁止的惡劣工作環境」。在倫敦，由中國留學生組成的中國問訊部（Chinese Information Bureau）一直向英文報界供應資訊，「旨在呈現有利於他們的說法」。[22] 港府根據緊急法令立例鞭笞威嚇者（不是「一般香港工人」，而是「外來的歹徒」），艾默理對此不以為然，司徒拔為了向他證明此舉合理（但他說服不了艾默理），一再強調這場大罷工並非由經濟原因引發，而是「廣州方面為搗亂香港，脅迫〔本地工人〕離開職守」。[23] 符烈槎其後堅稱：「直至1925年6月之前，華南地區都沒有明顯的反英運動」，而針對香港的抵制活動，「現在一致公認……是一種對抗英國政府的戰爭。如果是單純的抵制活動，不會持續那麼久，因為華商對於抵制一向並不熱中」。[24]

19. Diary Letters, cypher telegram, Clementi to Amery, Febuary, 1926, box 1, file 3, ff. 29–35.

20. Kwan, *Marxist Intellectuals*, pp. 111, 126.

21. *Hong Kong: A Short History of the Colony and an Outline of the Present Political Situation in China* (Hong Kong: Publicity Bureau for South China, 1928), p. 68。關於「華南蘇俄勢力」的自傳式記述」，見 Vera Vladimirovna Vishnyakova-Akimova, *Two Years in Revolutionary China*, trans. Steven I. Levine (Cambridge, MA: Harvard University Press, 1971)。

22. Kotewall's report, pp. 456–457.

23. CO 129/488, July 17, 1925, telegram, Stubbs to Amery, p. 643.

24. *Hong Kong: A Short History*, pp. 66, 68.

「忠心華人」：周壽臣和羅旭龢

從港府對省港大罷工的反應及其對廣州煽動者的譴責可見，殖民地當局制訂其策略時是針對不同對象——英國殖民地部、廣州的罷工組織者和政府、香港社會。尤其是金文泰的策略：他堅持只與廣州政府談判，不和罷工委員會打交道，宣稱罷工違反條約權利，並決定派「負責任的」本地華人組成代表團，這些策略都可以拉攏華人資產階級支持殖民地政府，從而有助塑造香港的團結感和身份認同感。華人資產階級領袖視這個殖民地為**屬於他們**的地方，部分原因可能是這種殖民策略所致。

對於殖民地政府來說，把這場罷工歸咎於因廣州布爾什維克的煽動很重要，同樣地，華人資產階級要令政府相信這場罷工非常嚴重，藉以保障自己的利益，這對他們是有好處的。富有的華人慣於依賴幫傭、司機和廚子，大罷工期間，他們不少人須自行料理各種事務。他們現在要清潔街道、倒垃圾和清理下水道，並協助維持整潔和秩序。不久後情況就很清楚，受害最大的企業是華資公司，尤其是規模較小和歷史較短的企業。許多當鋪在大罷工期間遭到劫掠和被迫關門。小型華資銀號經過這次打擊後一蹶不振。本地華商在1912年創辦的廣生行，原本是能與外資公司競爭的化妝品公司，它的實力也無法回復大罷工前的光景。[25]華人商界無力出資贊助公益事業，是顯示其財政狀況的寒暑表。華商總會主席李右泉曾提議設立中文圖書館，供該會會員和公眾使用，這個計劃被迫擱置，直至1928年底才實現。[26]因此，殖民地政府對於這場罷工的看法，不少是來自華人商界領袖就不足為奇，尤其是周壽臣和羅旭龢這兩名定例局非官守議員，他們向政府提供建議，並協助協調整體的反罷工工作。

羅旭龢這名歐亞混血兒，是否真能被人視為華人資產階級的代表？1942至1945年日佔時期身在香港的美國人羅伯特・沃德（Robert Ward）認為不能。像羅旭龢和同是歐亞混血兒的何東，這些人「其實不過是英國殖民政府的工具，無論重用他們是精挑細選，還是不得已而求其次的結果，這些人在華人間評價多半不高，而且他們還常常不是真正華人」。近期有人指出，在其他華

---

25. 陳謙：〈香港舊事聞見雜錄（三）〉，《廣東文史資料》，第四十六輯（1985）：頁28、56–60。
26. 魯言：〈香港華人社團的發展史〉，載魯言等著：《香港掌故》，第五集（香港：廣角鏡出版社，1982），頁50。

人（無論在香港還是中國大陸）眼中，像何東和羅旭龢這些歐亞混血兒從來不
算華人。[27]

肯定的是，香港的歐亞混血兒處於「外國人和本地人之間的飄搖地位」。
如萊思布里奇所說，他們的地位「含糊和不確定」。港督司徒拔曾在報告中
說，因為「純種」華人鄙視歐亞混血兒，視他們為「雜種」，所以政府不願意
任命他們擔任公職。我們從歐籍人嘗試把歐亞混血兒排除於山頂之事可見，
由於他們的種族和階級地位游移不定，被歐籍人視為威脅。不過，羅旭龢雖
是歐亞混血兒，但香港或廣州華人出版的名人錄，往往把他列為本地華人名
流。港府官員常稱他是殖民地內「忠心華人」的典範。據他的女兒憶述，羅旭
龢「敬拜祖先」，是個「非常尊崇儒家思想的人」。[28] 大罷工期間，廣州政府嘗
試與港府談判時，把羅旭龢和周壽臣這兩名定例局「華人」非官守議員特別挑
出。羅旭龢與政府官員通信時，常以華人自稱，或以本地華人代表自居。在
一封寫於 1926 年的信中，他敦促英國政府在香港大學設立中文系，以抗衡由
中國傳入的激進思想。羅旭龢說，他和周壽臣不但深知「本殖民地華人的感
受和盼望」，還明白廣大華人社會中較穩健成員的感受和盼望」。羅旭龢建議本
地上流階級不要再依賴廣東幫傭，改聘粵省以外或菲律賓的傭人，他說：「身
為華人代表，本人對於須提出這一建議深感遺憾，但本人以本殖民地的最高
利益為首要考慮。」[29]

省港大罷工顯示，威脅到既定政治秩序的重大政治危機，令種族、身份
和集體忠誠之間的界線變得模糊，因此，對像羅旭龢這種身處邊緣的人來
說，可能是重大機遇。周壽臣和羅旭龢視這場罷工為廣州針對香港發動的
意識形態和經濟戰爭，他們在呈交港府的報告中特意強調這點。如羅旭龢在
1925 年 10 月的報告中說：「大罷工無疑是由廣州的布爾什維克陰謀所引發，

27. Robert S. Ward, *Asia for the Asiatics? The Techniques of Japanese Occupation* (Chicago: University
    of Chicago Press, 1945), p. 14；關於「從來沒有被視為華人」，見陳明銶對於蔡榮芳著作 *Hong
    Kong in Chinese History: Community and Social Unrest in the British Colony, 1842-1913* 的書評，
    China International Review 2.1 (Spring 1995): 257-258。

28. 關於「飄搖地位」，見 Arnold Wright and H. A. Cartwright, eds., *Twentieth Century Impressions of
    Hongkong, Shanghai, and Other Treaty Ports of China: Their History, People, Commerce, Industries,
    and Resources* (London: Lloyds, 1908), p. 341；Henry J. Lethbridge, "Caste, Class, and Race in Hong
    Kong before the Japanese Occupation," in Lethbridge, *Hong Kong*, p. 176；關於「鄙視歐亞混血
    兒」，引自 Norman J. Miners, *Hong Kong under Imperial Rule, 1912-1941* (Hong Kong: Oxford Uni-
    versity Press, 1987), p. 128；"Interview with Dr. B. Kotewall by Dr. Alan Birch," n.d., Public Records
    Office of Hong Kong。

29. Diary Letters, March 20, 1926, Kotewall's letter to Rt. Hon. Viscount Willington, box 3, file 4, f. 197;
    Kotewall's report, p. 454.

明言以摧毀香港的經濟生活為目標。」這是香港華商總會和廿四商行聯合會的看法，他們較早前在8月舉行會議，會上通過的決議明確表達這種看法。羅旭龢堅稱，香港工人自發離開崗位和此殖民地，並非出於「愛國義憤」，也不是由於「生活環境不堪忍受」。反而，這「純粹是膽戰心驚和驚惶失措的表現，除了極少數例外，全都是如此。人們以為只有面臨窮途末路的凶險情勢，才會引發這種極端的恐懼，但事實上，一些微不足道的原因，如一張亂寫一通的無署名紙條、一個警告的字眼或神情，或者一通陌生人打來的電話，就足以令他們失魂落魄、忙不迭地丟下工作」。[30]

羅旭龢說，這場騷動背後的主謀，是廣州政府和罷工委員會的宣傳機器。受資助的報紙如《中國新聞報》「散播布爾什維克思想，還不時攻擊商人和統治階級，而大多數攻擊都是很隱晦的」。這份報紙最終「因為在皇上〔喬治五世〕的生辰前夕嘲笑他，越過了容忍的底線」。才幾個禮拜之前，該報刊登了一篇「惡言毀謗文章」，稱英皇為「大鬼」，港督司徒拔為「小鬼」。[31] 不久，由於「我們的敵人散播荒誕不實的謠言」，連中產階級華人（尤其是婦孺）都「簡直是爭先恐後地」登上開往廣州和澳門的客輪及火車。後來想要回來的人被罷工委員會僱用的糾察阻止；還有一些人遭到鞭打，或被迫在烈日下曝曬幾個小時。逃走用的舢舨被燒毀。一名婦女在深圳試圖越過邊界時被槍殺；另外幾個人淹死於河中。[32]

羅旭龢的報告中充斥著軍事比喻。「廣州事實上正與我們開戰，只不過所用的武器不是槍炮和毒氣。」羅旭龢一再稱呼廣州為「我們的敵人」，強調「必須有以待之」，並且香港需要一個華人志願組織，如發生另一場罷工等「緊急情況」時可以接手處理。他和周壽臣不同意實施宵禁，因為這只會證實發生縱火和暴力事件的謠言，引起更多恐慌，但羅旭龢建議應准許「忠心」和「守法」的華人攜帶武器，尤其是那些在後備警察隊和街坊自衛團服役的人。羅旭龢憶述，他和周壽臣曾請求港督下令軍隊定期列隊行軍及操演，他寫道：「〔這樣做〕最能產生穩定民心的效果，向敵人展示我們的真正實力，並令我們的朋友相信此地兵強馬壯，足資保護他們。」何甘棠領導的香港聖約翰救傷隊，其制服與義勇軍軍服相似，志願的救傷隊隊員為免被群眾嘲弄，要求改變制服式樣，但羅旭龢和周壽臣不允，他們正希望魚目混珠，令人覺得義勇軍人數比實際為多，尤其是「在人們擔心遭受入侵的時期」。[33]

---

30. Kotewall's report, pp. 431–432.
31. Ibid., p. 433。中國人常以「鬼」來稱呼外國人，尤其是歐洲人，這在華南相當普遍。
32. Kotewall's report, pp. 433–434.
33. Ibid., pp. 434, 435, 439–440.

在羅旭龢和周壽臣眼中,大罷工引發香港華人社會最好和最壞的一面。他們尤其對於高中學生的作用感到不安。對羅旭龢來說,「邪惡的根源」很清楚:「香港華人教育似乎完全沒有應有的效果。」羅旭龢建議應更著重「儒家倫理,在中國它或許是對付布爾什維克學說流毒的最佳解毒劑,並且肯定是最強大的保守力量,也是導人向善的最大影響力。」他呼籲設立更多教導儒家學說的學校,他發覺,這種學校全香港只有一所(孔聖會中學),是兩年前由馮平山和其他商人創辦的。用於這些學校的花費將是「最佳的社會保障⋯⋯凡有華人學生的學校,都應悉心教授儒家學說,以及其對於處理現代民間社會環境的問題有何用處。」[34]

在羅旭龢看來,雖然大罷工激發了本地華人學生最惡劣的一面,但也帶出老一輩保守華人最美好的一面。有些人建議仿效「意大利模式」,成立「法西斯」組織。羅旭龢與周壽臣、華民政務司和助理輔政司討論過這個想法,全部人都反對,因為他們肯定英國政府不會批准,而且羅旭龢「從這個意大利組織的歷史」得知,「如果它一旦坐大,就會尾大不掉,成為社會禍害」。不過,此事令羅旭龢印象很深,他還說:「倡議此事的人,大多屬於舊日中國士人階層,這個有趣事實證明,此階層華人對公共事務的興趣及其自立自強能力均有所增長,而這些是他們從前付之闕如的。」[35]

反宣傳

為了應付大罷工,羅旭龢和周壽臣等「忠心華人」策劃猛烈的宣傳戰,他們很快就建議政府成立反宣傳機關,在各大街道張貼海報呼籲民眾對抗罷工者,又向華人派發傳單。聖保羅女書院和聖士提反女子中學的學生協助製作海報。宣傳是以諸如治安維持會等虛構組織的名義發出,或者不署名。[36]

反宣傳局也協調以海外華人為對象的宣傳。「五卅慘案」激發海外華人間的愛國情緒,他們捐款支持上海和廣州的罷工者。羅旭龢和周壽臣為了抗衡,向北美、澳洲和東南亞華人社區派發傳單及反宣傳報章《工商日報》。這些宣傳材料「經過一段時間產生影響」後,羅、周二人與華商總會、廿四商行聯合會和東華醫院董事局聯名向海外華人發電報:

---

34. Ibid., pp. 455–456.
35. Ibid., p. 458.
36. Ibid., pp. 455, 444–448.

查廣州此次風潮，以致省港百業凋敗，工商受害，實由廣州政府屬
行其赤俄政策。現其所有海陸軍權，概歸俄人主管。目下擬實行
共產制，並行土木屋宇捐，種種殃民虐政，全省騷然。若不早為挽
救，則赤毒愈流愈猛，波及全國，更難收拾。敝同人等目睹慘狀，
誠恐遠道未明真相，用特通電陳述，俾眾週知，幸勿受其煽惑，無
任切盼。香港華商總會、香港東華醫院、香港廿四商行聯合會，同
叩。[37]

宣傳也針對香港、華南甚至英國的歐籍人。南華商務傳佈所（Publicity
Bureau for South China）復刊 Daily News，這份報紙於第一次世界大戰期間創
刊，當時是為刊載有關戰爭的消息。羅旭龢和周壽臣建議在英國廣作宣傳，
以消除省港大罷工是純粹工人罷工的形象，羅旭龢強調這種形象「本來就不
應任由它滋長」。同時，羅、周二人小心翼翼不直接把蘇聯牽扯進來。英國政
府最初對這種宣傳工作甚有顧慮，擔心任何反布爾什維克宣傳都會被人視為
反蘇宣傳，因而違反英國和蘇聯簽定的條約。1926 年 3 月，金文泰向艾默理
保證，港府不會做違反條約之事，他寫道：「〔我〕確信現時繼續這兩項工作
〔Daily News 和《工商日報》〕十分重要，而以持平態度觀之，它們沒有任何內
容違反英國政府向俄國許下的承諾。」[38]

工業維持會

1925 年 7 月初，香港政府根據羅旭龢和周壽臣的建議成立秘密組織，保
護工人不受威嚇者裹脅，並反擊這些威嚇者。如同羅旭龢所說，「各階層華人
只要直接受人威脅，或者聽到四處流傳的謠言，就很容易驚惶失措」，為抗衡
這種情況，有必要設立這種組織。由於「最好的防守是進攻，這種組織必須
令威嚇者心驚膽喪，他們其實與受他們脅迫的人一樣怯懦」。但是，這個組織
應由誰來主持？7 月 5 日，這個問題有了答案，東華醫院董事局主席馬敘朝引
薦梁永樂為港府效力，梁永樂曾是陳炯明所部粵軍的將領，也當過海盜。羅
旭龢、周壽臣和李右泉向梁永樂面試，之後推薦給港督、輔政司和華民政務
司。所有人都給予批准，工業維持會於焉成立。司徒拔在 7 月 10 日的機密公
文中向艾默里解釋：「我們正嘗試組建一支小規模的華人特別警察隊，負責指
揮的人當過海盜，又曾是陳炯明軍隊的將軍，他保證部下都是勇武之人，足

37. Ibid., p. 447。亦收入 CO 129/489, September 4, 1925, Stubbs to Colonial Office, p. 167。
38. 關於 Daily News 復刊，見 CO 129/490, September 3, 1926, Clementi to Amery, pp. 125–126。

以阻遏威嚇者。」兩個禮拜後，司徒拔報告説：「將軍（梁永燊）既有意志也有能力組織反制措施，政府深慶得人。」梁永燊「從其族人和軍隊舊部」中選出一百名特別警察和五十名偵緝員「由他指揮」，而「他們奉命全力逮捕威嚇者和參與政治活動的人」。如同司徒拔進一步解釋，工業維持會很成功。他寫道：「現在人們知道有這個組織存在，而且認真實幹，結果威嚇者不再活動，這些人和他們的其他同胞一樣膽小。」[39]

　　整個工業維持會都神秘莫測，其組織、成員和運作均秘而不宣。雖然它有逾一百五十名成員，但報章和政府刊物從沒提及它；而儘管公眾不知道它的成員是什麼人，或有多少人，不過，大家都知道有這個組織。該會常用的伎倆，是派人到街上和其他公眾地方演講，再由梁永燊的手下假扮成工人，充當聽眾。工業維持會的「員工」和他們之前的經歷，令倫敦官員甚感疑慮，但羅旭龢和周壽臣卻不以為意。羅旭龢後來強調，為了令威嚇者震懾，人員必須是「驍悍勇武之輩——這種特質在當時的華人中十分罕有」。鑒於中國政局混亂，這些人可能有過「略為鋌而走險的經歷，但這無礙於我們的目的，所以並非不予錄用的必要原因。擔任這項危險工作的我方人員，為我們辦事時誠然必須正大光明，但不應要求他們證明自己從小到大都是溫良恭儉讓之人」。該會的詭秘性質十分關鍵。會內成員是什麼人或有多少人，公眾從來無從得知，他們見到「諜蹤處處」。羅旭龢説本地華人「很容易受驚嚇，而事實證明，令其安心也同樣容易。我們應吸取的教訓是：在他們面臨不明的恐怖事物時，我們不能不給予支持。」有了特別後備警察隊和工業維持會，正規警察和更練就更兢兢業業。羅旭龢説：「換言之，這些『前海盜』樹立的榜樣，令正規警察和更練為之汗顏，因而更戮力任事。」司徒拔和羅旭龢一樣，對於梁永燊和工業維持會深懷熱情。10月，他寫道，即使現在已不再那麼頻繁需要他們的服務，但梁永燊及其手下仍然「工作出色」。[40]

《工商日報》

　　省港大罷工也成為香港報業史上的關鍵時刻。創立於1925年中期、負責反宣傳的《工商日報》，是港府打宣傳戰的利器。這份得到殖民地政府補助的報紙，是由羅旭龢和周壽臣構想及創辦的。《工商日報》由本地律師洪興錦經

---

39. Kotewall's report, p. 442, CO 129/488, July 10, 1925, Stubbs to Amery: p. 582, and July 24, 1925, p. 647.

40. Kotewall's report, pp. 442–443; Stubbs to Amery: CO 129/488, July 24, 1925, p. 647, and CO 129/489, October 2, 1925, p. 249.

營，他聘用其他華人為報紙寫稿、編輯和校對，並留意來自廣州和海外的外電。[41] 港府明顯很需要一份這樣的報紙。如同羅旭龢憶述，大罷工爆發後不久，大部分本地華文報章要不是反政府，就是「起碼不敢刊登我們所要的東西」。即使到了 1926 年 9 月時，金文泰還說有些以英文刊印的廣州報章繼續「充斥反英的惡意中傷。我建議的宣傳工作，目的是嚴格以真相為依歸，不偏不倚地報導正確消息，並且公正地闡述英國的目標和行動。」[42]

《工商日報》是宣傳工具，作用是安定民心，離間罷工者，並令讀者相信罷工快將完結。該報闢設專欄，每天列出離港和返港人數。離開者數目不久就下降，返回者數目則增加。這份報紙描述了罷工期間香港生活的一片美好景象，並且寄送給一直支持廣州罷工者的美國和澳洲海外華人。

呈現於《工商日報》版面的廣州一片混亂，與太平安寧的香港恰成對比。該報報導的順序是先廣州新聞，後才是本地新聞，前者以較大的字體使之更醒目，標題字特別大，並用圓圈和其他標誌物凸顯。廣州新聞的第一部分通常集中刊載政治和軍事動態，第二部分則報導罷工情況。1926 年 5 月的文章涵蓋工人動亂和罷工在廣州引起的混亂，強調當地工人運動的衝突。5 月 7 日的社論則批評俄國人在廣州的活動和影響。其他報章報導國民黨與中國共產黨之間的鬥爭，夾雜鬥殺和其他秘密活動的消息。5 月 8 日的社論惋惜辛亥革命過了十五年，中國仍然動盪混亂。編輯慨歎：「政治未修明，教育未普及，實業未發達，科學未昌盛⋯⋯舉國是兵，滿地是盜。年年有戰役，時時有殺劫。人滿為災。」[43] 香港新聞通常放在報紙的最後部分，排在婦女版之後。第一部分包括重要消息：罷工以及如搶掠、破壞等罪行的細節。第二部分主要報導新聞價值較小的事項：童軍活動，小孩被狗咬，失蹤人口，以及本地社會公告。不過，即使第一部分也常用於瑣碎小事：彌敦道的樹為什麼砍下，路人被建築工地棚架掉落的竹子砸中，或者魯莽駕駛的司機被罰款。

《工商日報》的編輯總是很小心強調，反對罷工與中國愛國主義或民族主義無關。他們嘗試顯示華南的混亂動盪，主要是共產黨人煽動所致。1926年 6 月的文章揭露中國共產黨壓迫廣州機器工會的工人，機器工會成員之前在罷工中十分活躍。6 月 16 日的文章報導新會縣一所中學的學生，在反抗共

---

41. 李家園：《香港報業雜談》（香港：三聯書店〔香港〕有限公司，1989），頁 67；林鈴：〈我所知道的香港《工商日報》〉，《廣東文史資料》，第五十一輯（1987）：頁 105–111。

42. Kotewall's report, p. 444; Clementi to Amery: CO 129/498, September 3, 1926, p. 125.

43. 關於「勞工衝突」，見《工商日報》，1926 年 5 月 4 日，第一張第三頁；關於「蘇俄影響」，見1926 年 5 月 7 日，第一張第二至三頁；關於「鬥殺」，見 1926 年 5 月 5 日，第一張第三頁；關於「中國仍混亂」，見 1926 年 5 月 8 日，第一張第二頁。

產黨人嘗試壓迫其他學生加入共產黨時，與共產黨學生打鬥。在這次混亂的毆鬥中有超過三十名學生受傷。同日的另一則文章說，離港赴穗的罷工工人涉及眾多不法活動，主要是搶掠和打劫商店，但是，獲得廣州政府支持的罷工組織者勢力很大，廣州報章都不敢報導這些活動。其他文章說廣州政府暗中參與罷工：警察縱容工人搶掠。該報除了刊登本地華資和外資企業的廣告外，還刊登邊界彼方中國企業的廣告。上海中南煙公司呼籲所有「愛國志士」抽它的「愛國煙王」薛仁貴（Sih Zung Kwei）牌香煙。在一則素食產品廣告中，寧波的天一公司宣稱購買它的產品有利國民和僑民。[44]

《工商日報》的創辦顯示香港大眾讀者怎樣獲得消息，以及省港大罷工期間香港的公眾輿論和意見如何形成。它也代表在殖民地政府和其「忠心華人」子民協調配合下，香港資產階級公共領域出現的結構性轉變。雖然《工商日報》初時發展緩慢，又缺乏資源，但用羅旭龢的話說，它結果成為「最佳宣傳利器」，並且「從創刊之日起就表現出色」。儘管有匿名人士威脅要對該報編輯不利，但《工商日報》很快成功鼓舞了其他香港華文報章復刊。1926年10月，創辦不久的《華僑日報》恢復出版。不久幾乎所有其他華文報章都隨之復業，並且如羅旭龢所說，這些報章都是「反赤的」。但是，羅旭龢擔心有兩份華文報章可能「受俄國利誘而轉向」，強調須要繼續宣傳工作：「我們的敵人過去不停攻擊我們，將來仍會如此，並試圖收買我們的一些華文報章。」《工商日報》非常成功，所以金文泰建議，宣傳工作集中由這份報紙和南華商務傳佈所的 Daily News 負責。罷工結束後，羅旭龢、周壽臣和其他商人把《工商日報》變成長期經營的報紙。[45]

中間人與顧問

羅旭龢和周壽臣不但協調了政府的反罷工活動，還擔當廣州政府和香港政府之間的中間人。1926年3月初，蔣介石與汪精衛的國民黨左派開始交惡，汪精衛要求周、羅二人到澳門，與廣州政府外交部特派交涉員傅秉常見面。這是自大罷工開始以來，廣州方面首次主動開啟談判，所以金文泰欣然

---

44. 關於「中共壓迫工人」，見《工商日報》，1926年6月12日，第一張第三頁，1926年6月16日，第一張第三頁；關於「學生打鬥」，見1926年6月16日，第一張第三頁；關於「罷工工人的非法活動」，1926年6月16日，第一張第三頁；關於「廣州政府的參與」，見1926年6月16日，第一張第三頁；關於「中南煙公司廣告」，見1926年12月21日，第三張第三頁；關於「天一公司廣告」，見1926年6月19日，頁碼不詳。

45. Kotewall's report, p. 446; Clementi to Amery: CO 129/498, September 3, 1926, p. 125.

同意。3月2日和3日，傅秉常傳話說汪精衛有意結束罷工，由於有四萬多名失業工人和家人從香港去到廣州，這場罷工已令廣州損失慘重，並帶來諸多問題。三人甚至討論到「用錢打發」罷工者的構想。[46]

周壽臣、羅旭龢和傅秉常在澳門會面時，逐條逐項討論罷工委員會的要求。有些問題是周、羅二人無法解答的。傅秉常質問，為什麼國民黨可以在倫敦、利物浦、巴黎和紐約設立分部，但在香港，國民黨和其他中國政治組織卻是非法的。傅秉常提及港府禁止政治宣傳的問題（罷工者要求「出版自由」），周、羅也無法回答。但對於大部分其他要求，周、羅都為港府的政策申辯。傅秉常問到中國印製的學校課本問題（「教育自由」的要求）時，他們解釋所有教科書，不管何地出版，都須由教育司署核准。傅秉常問到《山頂區保留條例》（罷工委員會要求「居住自由」），周、羅二人為之辯解：「我們說，該法例規定所有人，不論種族或國籍，若想在山頂居住都須申請，而且我們個人對於該現有法例是難以非議的，因為它完全是出於經濟原因，而與種族無關。」

對於罷工委員會要求「舉行愛國運動的自由」，周壽臣和羅旭龢的回應是：廣州的遊行示威也須得警察批准。傅秉常問香港的工會為何遭到取締時，周、羅答道，他們沒聽說有這樣的事，但許多工會關門是因無力支付租金。周、羅又不同意傅秉常指控香港法律對待華人不公，他們強調法律「對所有居民一視同仁，無分種族或國籍」。他們說，被驅逐出境的華人遠多於非華人，僅僅是因為華人佔香港人口百分之九十五。被追問定例局內華人代議權之事時，兩人的答覆是：「香港政府對於其居民提出的陳情交涉一向願意考慮，但顯然不容許外人干涉內部事務或內部政治體制。」

周壽臣和羅旭龢同意香港仍然有童工和工作環境不佳的問題，但他們援引1922年的《兒童勞工條例》，反問廣州政府有否可與之相比的措施。至於罷工委員會擔憂復職工人會被秋後算賬，周、羅向傅秉常保證，曾參與罷工的人復職後，不會因為一些「站不住腳的理由」而遭解僱。至於被囚禁的威嚇者，不能簡單地將他們釋放，但那些被當作遊民拘捕的罷工者可能獲釋。關於就業歧視問題，周、羅聲稱，英籍華人所受的對待與英籍的非華裔人士（傅秉常曾問及德國人和葡萄牙人）並無二致。至於罷工委員會要求中國貨幣可以在香港流通使用，周、羅二人則寸步不讓，強調這完全是經濟問題。[47]

---

46. Diary Letters, March 8, 1926, Clementi to Amery, box 1, file 4, ff. 37–73, and translation of Wang Jingwei's letter, box 1, file 4, f. 49; Diary Letters, March 5, 1926, copy of Chow and Kotewall's confidential report to Hallifax, box 1, file 3, pp. 50–72.

47. Copy of Chow and Kotewall's confidential report to Hallifax, ff. 50–72.

雖然沒有日後再舉行談判的計劃，但周壽臣和羅旭龢認為他們的任務沒有失敗。傅秉常對「香港的態度很友好」，而汪精衛（「就算不是連廣州政府也一樣」）現在似乎「真誠盼望解決事件」。廣州政府似乎並非「日暮途窮，也不是在擔憂什麼迫在眉睫的內部威脅」。不過，兩人呼籲繼續保持警覺：「我們應小心保持尊嚴和威望，但不應重複在罷工剛發生時一些重要英籍居民所犯的錯誤，就是小覷敵人的實力，或太過指望於對方很快會出現內部分歧，從而解決我們的困難……我們無須因此犧牲尊嚴或物質利益。」[48]

周壽臣和羅旭龢還就如何防止罷工惡化積極向政府提出意見。政府聽取了他們的建議，於1925年6月22日承諾，回港工人若因工傷亡，或被威嚇者傷害或殺死，會向其家屬提供二千港元撫卹金。同一天，政府又宣佈，任何人如能提供消息以助拘捕煽動者和威嚇者，可得賞金二百五十元。如我們之前所見，周、羅勸說政府下令軍隊定期在街上行軍和操演，以炫耀兵威。他們還要求實行其他保安措施，包括搜查行人和駕駛者是否藏有武器及炸彈，警察搜捕掃蕩壞分子，保護水塘和其他水源。周、羅促請政府盡量維持香港如常運作。他們強調，茶樓和中國戲院這類「消遣娛樂場地」保持開放十分重要。政府也應鼓勵劇團留在香港，「就算或須採取非正式的政府介入手段也在所不惜」。兩人沒有明言這種政府介入手段是什麼，但他們強調：「在群情恐慌和緊張的時期，慣常的休閒娛樂能大大安定民心，所以都應維持。」[49]

偶爾，周壽臣和羅旭龢甚至直接批評港府政策。廣州政府爆發內部派系鬥爭，迫使中國政客和他們的親人到香港避禍時，周、羅二人大力主張把他們遣返中國：「英國歷來奉行自由開明的政策，令香港成為中國政客南來避難的城市，忠心華人認為，現在是時候修改這種政策。」像幾十年前香港對待康有為和孫中山那樣，為政治異見分子給予庇護，這是一回事。「但是，如果整個政黨都公然敵視並嘗試摧毀我們，我們仍向該黨某個被另一派排擠而無法參與政治分贓的派系給予庇護，那就愚不可及。這種仁慈不會贏得感激，只會招人輕視，我們應清晰表明，以後不會庇護那些曾與我們為敵的人。」[50]

---

48. Chow and Kotewall's report to Hallifax, ff. 50–72.
49. Kotewall's report, pp. 439–441, 458–459.
50. Ibid., p. 460.

華人援手

　　身為定例局非官守議員，周壽臣和羅旭龢地位特殊，尤其有責任協助香港渡過罷工的難關。他們致力維持秩序，而其他華人商界領袖在不同層面的工作，也可與他們媲美。羅旭龢在報告中指出，華人名流在大罷工期間施以援手。當罷工令食物價格飛漲，東華醫院總理開設食物攤，低價售賣糧食。東華主席馬敍朝親自幫忙管理食物攤。曹善允則在設於大會堂的辦事處，協調工業維持會的招工工作，招募義工填補罷工者的空缺。罷工爆發後僅三天，曹善允就召集了超過五百名華人義工；三周後更招得三千人，大出洋人意料之外。曹善允也組織一支華人特別警察隊和自衛團對抗恐嚇。當警察司建議成立後備警察，曹善允奉命組織華人後備警察隊，並擔任後備警察榮譽總監。另一名「忠心華人」協助政府審查電報、郵件和報章。另外有許多華人加入新成立的香港義勇防衛軍（Hong Kong Volunteer Defence Corps）。羅旭龢在報告中說，這向敵人展現一種「令他們感到出乎意料的精神，並且大大提高了全體華人社會的士氣」。羅旭龢說，沒有更多華人參加義勇防衛軍的唯一原因，是他們已成立自己的特別後備警察隊，這隊警察由華僑保險業鉅子黃炳耀領導。東方匯理銀行香港分行買辦郭贊就是這些後備警察的一員。許多華人加入義務消防隊。何甘棠指揮聖約翰救傷隊華人分隊的義工。[51] 另一些華人成立街坊委員會和街坊自衛團巡邏自己的社區，更練則協助維持秩序、調停糾紛，並防止有人恐嚇威脅。事實上，殖民地政府幾乎無須擔心華人公務員會叛變或顛覆。1925 年 9 月，警察司活侯士（P. P. J. Wodehouse）讚揚警隊華人表現卓越和忠誠。為殖民地政府效力的一百零五名華人文員、電話接線生和通譯中，只有一人離開崗位，而三百三十五名警察中只有七人棄職。至於水警和駐守新界邊境的華人警探，據說情況也大致相同。[52]

---

51. Ibid., pp. 435–439。關於「曹善允在大罷工期間的活動」，也見吳醒濂編著：《香港華人名人史略》（香港：五洲出版社，1937），頁 8–11。另見陳大同編：《百年商業》（香港：光明文化事業公司，1941），頁碼不詳；及吳醒濂：《香港華人名人史略》，頁 32。關於「郭贊，後備警察」，見陳大同等編：《香港華僑團體總覽》（香港：國際出版社，1947），頁碼不詳；吳醒濂：《香港華人名人史略》，頁 62。關於「義務消防隊」，見 Kotewall's report, p. 439。

52. CO 129/489, September 10, 1925, Wodehouse to Colonial Secretary, pp. 193–196.

政府嘉許

香港安然渡過了大罷工，提供協助的華人資產階級功不可沒，其領袖因而獲殖民地政府特別讚許。司徒拔在1925年6月底發給艾默里的電報中說，「負責可靠的華人」始終「大力協助」。在9月發給艾默里的機密公文中，司徒拔又欣然報告：「廣州粵人愈來愈敵視布爾什維克統治，這種敵視態度是香港華商所竭力助長的。」[53] 其後在10月，司徒拔向艾默里強調本地華商尤其是周壽臣和羅旭龢的勛勞：「恐慌最初發生之際，華人猶如受驚的羊群，他們馬上挺身而出，喚醒同胞的羞愧心，迫使他們拿出一點稍能示於人前的勇氣。儘管每天都接到匿名信，威脅會以暴力對待或殺害他們，廣州懸出賞格取他們的首級，但他們仍不懈工作，首先召集少數勇武之士，這些人又召喚了更多同伴，在很短時間內，全體華人社會都把恐懼拋諸腦後。」[54] 每當有中國的將領和政客前來香港要求提供協助和金錢，儘管羅旭龢和周壽臣個人認為供應槍炮及金錢是結束罷工的最佳方法，但還是會向他們解釋香港奉行不干預政策。

華民政務司卓文在1925年呈交倫敦的報告中談到這場「瘋狂暴動」，他說：「此重大危機當前，本殖民地華人知識階層展現忠誠和團結的不凡精神，在本年將盡之際，若不特別對此記下一筆，實在說不過去。」早在政府求援之前，華人已經伸出援手，政府招募志願人員審查郵件、報章和電報，以及協助維持治安，一直十分順利——即使這些志願人員受到無數的死亡威脅，在廣州「馬上被人辱罵」是英帝國主義者的「走狗」。卓文讚揚團防局「盡忠建言和協助」，該局繼續「對政府有極大幫助」。全賴殖民地內的忠心華人，擊退了「莫斯科—廣州的攻擊」。這是「這場運動的轉捩點」。[55]

代表港府和華人資產階級的羅旭龢，在報告中談到治安和秩序何以能夠維持：全賴「幾乎全體外籍人社會，以及高等、中等階層華人與政府」同心協力，以及「政府與華人代表之間的緊密合作」。罷工爆發前約十天，定例局華人非官守議員與卓文和符烈槎定期會面，希望阻止罷工發生。雖然不成功，但至少能夠令政府做好應付罷工的準備。華商總會和香港總商會會面「交換意見和消息」。最重要的是，華商「向其華人同胞澄清事實」的努力和能力，因為華人雖然「理性和精明」，但卻「不明事理，不懂得如何思考」。這些華商

---

53. CO 129/488, June 26, 1925, telegram, Stubbs to Amery, p. 455; CO 129/489, September 18, 1925, Stubbs to Amery, p. 212.

54. CO 129/489, October 30, 1925, Stubbs to Amery, p. 428.

55. Tratman's report, Appendix C, pp. 1–6.

使華人的混沌無知不至於演變為「反英情緒」。他們也與其他團體的華人保持聯繫。「以這種方式向這些人灌輸公民自豪感和公民責任的同時，也一直接觸華人大眾的意見」。羅旭龢擬定了一張名單，列出曾出力相助的「忠心華人」商人，英國政府嘉獎了當中一些人，表揚他們的功勞。

1926年，周壽臣獲委任為議政局首名華人議員，顯示他向政府表忠輸誠十分成功。這是意義重大的一著，旨在向香港和廣州的罷工者顯示港府願意妥協，也代表本地政策的重大轉變。約五十年前，殖民地大臣里彭勳爵（Lord Ripon）向港督威廉‧羅便臣（William Robinson）解釋何以這種措施是不可避免的：「若規定禁止委任女王的華人子民為議政局議員，會招人怨恨而且並不公平，因此，今後是否可能任命華人紳士充當此職，這點必須加以考慮。」[56] 但是，1895年8月，羅便臣向殖民地大臣張伯倫說：「尋找合適華人紳士加入議政局，即使非全不可能，也極為困難。純種華人不會也不可能成為有獨立見解的議員，我不認為能夠覓得這樣的人。」另一方面，像何啟那種「英國化的華人代表」，不會「獲得華人信任……華人不認識代議政制的概念；那是他們不會也不能了解的事情」。[57] 儘管張伯倫訓令羅便臣增加兩名非官守議員，「無須考慮該人選的特定階級或種族」，但直至1926年才有華人獲委任為議政局議員。[58] 不過，這次金文泰在說服殖民地部某些官員相信他的建議是明智之舉時，卻遇到了麻煩。

所以，到了1926年殖民地政府終於認為有些華人勝任高層管治工作。金文泰列舉了一些任命華人的弊處，但他小心翼翼地指出，這些弊處周壽臣全都沒有。華人議員可能「更容易泄漏消息」，此外，他們「給予意見，或許較可能受個人動機左右」，這是由於「華人性格使然，對於這些事情持有不同的態度」。但金文泰承認，這些問題在以往沒有華人議員時也曾發生。有了華人議員後，「議員利用議政局內取得的消息以遂私利的風險更大」。最後，「討論關乎種族的事情時，會較難暢所欲言」。但金文泰說，依他之見，與「最優秀的華人」共事時，總是有可能「各抒己見討論種族問題」。結論是利大於弊：「在未來的歲月裡，香港始終會繼續出現地位崇高的忠心華人，而展現對他們的信任，就是鼓勵他們效忠我們的顯然之道。」這種任命會「清晰證明本政府有意制訂政策，與香港華人領袖緊密合作，並且或許還能達到一個結果，就

56. CO 129/263, August 23, 1894, Ripon to Robinson, 重印於 Steve Tsang, ed., *Government and Politics: A Documentary History of Hong Kong* (Hong Kong: Hong Kong University Press, 1995), p. 109.

57. CO 129/268, Robinson to Chamberlain, August 16, 1895, 重印於 Tsang, *Government and Politics*, p. 109.

58. CO 129/74, Chamberlain to Robinson, May 29, 1896, 重印於 Tsang, *Government and Politics*, p. 110.

是阻止華人提出選舉定例局代表的要求（這要求不可能獲得批准）」。[59] 周壽臣擔任議政局議員至1936年，羅旭龢繼他之後擔任這個席位，直至1941年日軍入侵香港為止。

持續的威脅

到了1926年10月，經過了多輪談判，以及廣州方面看似沒完沒了的政治擺盪之後，大罷工終於結束。如同金文泰在年度報告中說：「人們抱持冷靜的樂觀情緒；本殖民地仍未擺脫困境，不過，我們受布爾什維克鼓動的敵人，雖然費盡心機，但仍無法摧毀香港的貿易。」[60] 香港經濟最終恢復元氣，但與廣州的關係仍然緊張。在蔣介石發動北伐前的混亂中，香港再次成為反英攻擊的目標。1927年3月底，金文泰報告說，廣州派出四名槍手來港，打算行刺他、華民政務司夏理德、周壽臣、羅旭龢和其他「忠心華人」，並炸毀工業維持會。[61]「在工運極端分子的煽動下」，準備來港的殺手在廣州一次秘密會議中，以抽籤方式各自抽出暗殺目標的照片。炸藥已分批運到香港。警察詳細搜查賓館，但一無所獲，儘管工業維持會3月22日報告有一名殺手抵達了香港，但行蹤不明。金文泰寫道：「局內華人議員認為應慎重對待此報告。」有關上海的政治暗殺，以及南京的英國、美國和日本領事受襲的報告，是「現今中國狂熱主義將如何發展的指標」。[62]

金文泰這個時期的報告，反映出對於中國的暴力和混亂會蔓延到香港的恐懼。在3月31日刊登於香港主要英文和華文報章的聲明中，英國政府感謝華人社會領袖和「港中人士」在此殖民地處於「困難境地」時的堅忍不拔。它還保證，在「際此中國不幸，內爭劇烈」之時，「英國政府」對於香港「自必以全力保護」，而且它「極為重視」香港，「並無捨棄香港之意」。[63] 並且在這整個時期，周壽臣、羅旭龢和華人資產階級其他成員，繼續協助保衛他們的香港，對抗他們眼中的布爾什維克威脅。

59. CO 129/493, June 24, 1926, telegram, Clementi to Amery, 重印於 Tsang, *Government and Politics*, p. 111.
60. Cecil Clementi, "Annual Report for 1926," in Hong Kong, *Administrative Report, 1926*, p. 2.
61. Diary Letters, March 26, 1927, Clementi to Amery, box 7, file 4, ff. 14–15; March 31, 1927, Clementi to Amery, box 7, file 4, ff. 100–102.
62. Diary Letters, March 31, 1927, Clementi to Amery, box 7, file 4, ff. 100–102.
63. Diary Letters, copy of Amery's message to Hong Kong community, box 7, file 4, ff. 92–94.

　　激發省港大罷工的五卅運動，標誌著英帝國主義在華勢力開始步向終結。[64] 但是，1920年代中國民族主義和社會主義運動的革命工作目標，迫使香港的殖民政治策略出現重要變化，周壽臣獲任命為議政局議員就是明證。從殖民地政府與華人資產階級領袖之間關係的角度看，後者在大罷工期間對政府的支持，是幾十年與外來政權合謀協作的顛峰。但是，這些華人領袖並非僅僅支持政府，而是發揮很積極主動的作用——協助政府與廣州當局談判，為政府提供意見，協助宣傳活動，並把這場罷工渲染為針對香港的布爾什維克陰謀，在此殖民地內不得民心。對資產階級領袖來說，打擊這場罷工，是為保全這個曾是傳說中的荒島、後經他們參與建設經營而有今天的殖民地，並維護他們共同塑造的新生活方式。同時，這些人利用這場大罷工向港府顯示自己是它的盟友，向它表示忠誠，並證明自己是香港華人。殖民地政府把香港華人視為來自廣州的渣滓的舊觀念已不再適用，就像香港是荒島的形象已不合時宜一樣。

---

64. Robert Bickers, *Britain in China: Community, Culture and Colonialism, 1900–1949* (Manchester: Manchester University Press, 1999), pp. 3–4.

第七章

滄海桑田：1941 開埠百周年

　　1941 年是香港開埠（即成為英國殖民地）一百年慶典，但這是很難令人有心情慶祝的一年。因為中國的主要城市已被日軍攻佔，英國又正與德國鏖戰，英、日之間的戰爭也迫在眉睫。由於 1937 年中國與日本開戰，大批中國難民湧入香港，單在 1938 年就來了五十多萬人，令原本已擁擠的居住環境更形惡劣。歐亞混血兒羅旭龢是代表華人的行政局非官守議員，他和其他人深知這種黯淡情況：香港已沒有閒情逸致慶祝或盡歡，尤其「半個世界正受炮火和炸彈蹂躪，另一半則在利劍的陰影籠罩下忐忑惶恐」。[1]

　　相較於 1891 年紀念香港開埠五十周年的金禧慶典，1941 年的慶典規模大大縮減，幾乎沒有任何慶祝活動。像樣的金禧慶典應有的內容，1891 年的慶典通通不缺：船舶張燈結綵，聖公會和天主教教堂舉行禮拜，維多利亞港的戰艦鳴放禮炮致敬，快活谷跑馬場舉行閱兵儀式，還有運動比賽，大會堂更舉辦公眾舞會，還有木球比賽和射擊比賽，慶祝活動的高潮是在德國會所舉行的音樂會。歷史悠久的大公司屈臣氏，剛巧也慶祝在香港成立五十周年，所以自行舉行表演活動。據《孖剌西報》報導，因為有「一大群華人聚集在一起欣賞盛況」，皇后大道有多個鐘頭擠得水洩不通，路為之塞。然而，1941年的百周年慶典，則僅限於幾份報章出版了增刊和紀念特刊。以英文出版的《香港開埠百年紀念講話錄》（*Hong Kong Centenary Commemorative Talks*）是電台演講輯錄，本地中文出版社則出版了《百年商業》。《香港百年史》原本打

---

1. Robert Kotewall, "Anglo-Chinese Co-operation—Past, Present & Future," in *Hong Kong Centenary Commemorative Talks, 1841–1941* (Hong Kong: World News Service, 1941), p. 30. Originally published in China Mail, *Hong Kong Centenary Number*, January 20, 1941, pp. 2–18.

算在1941年出版，後來內容有所修訂，以涵蓋二次大戰的日佔時期，並延至1948年才付梓。這三本特刊全都描述香港在短短一百年之間，從「荒島」或「不毛之地」奇跡似的蛻變為繁華都市。[2]

本書之前各章顯示，香港的殖民統治如何留下了空間，令上層華人得以施展。本章探討這些人如何利用**歷史**來凸顯自己的香港華人身份。雖然周年紀念通常會有的那些精心策劃的儀式，1941年香港開埠百年紀念一概付諸闕如，但它也不只是回顧過去的方式。[3]它還嘗試闡明以下幾點：建立在香港經濟成就之上的集體身份認同，香港在大英帝國之中的位置，以及香港為建設現代中國所起的作用——而這些全是華人、英國人和其他群體在這一百年通力合作的成果。香港華人也趁著開埠百年紀念這個時機，挪用殖民當局的官方版香港史論述來凸顯自己的身份。他們把香港「真正」歷史的起源，追溯至香港成為英國殖民地的1841年，從而將香港的歷史發展，放到一條與他們密不可分的軌跡上。他們強調香港的商業發展，以此強調自己在這過程中的作用。他們把香港的發展與進步跟中國大陸相對比，從而強調自己的獨特性。此外，殖民歷史忽視華人對於香港歷史發展和經濟成就的貢獻，開埠百年紀念是挑戰這種歷史的手段。

一個百年紀念，眾多行動者和目標

1941年的香港和1891年時迥然不同。現在，這個殖民地處於英國、中國和日本這三個帝國的邊緣，風雨飄搖。台灣在1895年成為日本殖民地後，拿著日本護照的台灣華商加入本地華人商界，而從1930年代初起，日本商人就對香港經濟產生了巨大影響力。但1941年，日本政府勸喻在港日僑如無要事，最好盡早離港回國，這是不祥之兆。[4]

2. "The Jubilee Celebrations," in Hong Kong Daily Press, *Fifty Years of Progress: The Jubilee of Hongkong as a British Crown Colony, Being an Historical Sketch to Which Is Added an Account of the Celebrations of 21st to 24th January, 1891* (Hong Kong: Hong Kong Daily Press, 1891), pp. 32–42; *China Mail*, January 10–26, 1891。關於「一大群華人」，見 "Jubilee Celebrations," p. 41。關於「1941年百周年紀念」，見陳大同編：《百年商業》（香港：光明文化事業公司，1941）；黎晉偉主編：《香港百年史》（香港：南中編譯出版社，1948）。

3. 關於「紀念活動」，見 John Bodnar, *Remaking America: Public Memory, Commemoration, and Patriotism in the Twentieth Century* (Princeton: Princeton University Press, 1991)；John R. Gillis, ed., *Commemorations: The Politics of National Identity* (Princeton: Princeton University Press, 1994); 及 William M. Johnston, *Celebrations: The Cult of Anniversaries in Europe and the United States Today* (New Brunswick, NJ: Transaction, 1991)。

4. 關禮雄：《日佔時期的香港》（香港：三聯書店〔香港〕有限公司，1993），頁9–10、11。

　　自日本侵略中國起，香港政府就陷入左右為難的窘境，它同情國民政府統治的中國，不願彈壓支援中國抗戰的活動，以免開罪華人子民；但它也不能得罪日本政府或英國政府，因為1938年9月日軍攻佔廣州後，香港就宣佈中立。香港和所有英國殖民地一樣，都須為英國正參與的戰事出力，但它同時捲入了中國抗日戰爭，因為本地組織募款支持中國抗戰。同時，港府頒佈了一些條例保持香港中立——禁止公眾集會，並審查華文報章、傳單和海報。[5] 英國政府早知道香港無法固守，抵擋不住日軍入侵，但它也強調必須堅守這個殖民地，以維持威信和士氣，並且防止這裡的海港落入敵手。不過，港府在備戰禦敵方面，猶如挾山超海之難：大量中國難民來到，消耗了本港資源；而且香港是自由港，加上開放無阻的中港邊界，令它幾乎無法遏止日本人和親日分子的活動。[6]

　　這種岌岌可危的情勢引起英國政府、香港政府和本地華洋居民的注意。在戰時宣傳的時代，1941年的開埠百年紀念自然氣氛緊張，但從這些紀念書刊可以看到香港的不同群體如何利用這時機來達到不同目的。對港府官員和英國僑民來說，百周年紀念是驕矜自喜的場合。如同香港郵政司兼廣播委員會主席所說，這個「時機是為紀念一百年前，英國國旗首次在佔領角的旗桿上升起的那一天」。[7] 一份報紙文章宣稱，香港是「顯示英國高瞻遠矚、奮發進取和堅毅不屈的紀念碑……是難民的庇護所，是民主自由的標誌，並且是為在這些動盪和不確定的年代蹣跚跌倒的人指路的燈塔。」[8]

　　百周年紀念也是發起宣傳運動，為英國的戰事籌款和鼓舞士氣的機會。政府強調歐洲和中國的混亂，從而凸顯香港是大英帝國邊疆的堡壘。代督（署理港督）岳桐（E. F. Norton）敦促香港貢獻「百分之一百的人力、金錢和工業支援戰事」。他說，香港下一個世紀的「繁榮和偉大」，有賴英國打贏歐洲戰爭。[9] 滙豐銀行主席提醒市民，香港徵收的戰爭稅很低，所以可以為戰事貢獻更多。發生在中國的暴力和破壞事件，常常被拿來與香港的和平穩定相對照。羅旭龢寫道：「香港雖為彈丸之地，但在中英兩大民族抵抗侵略，及維持

5.　關於「中立」，見 Philip Snow, *The Fall of Hong Kong: Britain, China, and the Japanese Occupation* (New Haven, CT: Yale University Press, 2003), p. 29；G. B. Endacott, *Hong Kong Eclipse*, ed. Alan Birch (Hong Kong: Oxford University Press, 1978), p. 29；關禮雄：《日佔時期的香港》，頁24。

6.　Endacott, *Hong Kong Eclipse*, pp. 25, 63.

7.　E. I. Wynne-Jones, "One Hundred Years of Communications Facilities in Hong Kong," in *Commemorative Talks*, p. 35.

8.　"How Hong Kong Became a Colony," *South China Morning Post/Hong Kong Telegraph, Centenary Supplement*, January 25, 1941, p. 1.

9.　E. F. Norton, "A Hundred Years' Growth: The Development of Hong Kong," in *Commemorative Talks*, p. 24.

自由正義當中，形成一重要島嶼。」歐亞混血的律師兼行政局「華人」非官守
議員羅文錦問道：「我們是否確信自己全都竭盡所能，為英、中兩國的大業出
力？」簡言之，英國人與華人之間繼續合作，不但被認為對於香港未來舉足
輕重，而且對英國和中國的未來也很重要。[10]

對華人社會來說，開埠百周年紀念，是強調他們在香港和中國發展的作
用，並可趁機鼓吹支持抗日戰爭。《百年商業》出版者鄺湛銘在歎息二十世紀
前半葉的暴力和野蠻後提醒讀者：「歷史是一面晶瑩透明的鏡子；它永遠是秉
公正直不偏不倚⋯⋯請你切記你是黃帝的子孫。」香港被視為中英兩國合作
的重要橋樑，它的工商業發展，就是這座橋樑的支柱。「我們身居港地，瞭望
祖國，勝利的招手向我們歡呼。工商界的領袖們，祖國期待你——建設復興
我們的新中國。」開埠百年紀念也是向政府表忠的機會，羅旭龢就做了這樣
的事，「代表華人社會⋯⋯保證在一切有助促進其福祉的活動上，都會盡忠
和繼續合作。」

香港其他外僑利用這個時機，凸顯各自群體對於香港成功的功勞。1927
年成為首名葡萄牙裔立法局議員的布力架（J. P. Braga）述說自香港開埠起就身
在此地的「葡裔先鋒」。第一次世界大戰期間，葡裔居民積極加入後備警察，
藉以顯示忠誠，而有些人後來加入聖約翰救傷隊，並參與預備防空工作。[11]
當時還有少數帕西人留在香港，當中一位署名「老帕西居民」的匿名人士，介
紹香港的一些顯赫帕西商人，麼地（Hormasjee Naorojee Mody）是其中之一，
這位金融家、地主、地產商兼經紀，「全心全意促進本殖民地的福祉與繁榮，
竭盡所能，鞠躬盡瘁」。麼地在香港建樹和捐贈甚多，包括放置在皇后像廣場
的瑪麗皇后銅像（「是帕西人效忠和崇敬他們的皇帝與皇后的真正象徵」），
以及香港大學本部大樓，這所大學「培養了許多傑出的華人學者，他們正在
為振興中國提供可貴的服務」。不甘被遺忘的還有香港的「印裔先驅」——「愛
好和平和奉公守法的公民，主要從事貿易和工商業，與本殖民地的政府和其
他社群通力合作，使此殖民地的生活更豐盛富足」。[12]

---

10. 關於「低戰爭稅」，見 "Hong Kong Centenary Messages," in *Commemorative Talks*, p. 30；關於「維
　　持自由」，見〈各界名流對香港百年之觀感〉，載陳大同：《百年商業》，頁21；關於「竭盡所
　　能」，見 "Centenary Messages," p. 31。

11. 鄺湛銘：〈獻詞〉，載陳大同：《百年商業》，頁1–2；關於「保證盡忠」，見 "Centenary
　　Messages," p. 31；J. P. Braga, "Portuguese Pioneering: A Hundred Years of Hong Kong," in
　　Commemorative Talks, p. 54。

12. 關於「帕西商人」，見 "Hundred Years of Commercial Activities of Parsi Merchants in Hong Kong,"
　　in *Commemorative Talks*, pp. 99, 102, 105。關於「印裔先驅」，見 K. P. Vaida, "Indian Pioneers,"
　　in *Commemorative Talks*, p. 110；K. P. Vaida, "Pioneers," in *Centenary Number*, p. 54。

　　最後，歐資和華資公司將本身的歷史與香港歷史聯繫起來，從而利用開埠百年的時機宣傳貨品。屈臣氏大藥房像這個殖民地一樣，「1841年誕生於佔領角」，同樣經歷了「百年進步」。屈臣氏的前身名叫香港大藥房（Hong Kong Dispensary），初時只是家小藥房，後來發展為亞洲最大的藥商、酒商和汽水製造商。[13] 連卡佛（「現在和那時候一樣，是香港主要英資百貨公司」）對比它1850年剛創辦時，只是位於維多利亞港海濱一間以棚房搭建的小商店，到1941年已蛻變為屹立中環的多層百貨公司。先施公司是首家華資百貨公司，「努力不懈竭誠為本殖民地服務，並為它的商業進步出力」。其他本地華資公司強調它們致力協助中國國家建設和抗日戰爭。一家香港蚊香公司在廣告中標榜產品是完全國貨，儘管其工廠是設在香港島南邊的鴨脷洲。另一家本地公司的廣告則宣傳防空用品，例如防毒面具、鋼盔、鐵鏟和鋤頭、水壺、提燈和野餐用具。[14]

　　身份和記憶不單是關乎存在還是不存在，或者是為人記憶還是忘卻的問題；它們藉著某種方法來傳播和維持一套關於存在與記憶的清晰歷史。[15] 這些紀念刊物共同嘗試說明「我們是誰」和「我們應當是誰」。但是，紀念活動可以同時針對內部和外界。它們或許不只顯示某群體內的人的自我觀感，也反映他們希望其他人怎樣看待他們。這三本刊物究竟有多少讀者，我們無從稽考，但可以假設，幾家出版社的目標讀者包括身在香港、中國、海外華僑社群和英國的人。

香港：過去、現在與未來

　　紀念活動是在於利用時間來達到不同目標。這些文章有一個顯著主題，就是香港與其成為殖民地前的歷史截然分途。香港的「真正」歷史從1839年被英國人佔領開始，那時香港島還沒有正式成為英國殖民地。一份報紙的增刊說，十九世紀中葉之前，「香港沒有公認意義上的歷史」。因此，香港歷史

13. 陳大同：《百年商業》，頁37；*Centenary Number*, pp. 48–49; *Commemorative Talks*, pp. 56–57; *Centenary Supplement*, p. 3。另見 "A Century of Progress: A Brief History of Watson's from 1841 to 1941," in *Centenary Number*, p. 82。

14. 關於「棚房小商店」，見 *Commemorative Talks*, p. 37，以及 *Centenary Supplement*, p. 6；關於「第一家百貨公司」，見 *Centenary Number*, p. 71；關於「防空用品」，見陳大同：《百年商業》，頁4。

15. Jocelyn Létourneau, "The Current Great Narrative of Québecois Identity," in *Nations, Identities, Cultures*, ed. V. Y. Mudimbe (Durham, NC: Duke University Press, 1997), p. 61; Paul Connerton, *How Societies Remember* (Cambridge: Cambridge University Press, 1989), p. 1.

待到「中國與歐洲之間的商貿真正達到可觀規模」才發軔。在那本電台演講合輯中,代督岳桐一開始就説到,1841年的香港與1941年的香港判若天壤。[16]著名醫生李樹芬是立法局非官守華人議員,曾擔任孫中山私人醫生,他説慈禧太后同意割讓香港給英國的一個原因,是她認為香港是「蕞爾小島,在中國廣闊地輿之上,還不如蠅頭大小」。[17](其實清廷割讓香港時,後來人稱「老佛爺」的慈禧只有六歲,但這個故事十分生動。把老朽遲暮的慈禧與朝氣蓬勃的香港相對比,益發凸顯香港的獨特。)這種貶抑香港成為殖民地前的歷史的傾向,在中國方面的資料中尤其明顯,但它們並非像大部分英國資料那樣,完全不提香港的早期歷史,反而是頗為詳細論述這種早期歷史,但卻貶低其重要性。一篇文章在探討了香港英治時期前的歷史後,説英國佔領香港前,它是個幾乎杳無人跡的小島,只有少數漁村。這真正歷史成為香港的早期殖民史,而香港的未來是堅實地建立在這種基礎上的。[18]

同樣重要的是顯示香港的歷史是個蓬勃、持續的過程,與歐洲和中國的混亂及破壞恰成對比。這個殖民地常被比喻為活人:不斷在成長。布力架讚歎:「全賴早期拓荒者及其子孫的幹勁與決心」,香港「一一克服在出生之初、少年時代和成年早期所遇到的困難」。[19]對岳桐來説感到很佩服的是,即使在「多災多難的世界」,此殖民地仍然是「生氣勃勃、精力充沛和不斷成長的組織」。「即使在今天動盪的世界」,香港仍然日益繁榮,這表示「在大英帝國和中國現今遇到的麻煩圓滿解決後」,香港會更快速進步。行政局首名華人議員周壽臣是久居此殖民地的老居民,他説:「香港前面有美好的將來,我們的責任是竭力令其發展更上層樓,益發繁榮。」[20]

利用過去、現在與未來三者互相強調,是紀念活動常用的手段。現在的合法性極為取決於對過去的知識,並且無論新舊國家,往往都需要古老歷史。甚至早在民族國家時代之前,政府已利用今天所稱的「民族記憶」來達到政治、宗教和文化目的。[21]在美國和法國,紀念革命的活動表示與過去一刀兩斷,創造舊歷史,並將舊歷史與新時代截然分開。法國人創造他們的「舊制度」,誇大其落後和不公義,藉以證明1789年是真正的時代進步。[22]同樣

---

16. "Hong Kong in History," in China Mail, *Hong Kong Centenary Number*, January 20, 1941, p. 2; Norton, "Hundred Years' Growth," p. 21.

17. "Centenary Messages," p. 32.

18. 程摯:〈香港簡史〉,載黎晉偉:《香港百年史》,頁7。

19. "Centenary Messages," p. 33.

20. Norton, "Hundred Years' Growth," pp. 21, 28;周壽臣的説話,見 "Centenary Messages," p. 32。

21. David Cressy, "National Memory in Early Modern England," in Gillis, *Commemorations*, p. 61.

22. Gillis, "Memory and Identity: The History of a Relationship," in Gillis, *Commemorations*, p. 8.

地，重構中國所謂的封建歷史，可以凸顯1949年後中國之新。強調甚至製造一種共同的過去，是一元化集體歷史和身份認同的關鍵元素。[23]

在1941年的香港，強調與其成為殖民地前的歷史的分割，也是有重大意義的舉措。這不但更加凸顯殖民地的進步，也令殖民地政府和居民可以展示他們在這段歷史中的作用。不過，建構殖民時代香港的集體記憶和歷史，也是項問題複雜的工作。這段歷史畢竟時間十分短，相較於中國甚至英國的歷史，可謂微不足道。香港的不同社群分為居民和過客。如同一份報紙增刊所說，香港很少人「清楚知道香港如何演變成今天的樣子，它的大多數人口，無論華洋，都是『浮動人口』，而且到了最近幾年才有較多人視香港為『家園』。」[24]令英國取得香港的那場戰爭，對中國來說是一場喪權辱國的戰爭，而此地的人口絕大多數是華人，慶祝英國在鴉片戰爭中得勝，實非合宜之舉。除了少數英國官員和鴉片商，以及華商和華人買辦，香港缺乏任何「開創元勳」（founding fathers）。

但是，這麼短暫乏味的歷史也有其好處。沒有任何創始神話，就沒有人可以有力反駁殖民者官方版香港史所表達的重要主題，其中之一是：香港史主要是**商業史**。這個主題充斥於所有三本著作，沒有其他主題能與之相比。當中一本中文著作就名為《百年商業》，甚至連封面都是滙豐銀行的照片，而非香港聞名遐邇的海港或者美麗如畫的夜景。[25]那本電台演講合輯不但有滙豐銀行自創辦以來不同總部大樓的照片，還刊登該銀行董事肖像，與早期的港督並列，成為當然的開創元勳。香港居民中有不少暫居過客，這令那些自視為永久居民的人顯得更加突出。

擁有頗短暫的歷史，也表示有一些活得夠久的人，會記得大部分這段歷史，而由於身份認同與記憶是互相依賴的，所以這點尤其重要。這三本書以相同手法，把香港殖民時代早期的歷史，與它的現在與未來連繫起來，這種手法就是由富裕的老居民來憶述香港的過去，並將之與現在相比較。歐亞混血的買辦何東「在香港仍是荒島的草創歲月已定居此地，為此十分自豪；對

23. Elizabeth Tonkin, *Narrating Our Pasts: The Social Construction of Oral History* (Cambridge: Cambridge University Press, 1992), p. 11.

24. "Hong Kong in History," p. 2.

25. 這點尤其矚目，因為此書刊載了許多維多利亞港和香港夜景的照片，而香港夜景早在那個時代就深得訪客讚譽。學人胡適憶述他1920年代末到訪香港之旅，說香港的夜景比紐約和舊金山更壯麗。胡適：《南遊雜憶》（台北：啟明書局，1959），頁2。1938年出版的一本中文指南說，在香港登升旗山觀落日，「與泰山實無多讓」。陳公哲編：《香港指南》（長沙：商務印書館，1938），頁23。

於能分享它的繁榮進步，也引為樂事」。[26]「香港大老」何東從怡和洋行低層職員做起，晉升至該公司總買辦，三十歲時已是百萬富翁，他應是 1941 年此殖民地的首富。何東在另一篇文章中憶述，「不經不覺」七十九年就此過去，城市建設、經濟、社會和文化等方面卻出現巨大變遷。[27] 八十一年前生於香港仔小漁村的周壽臣，對於香港從「荒蕪小島」的演變也有相同感受。早在英國人到來前，周壽臣的祖先已世居香港島，其中一人甚至曾協助英國人張貼義律公告，該公告在 1841 年 2 月 2 日發出，宣佈香港為自由港。[28] 這些「在世的耆宿」除了為香港歷史增添趣味和特色，還親自擔保其真實性。由他們把香港「真正的」過去告訴下一代，從而防止這些過去變得支離破碎，這種情況在跨世代溝通受到不同的記憶群妨礙時經常會發生。[29]

　　許多英國官員和居民所撰的文章，都集中談論香港早期篳路藍縷的歷史；而華人和歐亞混血兒的文章，則通常強調殖民地的顯著進步，因為他們對於這種進步有所貢獻。一位沒具名的作者談到這個「荒蕪之島」如何在短短一百年間發展成繁華的現代都市，並且仍在快速變遷：更多地方正在開發，這個城市的面貌變得愈來愈有吸引力。[30] 一篇簡史指出，香港成為英國殖民地初期，來此開拓的英國人生活很艱苦，但經過一百年的發展，香港已成為「可愛」的自由港，連在英國本土的人也羨慕這裡的生活。[31]《百年商業》的編輯陳大同概述香港在這段歷史中的進步。仍然保存中國習俗的華人，現在得以參與立法事務。經過百年的建設和發展，市容完全改觀，衛生措施日臻完備，工業有長足發展，已不再以鴉片為主要商品，各國主要銀行都在此地設立分行。香港有受過教育的人口，他們擁有豐富廣泛的商業技巧。現在的香港與 1841 年時的面貌迥然相異，成為了更美好、更繁榮和更吸引人的地方。[32]

英中合作

　　香港怎麼會成為不同於以前並且更美好的地方？對於歷史上令香港在 1841 年成為殖民地的那場戰爭，這幾本紀念特刊一致輕描淡寫。英中兩國之

26. "Centenary Messages," p. 33.

27. 何東：〈香港早年之回憶〉，載陳大同：《百年商業》，頁 6。

28. Shou-son Chow, "An Octogenarian Remembers Hong Kong's Progress and Prosperity," in *Commemorative Talks*, p. 69；〈各界名流〉，頁 21。

29. Connerton, *How Societies Remember*, p. 3.

30. 〈香港發展史〉，載陳大同：《百年商業》，頁 27。

31. 程摯：〈香港簡史〉，頁 7。

32. 陳大同：〈香港概觀〉，載陳大同：《百年商業》，頁 19。

間的衝突，在第一次鴉片戰爭達到第一次高潮，香港由此變為殖民地，之後發生的第二次鴉片戰爭是第二次高潮，一般稱為「紛爭」或「廣州摩擦」，而英國奪取香港，在中文資料中被簡單形容為「開埠」。這些紀念特刊在討論英中衝突時，一般會以兩種主要方式處理。一種是把這些衝突描繪為「兩個自負的國家」因「意見分歧」導致的衝突，它們「心高氣傲互相蔑視」。[33] 另一種方法是把這些戰爭輕輕帶過，盡快放下不提。自香港成為殖民地就一直困擾香港社會的種族歧視問題，只有一篇文章有討論。反之，「公平競爭」、「互相尊重」、「誠實正直」，還有最重要的英中「協力」和「合作夥伴關係」，一再被強調為香港歷史發展和經濟成長的基礎。[34]

在一個與中國近在咫尺，而人口又以華人為主的土地上，強調英中合作，淡化兩國衝突似乎是理所當然，但這種手法在香港的英文材料中相對地新鮮。在1891年的金禧慶典中，《孖剌西報》一篇文章說：「中國政府對待歐洲人的態度，是幾百年來隔絕於較它優越的文明所造成，所有致力令民族之間正常交往的措施，都因中國政府不可一世的態度而受到干擾和阻撓。」[35] 另一篇文章說，最後使英國人獲得香港島的事件「是因廣州中國當局倨傲怠慢而起」。[36] 英國人即使曾質疑鴉片戰爭和割讓香港的合法性，也無一不以英國為香港所做的事來證明割讓是天經地義。1891年包爾騰（John Shaw Burdon）主教在聖約翰座堂舉行金禧禮拜，他當時演說的內容，代表了許多英國人眼中對於自己在香港的作用的看法：

> 現在來詰問五十年前英國佔領這個島嶼是對還是錯，已經為時太晚了。那些已成過去的戰爭，其道德對錯該如何評價姑且不論，我們都可以理直氣壯說，我們還給中國的東西，會比所取得的要有價值得多，這充分證明我們的行為正當合理。我們拿到的是個荒蕪小島，草木不生，僅有數百或頂多數千名中國漁民居住，他們還隨時會放下太平時的生計，當起海盜劫船掠貨；我們早將此地變成與中國相安的保證，並吸引了數以萬計華人前來，以此為賺錢獲利的家園──今天有二十萬人，因為這裡有公正和穩定的政府，保障他們能以大量不同的方式謀生，甚至發家致富。……就是這樣，我們在

33. "Hong Kong in History," p. 2.
34. 關於「把戰爭輕輕帶過」，見陳釗：〈香港開埠史〉，載黎晉偉：《香港百年史》，頁3；關於「種族歧視」，見潘孔言：〈種族歧視的辯論〉，載黎晉偉：《香港百年史》，頁53。
35. "Hong Kong Jubilee: 21st–24th January, 1891," in Hong Kong Daily Press, *Fifty Years of Progress*, pp. 3–4.
36. "Hong Kong, 1841–1891," in Hong Kong Daily Press, *Fifty Years of Progress*, p. 6.

這個古老國家的中心激發新希望,同時是為其廣大人口帶來獲取物質利益的方法。[37]

但是,代督岳桐在 1941 年把香港的成就歸功於「這兩個偉大國家人民的圓滿結合」。儘管就種族而言,華人迥異於英國人,但在某些方面,華人甚至比其他「同屬印歐語系的民族」更接近英國人。兩者都厭惡戰爭,並且「天生善於經商」。華民政務司那魯麟(R. A. C. North)說:「香港為兩個偉大及遠代文化相聚之地,於茲百年。」[38]

強調英國人與中國人之間的合作而非衝突,在華人和歐亞混血兒所寫的文章中更為顯著。羅文錦談到百年以來英中合作,令政府賦稅收入極為豐厚。[39]曾為立法局議員的律師周埈年認為,香港「能由人口稀疏之荒島,一變而為人煙稠密世界重要商港之一,實由中英人士之密切合作,有以致之」。羅旭龢把香港「顯著之進步」歸功於「中英經營合作之成績」。[40]英國人「具有建設精神,遠大眼光,兼性愛創作」,加上華人「勤苦耐勞,易於造就」,結果令這個殖民地發生了「不可思議之蛻變」。即使英國人與華人表現出「有益和友好的競爭精神」,但他們在工商業乃至公益和社會事務方面彼此合作、互相提攜。中英居民都明白,在香港這個地方他們可以興旺發展,並生活於公義、和平與融洽的環境中。他們同心協力應付 1925 至 1926 年的省港大罷工,就是彼此合作達成此目標的例子。羅旭龢的結論是:「中英人士,秉性誠實,接物公平,以此經營,自收良效。」[41]

體育也是備受矚目的英中合作方式之一。所有三本紀念特刊都載有文章,論述體育對此殖民地如何重要。若非體育在英國殖民史和中國近代史上那麼重要,這三本書都這麼強調體育可能會被人視為巧合。這種強調有五個功能。首先它借喻合作,不僅是在港英人和華人的合作,還有中英兩國的合作。羅文錦說:「所幸此本港過去一直不乏這種中英合作,不但見諸體育方面,還見諸商業、貿易和社會事務。」他代表「全港華人」希望這種合作「將

37. "The Jubilee Celebrations," in Hong Kong Daily Press, *Fifty Years of Progress*, p. 34.
38. Norton, "Hundred Years' Growth," p. 21;岳桐的意見,見 "Centenary Messages," p. 29。
39. 〈各界名流〉,頁 21。
40. "Centenary Messages," p. 31.
41. Kotewall, "Anglo-Chinese Co-operation," pp. 46–47;關於「同心協力」,見羅旭龢:〈中英合作與香港百年〉,載陳大同,《百年商業》,頁 7;關於「秉性誠實」,見 "Centenary Messages," p. 45。

繼續並增加，以促進這兩大民主國家的利益和福祉」。[42] 第二，即使到了1941年，香港的歐籍人與華人仍然往來甚少，但兩個民族在競技場上聚首的景象，顯示種族鴻溝有所縮小。如羅旭龢所說，英式運動「能強健體魄，並有助促進團隊合作和公平競技精神……〔並且〕大有助兩個民族彼此感情之聯絡」。[43] 強調體育，也可培養華人雅量大度，安於在英國殖民地的生活。羅文錦寫道：「香港華人在體育領域取得矚目的進步，主要得益於本殖民地英國運動家之鼓勵、友好競爭、彼此合作，以及他們樹立的典範。這是全體華人運動家公認之事實，並對此心存感激。」英國人又因而可以自誇：他們無私地將現代文明推廣到世界其他地方。因此，代督岳桐可以說，在香港，「這些競技和運動所需的設施一應俱全，經過英國人教導後，今天香港的年輕華人能在我們所擅長的運動上與我們一較長短。」[44] 最後，它證明華人能夠成功接受現代性和進步。羅文錦在題為〈香港華人體育之進步〉（"Progress of Sport among Chinese in Hong Kong"）的文章說：「華人對於運動和體育精神的概念」非常「現代」和「屬當下潮流」，有些詞典還沒有收錄這些詞語。1906年羅文錦負笈英倫之時，香港華人兒童幾乎無人會做任何體育運動。其後華人創辦游泳會、中華游樂會和南華體育會。1936年柏林舉行奧林匹克運動會，參加足球賽的二十二名中國足球隊員中，十七人來自香港。[45]

考慮到香港開埠百年紀念的時間，許多文章都促請讀者注意英、中人民須繼續合作。《孖剌西報》一篇文章提醒讀者：「中國未來能否成為自由獨立的國家，全繫於現在這場戰爭，而英國正代表世上之自由國家打這場仗。」[46] 周埈年說：「中英人士深信循序漸進之發展與自由，乃實現自己命運之關鍵。此種合作精神，過去有良好表現也，當此方與殘暴搏鬥之秋，更為需要。」[47] 羅旭龢「向和代表華人社會」呼籲：

> 香港之居民乎，試問有無盡一己之力量，協助祖國及曾經給吾儕以百年安寧和平之友邦乎？吾人亦當自問，對於祖國之民族英雄，友邦之反侵略戰士，有無同舟共濟之心乎？吾恐在良心深處，正當譴

---

42. M. K. Lo, "Progress of Sport among Chinese in Hong Kong," in *Commemorative Talks*, p. 88; M. K. Lo, "Chinese Turn to Sport," in *Hong Kong Centenary Number*, p. 90.

43. Kotewall, "Anglo-Chinese Co-operation," p. 47.

44. Lo, "Progress of Sport," p. 87; Norton, "Hundred Years' Growth," p. 21.

45. Lo, "Progress of Sport," pp. 84–86.

46. L. Forster, "The End of a Century: The Peaceful Progress of Hong Kong," *Hong Kong Daily Press*, January 20, 1941, p. 7.

47. "Centenary Messages," pp. 31–32.

責吾人之未能盡此應盡之責任也。因此吾人對於香港、英國、中國
所應負之責任，察其仍未完全做妥者尤須努力完成之。[48]

羅旭龢的呼籲，令幾乎所有這些文章一個共有的主題更顯得刻不容緩，
這個主題就是：香港的過去仰賴於英中合作，未來亦復如是。

香港華人與香港成功之道

開埠百年紀念的主要目標之一，是顯示香港的集體記憶和身份認同。幾
十年來，殖民地官員一直強調須培養華人的「殖民地感情」（見第五章）。但
是，紀念活動不只是由上而下創造集體記憶的工作，因為連一些與殖民地政
府沒有瓜葛的華人也參與其中。百年紀念的時機，也不只是用來頌讚殖民地
政府，或香港賴以建設的英中合作。有些本地居民利用百年紀念揄揚此殖民
地的過去，同時提醒人們注意它的問題。羅旭龢在《百年紀念講話錄》中慨
歎：「應以改善平民生活為前提，安定其歸宿為先著，凡地方上窳陋屋宇，既
應拆毀，重建一種適合衛生原則，便於貧民負擔住宅。」著名華商李佐臣細
數香港商業蓬勃之同時所出現的問題：物價高漲、盜劫案增加、貧民生活困
促和自殺等。[49] 羅文錦警告，對於過去香港的成就不應太自滿：「吾人對於一
切污點之得勢，人民之困乏，貧民窟之充塞，公共事業之缺乏，如醫院衛生
設備，工人之補恤，實業燕梳等，能否認為滿意耶？」[50]

百年紀念也是批評殖民地政府的時機。羅文錦就趁機隱晦地責備殖民地
政府在動盪時期實行審查。他說，過去一百年香港最令人矚目的特點，是思
想自由和言論自由；他提醒聽眾，自由和消息可靠的新聞界，有助於塑造輿
論和培養公共意識。[51] 不過，這看似溢美的讚揚，是來自對港府批評最力之
人，唯一曾抗議港府行政權力過大的立法局非官守議員。在 1920 年本地一場
罷工中，羅文錦為機器工人的工會擔任顧問。在百周年紀念前不久，他曾促
請政府撤銷對華文報章的審查，但不成功。1939 年 6 月，羅文錦批評電訊交
通則例修正案，此修正案賦予郵務司權力，令他可授權轄下人員進行搜查和
逮捕。[52]

---

48. Ibid., p. 30.

49. Kotewall, "Anglo-Chinese Co-operation," p. 48；關於「李佐臣」，見〈各界名流〉，頁 21。

50. "Centenary Messages," p. 31；〈各界名流〉，頁 21。

51. Ibid.

52. 陳大同等編：《香港華僑團體總覽》（香港：國際出版社，1947），頁數不詳；Norman J.
    Miners, *Hong Kong under Imperial Rule, 1912–1941* (Hong Kong: Oxford University Press, 1987),
    p. 63；吳醒濂：《香港華人名人史略》（香港：五洲出版社，1937），頁 13。

　　英中合作的宣傳把香港描繪為東西方交會的宜人地方，這種形象並非人人同意。本地記者蘇福祥寫道，雖然香港確實成為東西方文化交會之地，但這種交會並不均等。華人接受西方文化，比起西方人接受中國文化更為熱心和認真。蘇福祥認為，這種東西文化融合是不平等、滑稽，並且往往是很可哀的。許多華人奉行英國習俗，「如果眼睛和頭髮顏色都能夠改變顏色，他們恐怕有許多已經放棄了黃種人的本來面目了」。[53] 雖然香港開埠百年紀念不像歐洲和北美那些民族紀念那麼備受爭議，但仍然有人利用這個時機來凸顯香港當時的情況，與它應當或可以成為何種面貌之間的差異。

　　因此，開埠百年紀念不只是為英國殖民統治塗脂抹粉之舉。華人和歐亞混血兒名流在論述英中合作時，大力強調自己在香港發展中所起的作用。香港得以發展主要是靠華人，這或許是再明顯不過的事實，但在英國人的記述中，就算會提及這點，也只是輕輕帶過。例如，一篇關於香港商業史的文章，把香港開埠初期的經濟繁榮歸功於幾個因素：太平天國起事迫使中國工人和商人逃到香港；中國人移民到澳洲、東南亞和美國；以及海外華人經香港匯返中國的僑匯（「看不見的輸出品」）。[54] 至於本地華人在建設香港方面的功勞，則隻字不提。

　　這種貶抑華人建樹，大書特書英國人功績的手法，在英文著述中比比皆是。一篇紀念1891年香港開埠五十周年的文章引述港督德輔的話，認為「就物質和道德成就的證據而言⋯⋯沒有其他地方〔比香港〕更悅人眼目和娛人心脾；世上也沒有別的地方更能激發英國人的自豪感，或證明這種自豪感完全是名正言順」。[55] 有時候，華人甚至會被視為妨礙香港進步的絆腳石。另一篇文章説：「香港的有趣之處，還在於它是一場考驗英國典章制度適應能力的測試，看看這些制度能否應用於極不正常的事態。在此殖民地，庇蔭於大英旗幟之下的人，幾乎全是從裒廣的中華帝國境內被吸引過來。」[56]

　　在這些早期記述中，香港商業史主要是**英國人**的商業史。當中若提到華人的貢獻，則主要在於他們與英國商貿的聯繫。香港的轉口貿易在十九世紀末二十世紀初發展時，華人的作用十分重要，但主要是把他們看作消費者——他們「受到西方生活標準的熏陶」，對於西方商品的需求愈來愈大。如果有提及華資工業，那麼它的資金常常是來自英國資本。一篇文章末尾列舉三

53. 蘇福祥：〈「中西合璧」的香港文化〉，載黎晉偉：《香港百年史》，頁168–169。

54. P. F. Cassidy, "Commercial History of Hong Kong: A Century of Trade," in *Commemorative Talks*, pp. 38–44.

55. "Hongkong, 1841–1891," p. 5.

56. "Hong Kong Jubilee," pp. 3–4.

個「巍然聳立於本殖民地商業生活」的人物,他們是:怡和洋行大班威廉·凱瑟克(William Keswick,又譯克錫、耆紫薇);滙豐銀行總經理昃臣(Thomas Jackson),他是「引領該銀行和本殖民地命運的首要人物」;還有著名亞美尼亞裔商人兼慈善家遮打(Paul Chater)。該文章告訴讀者:「香港有今天的成就,我們應感謝這三人。」華人的名字一個都沒有提到。[57]

華人和歐亞混血兒雖然沒有試圖貶抑英國人的貢獻,但他們以含蓄的方式顯示自己對於香港發展的建樹。耄耋之齡的周壽臣圓滑地強調,華人參與創造香港的繁榮,並分享當中成果。華人主宰了不少香港的貿易,又涉足工業、航運業、房地產業和銀行業。周壽臣的結論是:「因此吾儕必須承認,華人對造就香港的繁榮卓有建樹,並獲取了應得的回報。」但他們一再強調,香港仍然是非常中國式的城市。何東承認,香港的發展主要是得益於西方商人努力經營,但他提醒讀者,這個殖民地的人口百分之九十七是華人。[58] 年高德劭的香港華商領袖葉蘭泉指出,香港生活各種事務均與華人有絕大關連。[59] 另一個常見的方法是列舉一些香港著名華人居民。何東雖然把香港的成功部分歸功於「卓越的官學生和總督」,但他也舉出一些厥功甚偉的重要華人——伍廷芳、黃勝、何啟和韋玉,他們全部曾是本地華人領袖和立法局議員。[60] 本地華人對於歷史較短的香港工業所起的積極作用,也常為人所強調,這點下文會再論述。羅旭龢在談到華人建立了自己的西式銀行後說,如橡膠鞋、手電筒和電池等香港新興工業有「長足的發展」,「主要歸功於」華人。[61]

所有三本書都論述到香港成功之道:它的地理位置、自由貿易和政治穩定。周壽臣認為,香港位處要衝是繁榮的原因,但他提醒讀者:「單憑地理位置優越,不能造就繁榮。」香港得以發展,主要由於有「健全公正的政府,以及和平安定的環境,有利於商貿、投資和工業發展」。[62] 著名猶太商人兼慈善家嘉道理(L. Kadoorie)形容香港為「中國出入孔道中最便利之商業數目結算場」,「各國人士經商於此,咸感適便……1841年的歷史公告奠下了過去之容忍政策、無拘束之自由,與乎互相合作了解等,實為奠定香港發展之根

---

57. Cassidy, "Commercial History," pp. 43–44.

58. Chow, "Octogenarian," p. 71;關於「人口百分之九十七」,見何東:〈香港早年之回憶〉,頁6;Robert Ho Tung, "Reminiscences of Hong Kong: A Personal Memory," in *Commemorative Talks*, pp. 72–73。原刊於 "Hong Kong's Grand Old Man," in *Centenary Number*, p. 32。

59. 〈各界名流〉,頁21。

60. 何東:〈香港早年之回憶〉,頁6;Ho Tung, "Reminiscences of Hong Kong," pp. 73–74。

61. Kotewall, "Anglo-Chinese Co-operation," p. 46.

62. Chow, "Octogenarian," p. 71.

基。」[63] 羅旭龢臚列香港的許多優勢，如就近市場、銀行實力雄厚，以及有大量廉價勞工供應，可使它日後成為工業重鎮，之後他舉出此殖民地最大的福氣：「香港倖免於政治動盪不絕之苦果，以及由此引致之經濟混亂，得享政治修明為全民帶來之太平安定。」[64]

但是，華人和歐亞混血兒常常更進一步。香港聞名遐邇的政治穩定所仰賴的，不只殖民地政府，還有華人社會。葉蘭泉首先告訴讀者他在香港居住甚久，之後説：過去一百年在殖民地政府統治下，香港安定太平（相較於中國），令本地華人得以蓬勃發展。但香港華人表現之種種美德，如好公益、守秩序、樂善舉，亦有助造就香港的繁榮穩定。[65] 對羅旭龢來説，令香港得享安定的「關鍵因素」，是立法局、行政局和市政局有華人代表參與。香港華人「一直顯示他們深知良好公民應具備之品質」。他們恪遵秩序，安分守法，以盡居民天職，事所應為者皆出力出財，毫無吝嗇。第一次世界大戰期間，有些人擔任特務警察、自衛團員和郵電檢查員，並踴躍捐輸英國戰爭經費。而在目前這場大戰中，他們協助香港備戰禦敵。因此，香港的成功與此地華人密不可分。[66]

展示香港華人工商業和社會之面貌

藉著紀念開埠百年的時機，本地華人不但顯示他們對香港和中國的貢獻，還廣為宣揚英文著作在論述香港歷史發展時刻意遺漏的一個領域。中文紀念特刊成為了展場，展示由香港華人主導的商業活動，而在殖民者的敘述中，這種活動即使不是完全忽略，通常也盡量輕輕帶過。雖然兩本中文特刊都簡介了香港重要的外資公司，尤其是老牌洋行，但它們明確以華資公司為重點。兩本刊物都敘述了香港五大華資百貨公司的歷史，它們是永安、先施、大新和兩家專售中國產品的國貨公司。[67]《百年商業》有一關於香港各重要行業的短篇回顧文章，集中論述華資行業。它指出本地華人的努力經營和海外華僑社會的成長，是促進香港經濟發展的基礎。華人人口日增，令紙業、印刷業和出版業蓬勃。華人現在甚至能與外國人頡頏。比如製糖業，雖

---

63. "Centenary Messages," p. 34.

64. Kotewall, "Anglo-Chinese Co-operation," p. 49；羅旭龢：〈中英合作與香港百年〉，頁7。

65. 〈各界名流〉，頁21。

66. Kotewall, "Anglo-Chinese Co-operation," pp. 47–48.

67. 小記：〈五大華資公司史略〉，載黎晉偉：《香港百年史》，頁149–150；〈幾家華資公司史略〉，載陳大同：《百年商業》，頁碼不詳。

然規模最大仍數外資的太古糖廠，但經營糖業的本地華資商行大者有五、六家，小者三十多家。[68]

開埠百年紀念也令華人商界得以挑戰殖民觀點的官方香港史敘述。關於開埠百年的英文資料，某些偶爾會提及近期有華人「小資本家」涉足經營製糖、製繩、紡織等事業，但大多是呼應殖民版的香港經濟史——英國開明管治和自由放任的經濟政策。一篇有關航運業的文章形容「香港幾乎完全是航運業和貿易的轉口港」，並且「島上並無重要產品生產」。若提到此殖民地的「主要工業」，幾乎一定是指歐籍人經營的造船業和船舶維修業，尤其是指香港黃埔船塢有限公司。若是談論到華資小型工業，通常都語帶貶抑：「這些規模小而有潛力的工業，本應能有所改進，但事與願違，主要是由於缺乏資金、適當監督、技術指導和熟練工人。」[69]

控制社會的集體記憶，有助維繫權力等級結構。這兩本中文著作展示蓬勃的華資工業，藉此挑戰殖民地政府對於香港經濟發展的官方說法。一篇述說香港華資工業史的文章列舉所有重要工業。香港華資工業在過去二十年蓬勃發展，香港一躍而成華南的工業重心。香港地理位置便利，又是免稅港，殖民地政府的統治很有效率，帶來穩定和秩序，凡此種種都鼓勵華人在香港投資工業。本地製造業產品的品質卓越，足以在全球競爭市場。由汽車零件至食鹽、大麻布、粗麻布等五花八門的港產貨品，現在行銷到中國大陸和整個東南亞。[70] 在華人開設本地的罐頭製造廠之前，香港須依賴美國進口貨，現在它甚至出口自己的罐頭貨品。創辦於 1910 年代末 1920 年代初的藥品和蚊香工廠，出口產品到中國和世界各地。香港雖然從美國進口爆竹，但 1913 年有一家爆竹工廠成立，它規模很大，在中國也設有廠房。1913 年一家手電筒電池工廠成立，此時中國仍沒有同類工廠，它馬上開始研究和測試專供熱帶氣候使用的電池。到了 1930 年代，香港有二三十家這類工廠。[71] 在這些文章中，華人是帶領香港邁進下一個世紀的工業領袖。

中文著述不只介紹香港的華資工業，還讚揚所有令華資工業得以興旺的人物和社會，而英文著述則主要視這些人物為殖民地臣民，有幸受惠於開明

---

68. 〈行商轉變史〉，載陳大同：《百年商業》，頁 33–42。

69. 關於「英文資料」，如 "An Industrial Revolution," in *Centenary Number*, p. 54；"Colony's Premier Industry," in *Centenary Number*, pp. 44–46；關於「語帶貶抑」，見 "An Industrial Revolution," p. 54。

70. 關於「工業發達」，見〈香港華資工業史〉，載陳大同：《百年商業》，頁 42；關於「出口」，見〈行商轉變史〉，頁 33。

71. 〈香港華資工業史〉，頁 42。

的殖民統治、自由貿易和公正的英式司法；英文著述也通常將香港形容為過客社會，這些過客只想盡快在這裡大撈一筆，然後返回中國的家鄉。兩本中文特刊除了臚列主要華資工業，還把華人社會描繪為充滿活力和團結，有許多休閒設施，例如茶樓、滾軸溜冰場、戲院、跳舞廳和游泳池。儘管這個社會有其問題，包括三合會、娼妓和賭博，但它也是一個能自我管理的社會，愈來愈多的慈善公益團體、互助會、同鄉會、宗教組織，以及各種行業和專業的團體就是其明證。香港華人不僅是殖民地子民，他們已成為了**公民**。

香港與現代中國的關係

不要忘記，紀念活動針對的對象除了本地人，還有外人，這有助解釋為何有那麼多新聞紀念文章（尤其是華人和歐亞混血居民所寫那些），都強調香港對於近代中國發展的作用。醫生兼立法局議員李樹芬認為，香港在「亞洲啟蒙運動」中，一直是「溝通西方學術及不列顛文明之火炬……在廣大之中國幅員內，香港如一橡樹之種子，由此產生一堅實橡樹。作為兩民族間善意之堡壘，與乎許多驚濤駭浪之避風港。在此百年之啟迪中，中國大有超越千年之急速進展也」。[72] 羅旭龢說，香港學校培養的學生，在中國政府出仕，又在世界各地任職。香港也是中國難民的庇護所，華人可隨意自由出入境，這令中、港之間的友誼增進不少。[73]

香港對中國近代史的貢獻常為人引用的例子，是此殖民地在辛亥革命中的作用。李樹芬自豪地說，香港造就了「兩個世界上偉大之人物」，一個是熱帶醫學之父白文信（Patrick Manson，又譯萬巴德、孟生），另一個是他的學生──「世界上人類五分一之解放者及民主之維護者，創立中華民國之孫逸仙博士是也」。[74]《香港百年史》收錄了幾篇文章，全面講述孫中山在香港的經驗：他在香港西醫書院的早期歲月；他以香港為基地宣揚革命思想；以及1923年他在香港大學發表的著名演說，他於演說中提到香港是其革命思想的發源地，並說香港和平安定，與中國的混亂腐敗形成強烈對比，激發他發動革命。另一篇文章則憶述辛亥革命後香港的慶祝活動。[75]

---

72. "Centenary Messages," p. 32；〈各界名流〉，頁21。
73. Kotewall, "Anglo-Chinese Co-operation," p. 47；羅旭龢：〈中英合作與香港百年〉，頁7。
74. "Centenary messages," p. 32.
75. 陳劍：〈國父的畢業文憑〉，載黎晉偉：《香港百年史》，頁32；馮自由：〈國父在香港之革命運動〉，載黎晉偉：《香港百年史》，頁30–31。關於「辛亥革命」，見蘇福祥：〈第一次雙十慶祝會〉，載黎晉偉：《香港百年史》，頁18。

　　本地華人強調香港對於促進現代中國發展所起的作用，藉此達到三個重要目標。第一，淡化英國與中國在歷史上的緊張關係。第二，凸顯香港華人對於重建中國的作用。例如，一篇文章述說香港華人社會漸次發展出廣大的慈善事業網絡，使香港華人能在本地和中國大陸捐貲濟困；而近年中日戰事蔓延，令這個網絡更形重要。[76]另一篇文章說，香港開埠初期只有少數傳統行業公會形式的組織，但現在華人社會有各種僑團，代表商界及幾乎各種其他利益的團體。這些僑團全都籌款協助中國辦理賑務，又在本地扶傾濟弱。[77]第三，顯示香港之所以能協助中國發展，乃因此殖民地並非中國的一部分，藉此證明他們在英國殖民地生活合理正當。如同葉蘭泉所說，這個殖民地政治修明，秩序良好，造就香港華人的興旺發達，他們從而可以盡更大的責任，為重建中國貢獻力量。[78]

　　葉蘭泉的說法凸顯了另一個在中文著述中十分顯著的主題：香港雖是華人城市，並在中國近代史中發揮重要作用，但又與中國大陸的城市或地區截然不同。這些文章常把香港與中國大陸相比較，以顯示其優勝之處，尤其是政治穩定和經濟繁榮。例如，一篇論述工商業重要性的文章，就慨歎中國在這方面落後脆弱。[79]不過，香港也是一個類型很不同的地方。有一篇文章談論香港複雜的方言（不是粵語），另一些文章則介紹立法局、婚姻註冊條例和本地報章規例。一篇簡介法律制度的文章談到，有些在中國會獲輕判的罪行，根據香港法律卻會受到嚴懲，之後列出這二十六項罪行。而另一篇文章則論述關於虐待動物的法律和養狗的規例。[80]

　　考慮到百周年紀念的時間，強調香港與中國的差異尤其重要。自1937年起，大量中國難民湧入香港。紀念開埠百年的中文刊物也發揮指南功能，幫助難民進退得當，以免在身處的新城市和新文化中違法犯禁。指南常常是為遊客和新移民而寫，但同樣也以「本地人」為對象。它們除了協助外來者熟悉

---

76. 〈華僑百年慈善事業沿革〉，載陳大同：《百年商業》，頁72。

77. 〈僑團史略〉，載陳大同：《百年商業》，頁73。

78. 〈各界名流〉，頁21。

79. 王曉籟：〈工商業在今日〉，載陳大同：《百年商業》，頁22。

80. 關於「方言」，見陳世豐：〈香港方言的複雜〉，載黎晉偉：《香港百年史》，頁131。這種認為香港在文化和語言方面迥異於任何中國城市的觀念，也見於介紹香港的中文旅遊指南。這些書除了解釋這個殖民地的法律和風俗，還刊有本地粵語用字和用語的清單。如見中國旅行社：《香港導遊》（上海：中國旅行社，1940），頁125，以及陳公哲：《香港指南》，頁179。關於「法律與規例」，見蘇福祥：〈香港立法局〉；一色：〈婚姻註冊署〉，均載黎晉偉：《香港百年史》，頁44、62。關於「法律制度」，見絡：〈法律二十六條〉，載黎晉偉：《香港百年史》，頁58。關於「虐待動物」，見樂天：〈虐待牲畜有罪〉，載黎晉偉：《香港百年史》，頁52。

新城市的基本情況，也顯示這個城市居民的自我觀感。[81] 因此，這些文章不只敘述香港有何與別不同之處，還指出身處一個與別不同的地方，應有什麼行為舉止。

紀念與影響

1941年開埠百年紀念對香港歷史和中國歷史都有影響。雖然開埠百年顯示紀念活動可以被人挪為己用，但它也表明這些活動既能鞏固也可挑戰官方版本的歷史事實。把香港描述為經濟進步、政治穩定之地的這種主流論述，不只由殖民地政府建構，也由此地的華洋居民共同建構。但是，華人商界也趁開埠百年這個機會，顯示他們對於香港工業的貢獻，而這些貢獻因為衝擊了關於香港存在理由的一錘定音式說法，長期遭到殖民地政府貶低和避而不談。

這些慶典和禮儀也不只見於像香港這樣的殖民地。顧德曼（Bryna Goodman）研究1893年上海開埠五十周年紀念，指出當時的五十周年慶典如何為不同的利益團體服務。顧德曼把關於1893年金禧的中西方紀錄和描述放在一起比較，顯示這場慶典和公共租界英美「上海住民」（Shanghailander）和華人居民對其意義的挪用，可以被用來為不同利益團體服務。在外國人看來，華人參與慶典是這個國際化租界成功的佐證，而其成功當然是有賴西方人領導和指引。但對於在這個城市舉足輕重的華商來說，這是他們向華洋居民炫耀財富和實力的方式，並把自己與清廷聯繫起來（上海開埠金禧慶典與慈禧五十九歲壽辰剛好在同一天）。[82]

顧德曼說，在上海，公共租界這個「接觸地帶」有助塑造清末中國民族主義的發展。後來國家的重要性凌駕於家鄉，在身份認同方面傾向上海這樣的通商口岸就很令人難堪了。因此，上海金禧紀念這個憑空創造的傳統，到了1890年代末的動盪時期就無以為繼。[83] 然而，香港華人把自我的身份界定（並繼續如此界定）為既處於中華民族之內，又與之有所區別。1911年清朝覆亡後，中國政治四分五裂，領土分崩離析，更凸顯和加強中港兩地的差別，後來產生同樣效果的事件，還有1949年共產主義革命、文化大革命、天安門事件，以及1980年代中港之間日益頻繁的接觸往還。

81. Seth Harter, "Now and Then: The Loss of Coevalness between Hong Kong and Guangdong," paper, Association for Asian Studies, Annual Meeting, Washington, DC, March 1998.
82. Bryna Goodman, "Improvisations on a Semicolonial Theme, or, How to Read Multiethnic Participation in the 1893 Shanghai Jubilee," *Journal of Asian Studies* 59.4 (November 2000): 889–926.
83. Goodman, "Improvisations," pp. 922–923.

結 論

　　香港時間 1941 年 12 月 8 日，日本轟炸機空襲香港、馬來亞、珍珠港和菲律賓。日軍南下越過新界，長驅直進九龍，又散發傳單呼籲此殖民地的華人和印度人起義，驅逐英國主子。英軍的大炮和彈藥既老舊，數量又不足，防衛方案拙劣，情報一直不準確，防線迅速崩潰。日軍向港島發動三路攻勢後一周，港督楊慕琦（Mark Young）於聖誕日向日軍司令酒井隆中將無條件投降。到了 1942 年 2 月，新加坡也淪陷（那天香港宣佈放假慶祝，舉行舞獅、巡遊，並額外增加白米配給量），此時大英帝國在遠東的版圖已經日薄西山。[1]

　　三年零八個月的「香港佔領地」歲月於焉開始，儘管日本人宣稱香港從此加入「大東亞共榮圈」，但其實不過是被日本殖民統治。一如這個新帝國其他領土的情況，日本人很快在香港露出猙獰面目，他們遠比歷來統治此地的英國人都要殘暴。有組織的強姦、傷害和處決，加上缺糧和強迫戰前幾年由中國來到此地的難民歸鄉，令香港人口由原來的逾一百五十萬銳減至約五十萬。惡名昭彰的日軍憲兵隊恣意妄為，創造出「任何其他日佔地區憲兵隊都瞠乎其後的帝國」。[2]

1.　此處關於香港日佔時期的簡述，資料取自：G. B. Endacott, *Hong Kong Eclipse*, ed. Alan Birch (Hong Kong: Oxford University Press, 1978)；高添強、唐卓敏編著：《香港日佔時期》（香港：三聯書店〔香港〕有限公司，1995）；關禮雄：《日佔時期的香港》（香港：三聯書店〔香港〕有限公司，1993）；Henry J. Lethbridge, "Hong Kong under Japanese Occupation: Changes in Social Structure," in *Hong Kong: Society in Transition*, ed. I. C. Jarvie and Joseph Agassi (London: Routledge and Kegan Paul, 1969), pp. 77–127；以及 Philip Snow, *The Fall of Hong Kong: Britain, China, and the Japanese Occupation* (New Haven, CT: Yale University Press, 2003)。

2.　Snow, *Fall of Hong Kong*, p. 161.

　　新統治者也試圖盡快抹去香港的英國色彩，拆除英國皇室人員和殖民地官員的雕像，街名和地名改為日式名稱（如皇后大道改稱明治通）。連在快活谷比賽的馬都取了日本名。日本人又廢除公曆，改用當時日本天皇年號（昭和），並引入日本節日，如紀念日本戰歿者的靖國神社春祭，紀念神武天皇登位的紀元節，紀念天皇壽辰的天長節——不過他們仍然准許華人慶祝紀念辛亥革命的雙十節，藉以顯示他們是反英而非反華。

　　日本人為鞏固統治，拉攏曾與英國人合作的本地社會領袖，成立兩個由重要華人和歐亞混血裔商人組成的代表機構，負責宣傳政策和管治華人。華民代表會主席為羅旭龢，成員有交通銀行經理兼華商銀行公會主席劉鐵誠，東亞銀行經理兼前立法局非官守議員李子方，以及曾任滙豐銀行廣州分行買辦的陳廉伯。華民各界協議會則有二十二名委員，由華民代表會從各專業精英中選出，該會主席是周壽臣，成員包括羅文錦和葉蘭泉。

　　這些華人和歐亞混血兒為何甘願與日本人合作？他們是否因為能夠攆走英國主子，與同是亞洲人的日本人合作而感到欣喜？1942年1月10日，酒井隆中將在九龍半島酒店設午宴，邀請約一百三十名華人和歐亞混血兒頭臉人物赴會，羅旭龢和周壽臣是主賓。羅旭龢首先感謝日本人沒有「傷害香港人，也沒破壞這個城市」，並宣稱因為日本人是以「解放東亞各民族」為目標，他和其他領袖會與日本人合作，他祝願天皇「萬歲」；周壽臣「衷心」同意。羅旭龢、周壽臣和李子方全都表示期盼中日戰事早日結束，羅旭龢形容這場戰爭「猶如兄弟間的爭吵，只是一時的衝突」。[3]

　　有些華人相信日本「亞洲人的亞洲」的宣傳，真心誠意與日本人合作。據萊思布里奇說，香港留日同學會會長劉鐵誠「早年在日本留學時被徹底洗腦」，所以「非常親日」。[4] 1945年4月劉鐵誠去世，總督也出席喪禮致哀。日本攻打香港期間，陳廉伯曾因通敵罪名被英國人逮捕。1944年他坐船前往日本途中，被美國轟炸機炸死。其他人或許各自對英國人心懷不滿：和藹可親的買辦兼慈善家何甘棠，現在當上賽馬會（當時稱為香港競馬會）首名華人主席，據說他在英治時期被禁止加入賽馬會董事局，所以他矢言現在絕不會讓英國人入會。

　　儘管日佔時期香港人的生活痛苦不堪，但我們也切記不應只把日本佔領描繪為悲慘的鬧劇，而不去思考它為華人合作者帶來了什麼。孫福林（Philip Snow）認為，日本人令更多華人能參與「這個殖民地的中央行政機關」，這是

3.　Ibid., pp. 107–108, 116.

4.　Lethbridge, "Japanese Occupation," pp. 110–111.

過去英國人所難以企及的」。[5] 日本把工作下放的做法，賦予華人在英治時期不曾有過的更大職權，而日本人建立的區役所網絡，也是英治時期未有之舉。日本人不同於英國人，他們會做很多工夫向華人宣傳和解釋政策。日本人在公共衛生、教育和農業方面也有建樹。他們對於保持公共衛生有著「幾乎狂熱的執著」，令天花和霍亂的發病率大大低於戰前。[6]

大部分華人和歐亞混血兒領袖之所以與日本人合作，大概是懷著與大多數香港市民一樣的心情，「既不甘願又惶恐不安，但為求自保而不得不為之」。[7] 沒有人知道戰局何時逆轉，尤其是日本人在中國節節勝利，初期在東南亞也連戰皆捷。恐懼與實事求是無疑是與敵合作的重要原因，另一個原因是為保存自己的階級利益。許多人與日本人合作是為幫助本地社群。包括前代督岳桐在內的幾名殖民地官員，在戰後作證說，他們曾要求周壽臣和羅旭龢與日本人合作，以保障華人利益。[8] 最後，也有一些英國人與日本人聯手，例如與其他英國人一同囚禁在香港島南面赤柱的高級銀行家，他們本來可以拒絕與敵合作，但為了保持金融穩定而協助日本人。前醫務總監司徒永覺（P. S. Selwyn-Clarke）也跟日本人合作，以保護華人、被囚歐籍人和戰俘。無論在日佔時期和戰後，華人對兩華會沒有太大恨意，顯示大部分華裔和歐亞混血裔的社會領袖與敵合作是迫不得已的。

華人和歐亞混血領袖（陳廉伯和劉鐵誠是例外）與日本人合作時，也不像以前與英國人合作時那麼積極。到了1943年中，香港許多人知道日本人敗象已呈。到了那個時候，「日本殖民統治在許多方面都明顯比英國人更暴虐、更官僚和更腐敗，而且更不講理性和沒效率。」[9] 1943年聖誕日，羅旭龢發表電台講話，紀念日本佔領香港兩周年。儘管他讚揚香港在總督磯谷廉介將軍治下取得的進步，但口吻完全不像1941年香港開埠百年時那麼熱情洋溢。他不是把1942年的情況，與英治時期作對比，而是與日本攻佔香港後最初幾個星期的兵荒馬亂相比較。[10] 到了1944年，本地領袖開始不履行兩華會職責，羅旭龢和李子方以健康為由辭任公職。

1943年末英國官員開始計劃在戰後收復香港，該如何處置那些舊有的商界和專業精英，成為須要處理的問題。英國人需要本地人支持的基礎，但有

---

5. Snow, *Fall of Hong Kong*, p. 130.

6. Ibid., pp. 164–165.

7. Endacott, *Hong Kong Eclipse*, p. 238.

8. 岳桐關於會見周壽臣和羅旭龢的記述，見 *South China Morning Post*, October 2, 1945。

9. Lethbridge, "Japanese Occupation," p. 99.

10. Snow, *Fall of Hong Kong*, p. 171.

些戰時被拘禁的歐籍人抨擊羅旭龢、周壽臣等華人領袖對日本人過於俯首帖耳。如果不從這些舊勢力中尋找，那又該從何處物色華人助手？此外，英國還要處理一個問題，就是要令本地華人相信，戰後的香港理應由英國而非國民黨執政的中國管治。英國人「需要香港華人，忠實支持香港維持分隔地位這一概念的華人，即使這批人中有部分似乎曾為日本人效力，協助他們在香港建立『新秩序』。」[11] 這些「忠心華人」沒有逃到未淪陷的「自由中國」地區，反而留下來為日本人工作，「證明他們始終是完全效忠香港。為了香港的利益，無論何人統治此地，他們都會與之妥協和解。所以矛盾的是，現在重回舊地的英國人，面臨中國大陸愈來愈大的威脅，最能依賴的就是社會上這一群人。」[12] 這個道理解釋了英國人為何決定保留舊領袖，他們不能失去那些從前倚仗已久的人；也說明了這些領袖何以如此賣力協助英國恢復統治。殖民地部最終裁定，周壽臣和羅旭龢所做的事，都是為了這殖民地的最佳利益。1945 年 8 月日本向美國投降後不久，周、羅二人開始與日本人合作，以令香港能順利交還英國人，而日本人現在開始鼓勵本地精英抱持親英態度。

因此，1945 年 8 月 30 日，英國海軍少將夏慤（Cecil Harcourt）率領艦隊開進維多利亞港接受日本人投降，英國人須再度依賴「忠心華人」協助。但是，現在的情況不像省港大罷工之後那樣單純分明，那時候英國人向華人和歐亞混血裔協助者大賞各種榮譽嘉獎。1945 年 10 月，羅旭龢被要求暫停公職，直至他的戰時紀錄得到全面釐清。到了翌年 5 月，香港恢復文人政府執政，羅旭龢被迫辭去行政局議員職務，此後不再獲委以公職。周壽臣沒有完全再受重用，李子方不再獲任命為立法局議員。然而，戰前批評殖民地政府最力的歐亞混血兒羅文錦，卻得以恢復其公職生涯，因為英國人相信他是迫於無奈才與日本人合作。羅文錦後來獲委任為行政、立法兩局議員。周埈年不想與敵合作而逃往中立的澳門，他也獲委任為立法局和行政局議員，之後還獲頒大英帝國司令勳章（CBE），而羅文錦則因協助重建香港有功，獲冊封爵士。

香港，殖民統治及與敵合作

香港的經驗對於我們了解殖民統治有何啟示？奧斯特哈梅爾（Jürgen Osterhammel）說，1500 至 1920 年間，世界大部分地方都至少在某段時期曾是歐洲殖民地。但他警告說，不可因為這種不尋常的現象而忽略一個事實，那

---

11. Lethbridge, "Japanese Occupation," p. 117.

12. Snow, *Fall of Hong Kong*, p. 281.

就是：殖民統治的現實情況是「有多重面向的，並且往往並不符合高高在上的帝國策略。它是由海外的地方特徵和國際體系的大趨勢所塑造的」。[13]

奧斯特哈梅爾說，並非「所有異族統治都被其子民視為**不正當**的外來統治」。[14]這一觀察符合香港的情況。雖然英國人是憑武力從中國手上攫取這個島嶼，但全靠此地早期華人的合作，英國才得以實現在香港的殖民擴張。盧亞貴和郭松於鴉片戰爭期間協助英國人，而像譚才這些曾在其他殖民地為英國人效力的承包商，對於建設這個初生的殖民地十分重要。在何啟眼中，英國人的統治是香港成為蓬勃商業中心的因素。1925至1926年省港大罷工期間，殖民地政府和華人資產階級皆視罷工為廣州當局的非法攻擊。1941年香港成為英國殖民地百周年，本地華人贊同以英國佔領為開端的殖民觀點官方版香港史。

奧斯特哈梅爾很明智地警告：「認為『與外人合謀協作』和『反抗』這些立場，是可以用**原則**甚至道德來評斷，是甚有問題的。在某一特定環境中的行為，是源於接觸情況的類型，以及人們解讀它的方式。」因此，與外人合謀協作是「選詞不當，這個用詞難免令人聯想起二次大戰期間，一些人和小集團背叛國家，勾結軍事佔領的政權，這種合作使本國同胞遭逢不可名狀的慘禍，為其餘活在鐵蹄下的人民所痛恨。」[15]奧斯特哈梅爾的分析尤其適用於香港的例子。從開埠之初起，華人和殖民地政府的合作已經發生。其實，所有來到英屬香港的華人，都可算是與外國強權合作的人，因為除了在英國佔領前已定居此地的少數人外，大部分香港華人是自願來到這個島，自己選擇成為英國人的臣民。盧亞貴、郭松和譚才全是這樣。其後在十九和二十世紀，何啟真誠認為，香港因其英國特質，可以協助中國發展成為強大的新國家發揮重要作用。省港大罷工期間，周壽臣、羅旭龢及其他華人資產階級領袖與殖民地政府合作，不只出於自己的經濟利益考量，還為了在動盪不安的年代保全**他們的**香港。

在香港與英國人合作，並非一定會犧牲本地華人或中國的利益。與殖民地政府和歐洲商貿的聯繫，使得華商積攢巨大財富，也令他們能夠設立慈善公益團體。雖然這些組織有助他們維持精英地位，但同時也為貧困華人提供寶貴的服務。它們也為中國提供同樣的重要服務：賑濟饑荒、興建醫院，並為清政府負起非正式的外交功能。事實上，清政府開始將海外華人的官方形

---

13. Jürgen Osterhammel, *Colonialism: A Theoretical Overview*, trans. Shelley L. Frisch (Princeton: Markus Wiener, 1997), p. 4.

14. Ibid., p. 15.

15. Ibid., pp. 45–46, 64。著重號為原文所有。

象從「漢奸」變為「華僑」時，它這樣做不只是因為需要他們的協助，還因為
他們表現出會致力協助中國的赤忱。

但是，奧斯特哈梅爾重新定義的殖民統治的特徵，並非全都能很貼切地
描述香港的情況。據他説，殖民統治「並非僅僅是主子與僕人之間的關係，
而是整個社會被剝奪了其歷史發展軌跡，而按照殖民統治者的需要和利益，
受**外力擺佈**和改變。」[16] 殖民統治並沒有剝奪香港的歷史發展軌跡，反而賦予
香港新的歷史發展軌跡——但之所以有這樣的軌跡，是得益於中國和世界所
發生的事件。雖然香港的殖民統治是建立在合作的基礎之上，但這頂多只足
以把這個島發展為小港口和殖民前哨，並且頂多只能造就一群小商人、地主
和買辦。殖民地政府無力肅清香港周邊海域的海盜，也沒有盡力遏止島上罪
案。政府也無法向華商保證它會致力保住這個島。要待到西方資本主義和帝
國主義加上中國國內局勢動盪，才吸引到像李陞與其堂兄等人帶同資金和商
業聯繫到來，令香港得以成為偉大的商業重鎮。這些事件見證了兩個相關但
截然不同的世界體系的交會，改變了這個島存在的基本原因，並令這個新的
歷史發展軌跡得以實現。

華人商界領袖如何看待自己在殖民地香港的位置？弗朗茲·法農（Frantz
Fanon）的《黑皮膚，白面具》（*Black Skin, White Masks*）和《大地的不幸者》（*The
Wretched of the Earth*）曾在全球激揚反殖思潮，他在這兩本書中説，殖民統治
把非白人的子民貶抑得一無是處，令被殖民民族的心靈受到擾亂和扭曲。[17]
但如弗雷德里克·庫珀所指出，法農認為「被殖民民族除了壓迫史外，沒有
任何其他歷史可言；認為他們在面對和利用殖民者的闖入侵擾時，沒有任何
曖昧變通的餘地」。[18] 和法農一樣，奧斯特哈梅爾説：「在每個被殖民民族的
基本精神面貌中，都有種自愧不如感。」[19] 若果真如此，香港華人資產階級就
十分成功掩飾或克服了這種自愧不如感。盧亞貴和譚才馬上就適應了他們的
新家園。李陞捐錢到中國賑窮濟乏，是否因為他對於離開中國遷往英國殖民
地懷有罪疚感？何啟以身為香港一分子為傲，毫不畏懼表達這種自豪感。在
何啟那個時代，華商會所和中華游樂會創辦人對於自己被摒諸歐籍資產階級
社交世界門外的遭遇不是逆來順受，而是創造同樣專屬於他們的社交世界，

16. Ibid., p. 15。著重號為原文所有。

17. Frantz Fanon, *Black Skin, White Masks*, trans. Charles Lam Markmann (London: MacGibbon and
    Kee, 1952), and *The Wretched of the Earth*, trans. Constance Farrington (New York: Grove, 1961).

18. Frederick Cooper, "Conflict and Connection: Rethinking Colonial African History," *American
    Historical Review* 99.5 (December 1994): 1542.

19. Osterhammel, *Colonialism*, p. 111.

在這個新的社交世界中，他們是毋庸置疑的主人。他們也沒有試圖表現得比
英國人更英國化而出現矯枉過正的情況。反之，他們所創造的社交世界既非
全英式，也非全中式，而是香港華人風格。省港大罷工期間，華人資產階級
領袖協助維持秩序，顯示他們不容忍中國趨向激進的發展，並促請殖民地政
府強硬對付罷工。以上種種似乎不像有自愧不如感的人之所為。

　　香港是否絕無僅有，是文化、經濟和政治上的異數？近期有關殖民統治
的研究雖然開拓了新的見識，但也產生了關於「殖民計劃」(colonial project)
和「殖民相遇」(colonial encounter) 的概括看法。但如同尼古拉斯・托馬斯提
醒我們：「要追溯殖民主義的沿革，就必須著眼於它多元化和具體特殊的表
現形式。」[20] 若說香港是獨一無二的，那麼其獨特之處，並不在於香港政府傳
統上津津樂道的原因——英國司法公正、施行仁治，以及配合華人創業精神
的自由貿易；反之，更在於香港的地理位置。香港是中國這頭巨象的細小尾
巴，它為華商提供了一個優越地點，令他們可在此比較和對照香港與中國大
陸的情況。

香港與中國以外的華人

　　有關香港在中國近代史的地位，普遍看法是強調香港對於國家建設的貢
獻：清朝時，香港學校畢業生在清政府機構和海關供職，民國時期又效力不
同的政府；香港在辛亥革命的作用；它為中國難民提供庇蔭；它的慈善賑災
工作；以及香港企業家在華南的工商業活動。[21] 1997 年香港回歸中國統治前
十年間，這些主題在中國大陸的學術研究中尤其大受渲染，而這是旨在令本
地華人疏遠英國、回歸「祖國」的眾多策略招數之一。[22] 但是，這種對於香
港貢獻的強調，把事情過分簡單化，忽略了香港華人如何利用他們在中國近
代史中的作用來凸顯自己的獨特性。同樣，關於中國本土以外華人的學術研
究，一面倒強調華僑無私的愛國情操，以及他們致力協助中國的國家建設。
然而，這些海外華人之所以能夠傳回僑匯、捐輸賑款、在鄉村辦學和興建醫
院，全靠他們身處中國之外。

---

20. Nicholas Thomas, *Colonialism's Culture: Anthropology, Travel and Government* (Princeton: Princeton University Press, 1994), p. x.
21. 如 K. C. Fok, *Lectures on Hong Kong History: Hong Kong's Role in Modern Chinese History* (Hong Kong: Commercial Press, 1990)；霍啓昌：《香港與近代中國》(台北：商務印書館，1993)。
22. 王宏志：《歷史的沉重：從香港看中國大陸的香港史論述》(香港：牛津大學出版社，2000)，第一章。

最後，我們與其只注意華僑社會的「中國特質」，或許更應考慮它們與非華人的殖民社會或移墾社會相似之處。[23] 香港華商與殖民地香港的英僑商界，以及半殖民地上海的英籍「上海住民」非常相似。[24] 無論英僑還是華人，都汲汲於打開中國市場，因此可說香港華人既是被殖民者，又是殖民者。英僑和香港華人都受益於與大英帝國的聯繫，並且都倚仗這個帝國的國力。這兩批人都自視為長期或永久居民，而非外僑或過客。但他們仍然捐助故鄉的慈善事業，有需要時還協助國家作戰。無論英僑還是香港華人都有不同身份：英國人或華人，帝國臣民或國民，還有本地人。兩個社群都自視為勤奮、有創業精神和熱心公益，他們的本地身份就是建立在這種自我形象之上。從1941年的開埠百年紀念可見，兩者都認為是自己把**他們的**香港從荒島變成繁盛興旺的大城市。

香港與中國歷史

香港的經驗能帶來什麼啟示，增進我們對中國歷史的了解？香港華商精英在市政事務中積極發揮作用——儘管無疑是出於私心，但仍然深遠影響此殖民地的本質。要做到這點，是否必須得到**英國人**支持並有**華人**商界精英參與？還是說，由於受中國政治經濟的本質所影響，這些華人習慣於與外國強權合作？從多方面來說，中國失敗之處，就是香港成功之道：中國在十九世紀末無法提供安全的營商環境，在二十世紀初則無力遏止派系分裂和地方割據，而它願意賦予商人的政治權力，甚至不如這些商人在歐洲殖民地所能獲得的大。這令與英國人合作成為吸引人的選擇。

然而，或許正因為香港在政治上不屬於中國一部分，才會在過去超過一百五十年成為對中國作用最大的地方。儘管香港不是中國「本土」的一部分，但中國沿海有許多與香港相似的城市，例如廣州和上海，都是在槍口威逼下（這既是比喻又是真實情況）被迫開放，成為與外國通商的口岸。這些常被稱為「非正式殖民地」的城市，雖然是在槍口威逼下打開門戶，但中國人大舉移居到這些地方，不但無懼於受外國統治，反而正正是因這些地方是受外國統治而遷來。這些通商口岸帶來嶄新、多重並且往往互相重疊的社群、身

23. 如 見 Nicholas Canny and Anthony Pagden, eds., *Colonial Identity in the Atlantic World, 1500–1800* (Princeton: Princeton University Press, 1987)。

24. Robert Bickers, *Britain in China: Community, Culture and Colonialism, 1900–1949* (Manchester: Manchester University Press, 1999).

份和忠誠，這些情況直至近期才有人研究。[25] 香港的例子也顯示，我們須要探討中國民族主義的類型和各種變化差異。近期研究多集中研究中國民族主義如何創造、由誰創造，但我們也須探討民族主義概念在不同階級、不同地方和不同時代有何差異。

香港的殖民統治：過去與現在

香港人此刻邁入歷史上關鍵的新時期，關於殖民統治的新理解，能為我們理解香港的今天帶來什麼新啟迪？香港在新統治者管治下前景將如何，沒有人能確定，但我們可以根據香港的過去預測其未來。雖然香港已回歸中國，但沒有去殖民化，而是被再殖民化，只不過宗主國由倫敦變為北京。[26] 來自北京的新幹部令人想起十九世紀的早期英國官員，他們有自己的語言、自己的會所，並對他們的新子民懷著居高臨下的態度。但香港也發現自己既以殖民手段對待別人，也被別人殖民，這又令底層的概念變得複雜：雖然這個前殖民地在政治上處於從屬地位，但它的經濟和政治卻比中國大陸更為進步。

交還中國統治在即，令一些我們所見的問題更形迫切。比如，1989年6月，數以十萬計香港華人上街抗議天安門廣場的事件。在許多觀察家眼中，這是新的香港身份認同的濫觴。白霖（Lynn White）和李成指出，天安門事件促使許多香港華人「有意識地重新思索自己的身份認同，以及對於未來應如何抉擇」，[27] 這是很正確的觀察。但是，天安門事件及其後果不過是把中國民族主義和香港身份認同之間的複雜關係凸顯出來。香港華人抗議天安門的殺戮時，是出於既是中國民族主義者又是香港華人的身份。天安門事件固然令許多香港華人對中國共產黨反感，但也「加強了他們對中國的愛國心」。[28] 如白霖和李成所說：「儘管他們對中國政府愈來愈不滿，並在世界各地尋找託庇之所，以便日後可能有需要時投奔，但在那一年，香港人變得更加徹底中國

---

25. 如見 Robert Bickers and Christian Henriot, eds., *New Frontiers: Imperialism's New Communities in East Asia, 1842–1953* (Manchester: Manchester University Press, 2000)。

26. 不同的觀察家都提出這點，包括 Stephen Vines 的 *Hong Kong: China's New Colony* (London: Aurum, 1998)，以及 William P. MacNeil 的 "Enjoy Your Rights! Three Cases from the Postcolonial Commonwealth," *Public Culture* 23 (1997): 381。

27. Lynn White and Li Cheng, "China Coast Identities: Regional, National, and Global," in *China's Quest for National Identity*, ed. Lowell Dittmer and Samuel S. Kim (Ithaca, NY: Cornell University Press, 1993), p. 180.

28. Ibid., p. 183.

化。」[29] 一如本書所探討的歷史時期裡的情況，中國民族主義與香港身份認同之間的關係，是由中港邊界兩方的事態發展所塑造。同樣地，最近的居港權案件，表面上是關乎在新政府管治下香港司法制度自主的問題，但此事也關乎什麼人才有資格成為香港華人的問題。

對許多香港華人來說，相較於受英國統治，受中國統治更令他們拒斥和擔憂。雖然北京承諾香港特別行政區享有五十年「高度自治」，但從這個特區成立之初起，北京就經常插手此地的政治事務，立意要證明決定此特區未來的不是香港人，而是北京政府。比如，它已採取幾項措施限制香港的民主發展。調查經常發現，公眾對於香港政府處理與北京中央政府的關係非常不滿，而公眾對於特區政府的滿意度通常十分低。

但是，香港過去被殖民的歷史如何令此地人民有所準備，應付他們未來被殖民的前景，我們很少讀到或聽到有人問及這個問題。學者和記者經常慨歎近來香港的政治自由受到侵蝕（這有其道理）。但他們很少注意到香港做了一些新嘗試，務令這個前殖民地不會只成為另一個中國城市，包括家長因為擔心子女在國際市場的競爭力下降，而反對政府在學校內重視中文而非英文的方針，以及藝術家和記者在作品中提倡多用粵語。甚至連新的政府也在想方設法使香港繼續保持獨特實體的地位，包括在這個地區最後一片未開發土地興建迪士尼主題公園，還有不成功的新「數碼港」計劃，以及各種旨在賦予這個城市新形象的稱呼和象徵符號：「動感之都」和「亞洲國際都會」。

最後，一如英國殖民是靠本地華人協助才能成事，中國的再殖民化也是靠香港本地華人幫助來實現。北京自 1997 年以來都是任命顯赫的本地人管治這個地方，雖然這肯定不代表北京順從香港人爭取代表權的要求，但這承認香港與中國其他地方十分不同，沒有本地人協助是無法管理的。逾一百五十年的殖民統治，或許令香港華人做好充分準備以應對當前面臨的變化。香港華人或許沒有認真地挑戰殖民統治和它的種種特點，但他們也不是逆來順受。他們設法逐一化解，並將想要的東西挪為己用。這是他們在十九世紀和二十世紀所做的事，我認為他們在二十一世紀仍將如此。

---

29. Ibid., p. 190.

參考書目

中文書目（按姓氏筆劃排序）

丁又。《香港初期史話，1841-1907》。北京：三聯書店，1983。

丁新豹。《香港早期之華人社會 1841-1870》。香港：香港大學博士論文，1989。

《工商日報》。1925 至 1926 年。

中國旅行社。《香港導遊》。上海：中國旅行社，1940。

元邦建。《香港史略》。香港：中流出版社，1993。

方美賢。《香港早期教育發展史》。香港：中國學社，1975。

方漢奇輯。〈1884 年香港人民的反帝鬥爭〉，《近代史資料》，1957 年第 6 期，頁 20-30。

王宏志。《歷史的沉重：從香港看中國大陸的香港史論述》。香港：牛津大學出版社，2000。

王楚瑩編。《香港工廠調查》。香港：南僑新聞企業公司，1947。

王齊樂。《香港中文教育發展史》。香港：波文書局，1983。

甘田。《省港大罷工》。北京：通俗讀物出版社，1956。

任繼愈。〈何啟、胡禮垣的改良主義思想〉。載馮友蘭編，《中國近代思想史論文集》。上海：上海人民出版社，1958。

〈先施公司二十五年經過史〉，《先施公司二十五週紀念冊》。香港：商務印書館，1924。

何文翔。《香港家族史》。香港：明報出版社，1992。

余繩武、劉存寬編。《十九世紀的香港》。香港：麒麟書業有限公司，1994。

吳昊。《懷舊香港地》。香港：博益出版集團，1988。

吳醒濂。《香港華人名人史略》。香港，五洲書局，1937。

李明仁。〈一八八四年香港罷工運動〉，《歷史研究》，1958 年第 3 期，頁 89-90。

李家園。《香港報業雜談》。香港：三聯書店（香港）有限公司，1989。

汪敬虞。〈十九世紀外國侵華企業中的華商附股活動〉，《歷史研究》，1965 年第 4 期，總第 94 期，頁 39-74。

沙為楷。《中國之買辦制》。上海：商務印書館，1927。

阮柔。《香港教育：香港教育制度之史的研究》。香港：進步教育出版社，1948。

冼玉儀。〈社會組織與社會轉變〉。載王賡武編，《香港史新編》，上冊。香港：三聯書店（香港）有限公司，1997，頁157–210。

林友蘭。《香港史話（增訂本）》。香港：上海書店，1985。

林鈴。〈我所知道的香港《工商日報》〉，《廣東文史資料》，第51輯。廣州：廣東人民出版社，1987，頁105–111。

《南北行公所成立壹百週年紀念特刊》。香港：南北行公所，1968。

《南華體育會七十週年會慶紀念特刊》。香港：南華體育會，1980。

《南華體育會八十週年會慶紀念特刊》。香港：南華體育會，1990。

《南華體育會六十週年會慶紀念特刊》。香港：南華體育會，1970。

胡適。《南遊雜憶》。台北：啟明書局，1958。

胡濱。《中國近代改良主義思想》。北京：中華書局，1964。

胡禮垣。《胡翼南先生全集》，六十卷。香港：出版社不詳，1917。重印於沈雲龍編，《近代中國史料叢刊續編》，第261至266冊。台北：文海出版社，1975。

香港中華基督教青年會。《青年會事業概要》。香港：香港中華基督教青年會，1918。

———。《香港中華基督教青年會五十周年紀念特刊》。香港：中華基督教青年會，1951。

《香港中華游樂會：1912–1987》。香港：中華游樂會，1987。

《香港中華游樂會七十週年紀念特刊》。香港：中華游樂會，1982。

《香港中華總商會成立八十周年紀念特刊》。香港：香港中華總商會，1980。

《香港中華總商會成立六十周年紀念特刊》。香港：香港中華總商會，1960。

香港永安有限公司編。《香港永安有限公司廿五週年紀念錄：由前（清）光緒三十三年至中華民國二十一年》。香港：天星印務局，1932。

香港先施有限公司。《香港先施有限公司鑽禧紀念冊》。香港：出版社不詳，1975。

《香港東華三院百年史略》。香港：香港東華三院庚戌年董事局，1971。

《香港東華醫院六十週年紀念記》。香港：出版社不詳，1931。

《香港南北行公所新廈落成暨成立八十六週年紀念特刊》。香港：香港南北行公所，1954。

《香港華僑工商業年鑑》。香港：協群公司，1940。

馬寅初。〈中國之買辦制〉，《東方雜誌》，第20卷第6號（1923年3月），頁129–132。

《馬應彪先生簡史》。廣州：廣東省公安司法管理幹部學院，1986。

馬鴻述、陳振名編著。《香港華僑教育》。台北：海外出版社，1958。

高添強、唐卓敏。《香港日佔時期》。香港：三聯書店（香港）有限公司，1995。

張曉輝。《香港華商史》。香港：明報出版社，1998。

《曹善允博士追思錄》。香港：僑聲出版社，1956。

陳大同等編。《香港華僑團體總覽》。香港：國際新聞社，1947。

陳大同編。《百年商業》。香港：光明文化事業公司，1941。

陳公哲。《香港指南》。長沙：商務印書館，1938。

陳明銶。〈港英黃昏近、落日香江紅——殖民地不干預主義的沒落〉,《信報財經月刊》,第11卷第10期,總第130期(1988年1月),頁36-42。

陳謙。〈香港舊事見聞錄(一)〉,載《廣東文史資料》,第41輯。廣州:廣東人民出版社,1984,頁1-34。

———。〈香港舊事見聞錄(三)〉,載《廣東文史資料》,第46輯。廣州:廣東人民出版社,1985,頁1-64。

———。〈香港舊事見聞錄(四)〉,載《廣東文史資料》,第47輯。廣州:廣東人民出版社,1986,頁1-42。

〈幾家華資百貨公司〉,載《香港商業錄》。香港:中國新聞社,1948,頁13。

曾鳴。〈香港保良局史略〉,載《廣東文史資料》,第61輯。廣州:廣東人民出版社,1990,頁212-224。

渡辺哲弘。〈何啓　胡礼垣の新政論〉,《立命論文學》,第197號(1961),頁59-75。

馮自由。《中國革命運動二十六年組織史》。上海:商務印書館,1948。

馮邦彥。《香港英資財團:1841-1996》。香港:三聯書店(香港)有限公司,1996。

———。《香港華資財團:1841-1997》。香港:三聯書店(香港)有限公司,1997。

黃逸峰。〈關於舊中國買辦階級的研究〉,《歷史研究》,1964年第3期,總第87期,頁89-116。

———。〈帝國主義侵略中國的一個重要支柱——買辦階級〉,《歷史研究》,1965年第1期,總第91期,頁55-70。

黃逸峰等。《舊中國的買辦階級》。上海:人民出版社,1982。

楊思賢。《香港滄桑》。北京:中國友誼出版公司,1986。

經濟資料社編。《香港工商手冊》。香港:出版社不詳,1947。

劉蜀永。《簡明香港史》。香港:三聯書店(香港)有限公司,1998。

劉富宗等述。《劉鑄伯行述》。香港:出版社不詳,1922。

蔡洛等。《省港大罷工》。廣州:廣東人民出版社,1980。

蔡榮芳。《香港人之香港史,1841-1945》。香港:牛津大學出版社,2001。

蔣祖緣、方志欽編:《簡明廣東史》。廣州:廣東人民出版社,1993。

魯言等。《香港掌故》,十二集。香港:廣角鏡出版社,1977-1989。

黎晉偉主編。《香港百年史》。香港:南中出版社,1948。

黎照寰。〈華僑資本的五家銀行〉,載《廣東文史資料》,第8輯。廣州:廣東人民出版社,1963,頁133-138。

蕭公權。《中國政治思想史》。台北:中華文化出版事業委員會,1954。

蕭國健。《香港前代社會》。香港:中華書局,1990。

霍啓昌。〈香港華人在近代史上對中國的貢獻試析〉,《海外華人研究》,第1期(1989年6月):頁81-88。

———。《香港與近代中國》。台北:台灣商務印書館,1993。

聶寶璋。〈從美商旗昌輪船公司的創辦與發展看買辦的作用〉,《歷史研究》,1964年第2期,總第86期,頁91-110。

———。《中國買辦資產階級的發生》。北京：中國社會科學出版社，1979。

羅香林。《香港與中西文化之交流》。香港：中國學社，1961。

———。《一八四二年以前之香港及其對外交通》。香港：中國學社，1963。

關禮雄。《日佔時期的香港》。香港：三聯書店（香港）有限公司，1993。

英文書目

Abbas, Ackbar. *Hong Kong: Culture and the Politics of Disappearance.* Minneapolis: University of Minnesota Press, 1997.

Administrative Reports. Hong Kong: Government Printer, 1879–1939.

Allen, G. C., and Audrey G. Donnithorne. *Western Enterprise in Far Eastern Economic Development: China and Japan.* New York: Macmillan, 1954.

Altbach, Philip G., and Gail P. Kelly, eds. *Education and the Colonial Experience.* New Brunswick, NJ: Transaction, 1984.

Annual Report. Hong Kong: Government Printer, 1889–1927, 1931.

Bard, Solomon. *Traders of Hong Kong: Some Foreign Merchant Houses, 1841–1899.* Hong Kong: Urban Council, 1993.

Bayly, C. A. *Empire and Information: Intelligence Gathering and Social Communication in India, 1780–1870.* Cambridge: Cambridge University Press, 1996.

Benedict, Carol. "Framing Plague in China's Past." In *Remapping China: Fissures in Historical Terrain,* edited by Gail Hershatter, Emily Honig, Jonathan N. Lipman, and Randall Stross, pp. 27–41. Stanford: Stanford University Press, 1996.

Bergère, Marie-Claire. *The Golden Age of the Chinese Bourgeoisie, 1911–1937.* Translated by Janet Lloyd. Cambridge: Cambridge University Press, 1989.

Berncastle, Julius. *A Voyage to China: Including a Visit to the Bombay Presidency; the Mahratta Country; the Cave Temples of Western India, Singapore, the Straits of Malacca and Sunda, and the Cape of Good Hope.* 2 vols. London: William Shoberl, 1850.

Bhabha, Homi. *The Location of Culture.* London: Routledge, 1994.

Bickers, Robert. *Britain in China: Community, Culture, and Colonialism 1900–1949.* Manchester: Manchester University Press, 1999.

Bickers, Robert, and Christian Henriot, eds. *New Frontiers: Imperialism's New Communities in East Asia, 1842–1953.* Manchester: Manchester University Press, 2000.

Blue Book. Hong Kong: Noronha, 1871–1941.

Blussé, Leonard. *Strange Company: Chinese Settlers, Mestizo Women, and the Dutch in VOC Batavia.* Dordrecht, The Netherlands: Foris, 1986.

Bodnar, John. *Remaking America: Public Memory, Commemoration, and Patriotism in the Twentieth Century.* Princeton: Princeton University Press, 1991.

Bordieu, Pierre. "Sport and Social Class." In *Rethinking Popular Culture: Contemporary Perspectives in Cultural Studies,* edited by Chandra Mukerji and Michael Schudson, pp. 357–373. Berkeley: University of California Press, 1991.

Brook, Timothy, and Bob Tadashi Wakabayashi, eds. *Opium Regimes: China, Britain, and Japan, 1839–1952.* Berkeley: University of California Press, 2000.

Burt, A. R., J. B. Powell, and C. Crow, eds. *Biographies of Prominent Chinese*. Shanghai: Biographical Publishing Co., 1925.

Cannadine, David. *Ornamentalism: How the British Saw Their Empire*. Oxford: Oxford University Press, 2001.

Canton Press. 1841–1844.

Carnoy, Martin. *Education as Cultural Imperialism*. New York: Longman, 1974.

Carroll, John M. "Colonialism and Collaboration: Chinese Subjects and the Making of British Hong Kong." *China Information* 12.1/2 (Summer/Autumn 1997): 12–35.

Cashman, Richard. *Patrons, Players, and the Crowd: The Phenomenon of Indian Cricket*. New Delhi: Longman Orient, 1980.

Chadourne, Marc. *China*. Translated by Harry Block. New York: Covici Friede, 1932.

Chan, Ming K. "All in the Family: The Hong Kong-Guangdong Link in Historical Perspective." In *The Hong Kong–Guangdong Link: Partnership in Flux*, edited by Reginald Yin-Wang Kwok and Alvin Y. So, pp. 31–63. Armonk, NY: M. E. Sharpe, 1995.

———. "Labor and Empire: The Chinese Labor Movement in the Canton Delta, 1895–1927." PhD diss., Stanford University, 1975.

———. "The Legacy of the British Administration of Hong Kong: A View from Hong Kong." *China Quarterly* 151 (September 1997): 567–582.

———. "Stability and Prosperity in Hong Kong: The Twilight of Laissez-faire Colonialism?" *Journal of Asian Studies* 42.3 (May 1983): 589–598.

Chan, Ming K., ed. *Precarious Balance: Hong Kong between China and Britain, 1842–1992*. Armonk, NY: M. E. Sharpe, 1994.

Chan, Wai Kwan. *The Making of Hong Kong Society: Three Studies of Class Formation in Early Hong Kong*. Oxford: Clarendon Press, 1991.

Chan, Wellington K. K. "The Organizational Structure of the Traditional Chinese Firm and Its Modern Reform." *Business History Review* 56.2 (Summer 1982): 218–235.

Chan Lau, Kit-ching. *China, Britain and Hong Kong, 1895–1945*. Hong Kong: Chinese University Press, 1990.

Chang, Hao. "Intellectual Change and the Reform Movement, 1890–8." In *The Cambridge History of China*. Vol. 11, edited by John K. Fairbank, pp. 274–338. Cambridge: Cambridge University Press, 1980.

Chatterjee, Partha. *The Nation and Its Fragments: Colonial and Postcolonial Histories*. Princeton: Princeton University Press, 1993.

Chaturvedi, Vinayak, ed. *Mapping Subaltern Studies and the Postcolonial*. London: Verso, 2000.

Cheng, Irene. *Clara Ho Tung: A Hong Kong Lady, Her Family and Her Times*. Hong Kong: Chinese University Press, 1976.

China Directory. 1861–1874. Hong Kong: A. Shortrede, 1861–1874.

China Mail. 1845–1865.

China Mail. *Hong Kong Centenary Number*. 20 January 1941.

Chiu, Fred Y. L. "Politics and the Body Social in Colonial Hong Kong." In *Formation of Colonial Modernity in East Asia*, edited by Tani E. Barlow, pp. 295–322. Durham, NC: Duke University Press, 1997.

Choa, Gerald H. *The Life and Times of Sir Kai Ho Kai*. Hong Kong: Chinese University Press, 1981.

Chung, Stephanie Po-yin. *Chinese Business Groups in Hong Kong and Political Change in South China, 1900–25*. Basingstoke, UK: Macmillan, 1998.

Clarke, Colin G. "A Caribbean Creole Capital: Kingston, Jamaica (1692–1938)." In *Colonial Cities: Essays on Urbanism in a Colonial Context*, edited by Robert Ross and Gerald J. Telkamp, pp. 153–170. Leiden: Martinus Nijhoff, for Leiden University Press, 1985.

Clementi, Cecil. Diary Letters of Sir Cecil Clementi, 1925–1927. Public Records Office of Hong Kong. Microfilm.

Cohen, Paul A. *Between Tradition and Modernity: Wang T'ao and Reform in Late Ch'ing China*. Cambridge, MA: Harvard University Press, 1974.

———. "Littoral and Hinterland in Nineteenth-Century China: The 'Christian' Reformers." In *The Missionary Enterprise in China and America*, edited by John K. Fairbank, pp. 197–230. Cambridge, MA: Harvard University Press, 1974.

Cohn, Bernard S. *Colonialism and Its Forms of Knowledge: The British in India*. Princeton: Princeton University Press, 1996.

Commercial and Industrial Hong Kong: A Record of 94 Years Progress of the Colony in Commerce, Trade, Industry, and Shipping (1841–1935). Hong Kong: Bedikton, 1935.

Connerton, Paul. *How Societies Remember*. Cambridge: Cambridge University Press, 1989.

Cooper, Frederick. "Conflict and Connection: Rethinking Colonial African History." *American Historical Review* 99.5 (December 1994): 1516–1545.

Cooper, Frederick, and Ann Laura Stoler, eds. *Tensions of Empire: Colonial Cultures in a Bourgeois World*. Berkeley: University of California Press, 1997.

Cree, Edward H. *The Cree Journals: The Voyage of Edward H. Cree, Surgeon R. N., as Related in His Private Journals, 1837–1856*. Edited by Michael Levien. Exeter, UK: Webb and Bower, 1981.

Crisswell, Colin N. *The Taipans: Hong Kong's Merchant Princes*. Hong Kong: Oxford University Press, 1981.

Cunynghame, Arthur. *The Opium War; Being Recollections of Service in China*. London: Saunders and Otley, 1844.

Des Voeux, G. William. *My Colonial Service in British Guiana, St. Lucia, Trinidad, Fiji, Australia, Newfoundland, and Hong Kong with Interludes*. 2 vols. London: John Murray, 1903.

Dirks, Nicholas B. "Colonialism and Culture." In *Colonialism and Culture*, edited by Nicholas B. Dirks, pp. 1–25. Ann Arbor: University of Michigan Press, 1992.

Dirlik, Arif. "Chinese History and the Question of Orientalism." *History and Theory* 35.4 (December 1995): 96–120.

Eastman, Lloyd E. "Political Reformism in China before the Sino-Japanese War." *Journal of Asian Studies* 27.4 (August 1968): 695–710.

Eitel, E. J. *Europe in China: The History of Hong Kong from the Beginning to the Year 1882*. Hong Kong: Kelly and Walsh, 1895. Reprint, Hong Kong: Oxford University Press, 1983.

Endacott, G. B. *An Eastern Entrepot: A Collection of Documents Illustrating the History of Hong Kong*. London: Her Majesty's Stationery Office, 1964.

———. *Government and People in Hong Kong, 1841–1962: A Constitutional History*. Hong Kong: Hong Kong University Press, 1964.

———. *A History of Hong Kong*. Rev. ed. Hong Kong: Oxford University Press, 1973.

———. *Hong Kong Eclipse*. Edited by Alan Birch. Hong Kong: Oxford University Press, 1978.

Evans, Dafydd Emrys. "Chinatown in Hong Kong: The Beginnings of Taipingshan." *Journal of the Hong Kong Branch of the Royal Asiatic Society* 10 (1970): 69–78.

———. "The Foundation of Hong Kong: A Chapter of Accidents." In *Hong Kong: The Interaction of Traditions and Life in the Towns*, edited by Marjorie Topley, pp. 11–41. Hong Kong: Hong Kong Branch of the Royal Asiatic Society, 1975.

Fairbank, John King. *Trade and Diplomacy on the China Coast: The Opening of the Treaty Ports, 1842–1854.* 2 vols. 1953. Reprinted as 1 vol., Cambridge, MA: Harvard University Press, 1964.

Feldwick, W. *Present Day Impressions of the Far East and Prominent Chinese at Home and Abroad: The History, People, Commerce, Industries, and Resources of China, Hongkong, Indo-China, Malaya, and Netherlands India.* London: Globe Encyclopaedia, 1917.

Fok, K. C. *Lectures on Hong Kong History: Hong Kong's Role in Modern Chinese History.* Hong Kong: Commercial Press, 1990.

Fortune, Robert. *Three Years' Wanderings in the Northern Provinces of China, Including a Visit to the Tea, Silk, and Cotton Countries: With an Account of Agriculture and Horticulture of the Chinese, New Plants, etc.* London: J. Murray, 1847.

Friend of China. 1842–1869.

Gillingham, Paul. *At the Peak: Hong Kong between the Wars.* Hong Kong: Macmillan, 1983.

Gillis, John R., ed. *Commemorations: The Politics of National Identity.* Princeton: Princeton University Press, 1994.

Goodman, Bryna. "Improvisations on a Semicolonial Theme, or, How to Read Multiethnic Participation in the 1893 Shanghai Jubilee." *Journal of Asian Studies* 59.4 (November 2000): 889–926.

———. *Native Place, City, and Nation: Regional Networks and Identities in Shanghai, 1853–1937.* Berkeley: University of California Press, 1995.

Grantham, Alexander. *Via Ports: From Hong Kong to Hong Kong.* Hong Kong: Hong Kong University Press, 1965.

Great Britain, Colonial Office. Original Correspondence: Hong Kong, 1841–1951, Series 129 (CO129). London: Public Record Office.

———. Executive and Legislative Council Minutes: Hong Kong (from 1844), Series 131 (CO 131). London: Public Record Office.

Great Britain, Foreign Office. General Correspondence: China, 1815–1905, Series 17 (FO 17). London: Public Record Office.

———. Records of Letters between the Plenipotentiary and the High Provincial Authorities, and Proclamations by H. E. the Governor and Chief Magistrate, 1844–1849, Series 233 (FO 233). London: Public Record Office.

Great Britain, Office of the Commercial Attaché, Shanghai. *List of the Principal Foreign and Chinese Industrial Enterprises in China and Hong Kong.* Shanghai: Kelly and Walsh, 1918.

Guha, Ranajit, and Gayatri Chakravorty Spivak, eds. *Selected Subaltern Studies.* New York: Oxford University Press, 1988.

Gützlaff, Karl F. A. *Journal of Three Voyages along the Coast of China in 1831, 1832, and 1833, with Notices of Siam, Corea, and the Loo-choo Islands.* London: Frederick Westley and A. H. Davis 1834.

Hamilton, Gary G., ed. *Cosmopolitan Capitalists: Hong Kong and the Chinese Diaspora at the End of the Twentieth Century.* Seattle: University of Washington Press, 1999.

Hao, Yen-p'ing. *The Commercial Revolution in Nineteenth-Century China: The Rise of Sino-Western Mercantile Capitalism*. Berkeley: University of California Press, 1986.

———. *The Comprador in Nineteenth Century China: Bridge between East and West*. Cambridge, MA: Harvard University Press, 1970.

Harter, Seth. "Now and Then: The Loss of Coevalness between Hong Kong and Guangdong." Paper, annual meeting of the Association for Asian Studies, Washington, DC, 1998.

Hayes, James. "The Nam Pak Hong Commercial Association of Hong Kong." *Journal of the Hong Kong Branch of the Royal Asiatic Society* 19 (1979): 216–226.

Hershatter, Gail. "The Subaltern Talks Back: Reflections on Subaltern Theory and Chinese History." *positions* 1.1 (Spring 1993): 103–130.

Hevia, James L. *Cherishing Men from Afar: Qing Guest Ritual and the Macartney Embassy of 1793*. Durham, NC: Duke University Press, 1995.

———. *English Lessons: The Pedagogy of Imperialism in Nineteenth-Century China*. Durham, NC: Duke University Press, 2003.

Historical and Statistical Abstract of the Colony of Hong Kong, 1841–1930. Hong Kong: Noronha, 1932.

History of the Ladies Recreation Club. Hong Kong: n.p., 1960.

Hoe, Susanna. *The Private Life of Old Hong Kong: Western Women in the British Colony*. Hong Kong: Oxford University Press, 1991.

Hong Kong: A Short History of the Colony and an Outline of the Present Political Situation in China. Hong Kong: Publicity Bureau for South China, 1928.

Hong Kong Almanack and Directory for 1846. Hong Kong: China Mail, 1846.

Hong Kong Annual Administration Reports, 1841–1941. Edited by R. L. Jarman. Vol. 1: 1841–1886. Oxford: Archive Editions, 1996.

Hong Kong Centenary Commemorative Talks, 1841–1941. Hong Kong: World News Service, 1941.

Hong Kong Civil Service List. Hong Kong: Noronha, 1904–1958.

Hong Kong Club. *Articles of Association of the Hongkong Club*. Hong Kong: Noronha, 1924. *Hong Kong Daily Press*. 1857–1941.

Hong Kong Daily Press. *Fifty Years of Progress: The Jubilee of Hongkong as a British Crown Colony, Being an Historical Sketch to Which Is Added an Account of the Celebrations of 21st to 24th January, 1891*. Hong Kong: Hong Kong Daily Press, 1891.

Hong Kong Government Gazette. Hong Kong: Noronha, 1853–1941.

Hong Kong Hansard: Reports of the Meetings of the Legislative Council of Hong Kong. Hong Kong: Noronha, 1890–1941.

Hong Kong Legislative Council Sessional Papers. Hong Kong: Noronha, 1884–1941.

Hong Kong Register. 1844–1863.

Hostetler, Laura. *Qing Colonial Enterprise: Ethnography and Cartography in Early Modern China*. Chicago: University of Chicago Press, 2001.

Hsu, Immanuel C. Y. "Late Ch'ing Foreign Relations, 1866–1905." In *The Cambridge History of China*. Vol. 11, edited by John K. Fairbank, pp. 71–141. Cambridge: Cambridge University Press, 1980.

Hughes, Richard. *Hong Kong: Borrowed Place, Borrowed Time*. London: André Deutsch, 1968.

Hunter, William C. *The "Fan Kwae" at Canton before Treaty Days, 1825–1844*. London: Kegan Paul, Trench, and Co., 1882.

Hurley, R. C. *Picturesque Hong Kong: A British-Crown-Colony and Dependencies.* Hong Kong: Commercial Press, 1925.

"Interview with Dr. B. Kotewall by Dr. Alan Birch." N.d., Public Records Office of Hong Kong.

Irish University Press Area Studies Series. *British Parliamentary Papers, China, 24: Correspondence, Dispatches, Reports, Ordinances, Memoranda, and Other Papers Relating to the Affairs of Hong Kong, 1846–60.* Shannon: Irish University Press, 1971.

Irish University Press Area Studies Series. *British Parliamentary Papers, China, 25: Correspondence, Dispatches, Reports, Returns, Memorials, and Other Papers Respecting the Affairs of Hong Kong, 1862–81.* Shannon: Irish University Press, 1971.

Johnson, James D. *China and Japan: Being a Narrative of the Cruise of the U.S. Steam Frigate Powhatan, in the Years 1857, '58, '59, and '60.* Philadelphia: Charles DeSilver, 1860.

Kennedy, Dane. "Imperial History and Post-Colonial Theory." *Journal of Imperial and Commonwealth History* 24.3 (September 1996): 345–363.

———. *Islands of White: Settler Society and Culture in Kenya and Southern Rhodesia, 1890–1939.* Durham, NC: Duke University Press, 1987.

———. *The Magic Mountains: Hill Stations and the British Raj.* Berkeley: University of California Press, 1996.

King, Anthony D. "Culture, Social Power and Environment: The Hill Station in Colonial Urban Development." *Social Action* 26.3 (July–September 1976): 195–213.

King, Frank H. H. *The History of the Hongkong and Shanghai Banking Corporation.* 4 vols. Cambridge: Cambridge University Press, 1987–1990.

———. *Survey our Empire! Robert Montgomery Martin (1801?–1868): A Bio-Bibliography.* Hong Kong: Centre of Asian Studies, University of Hong Kong, 1979.

Kratoska, Paul H., ed. *Honourable Intentions: Talks on the British Empire in South-East Asia Delivered at the Royal Colonial Institute, 1874–1928.* Singapore: Oxford University Press, 1983.

Kwan, Daniel Y. K. *Marxist Intellectuals and the Chinese Labor Movement: A Study of Deng Zhongxia (1894–1933).* Seattle: University of Washington Press, 1997.

The Ladies' Recreation Club, 1883–1983. Hong Kong: Ladies' Recreation Club, 1983.

Larson, Pier M. "'Capacities and Modes of Thinking': Intellectual Engagements and Subaltern Hegemony in the Early History of Malagasy Christianity." *American Historical Review* 102.4 (October 1997): 969–1002.

Lau, Siu-kai. *Society and Politics in Hong Kong.* Hong Kong: Chinese University Press, 1982.

———. *Utilitarianistic Familism: An Inquiry into the Basis of Political Stability in Hong Kong.* Hong Kong: Chinese University of Hong Kong Social Research Centre, 1977.

Leeming, Frank. "The Earlier Industrialization of Hong Kong." *Modern Asian Studies* 9.3 (1975): 337–342.

Lethbridge, Henry J. *Hong Kong: Stability and Change: A Collection of Essays.* Hong Kong: Oxford University Press, 1978.

———. "Hong Kong under Japanese Occupation: Changes in Social Structure." In *Hong Kong: Society in Transition,* edited by I. C. Jarvie and Joseph Agassi, pp. 77–127. London: Routledge and Kegan Paul, 1969.

Létourneau, Jocelyn. "The Current Great Narrative of Québecois Identity." In *Nations, Identities, Cultures,* edited by V. Y. Mudimbe, pp. 59–73. Durham, NC: Duke University Press, 1997.

Levine, Philippa. "Modernity, Medicine, and Colonialism: The Contagious Diseases Ordinances in Hong Kong and the Straits Settlements." *positions* 6.3 (Winter 1998): 675–705.

Lo, Hsiang-lin. *Hong Kong and Its External Communications before 1842: The History of Hong Kong Prior to the British Arrival.* Hong Kong: Institute of Chinese Culture, 1963.

———. *The Role of Hong Kong in the Cultural Interchange between East and West.* Tokyo: Centre for East Asian Studies, 1963.

Loomba, Ania. *Colonialism/Postcolonialism.* London: Routledge, 1998.

Luk, Bernard Hung-kay. "Chinese Culture in the Hong Kong Curriculum: Heritage and Colonialism." *Comparative Education Review* 35.4 (November 1991): 650–668.

Lutz, Jessie G. "Karl F. A. Gützlaff: Missionary Entrepreneur." In *Christianity in China: Early Protestant Missionary Writings,* edited by Suzanne Wilson Barnett and John King Fairbank, pp. 61–87. Cambridge, MA: Harvard University, Council on East Asian Studies, 1985.

MacKenzie, John M. *Orientalism: History, Theory and the Arts.* Manchester: Manchester University Press, 1995.

———. *Propaganda and Empire: The Manipulation of British Public Opinion, 1880–1960.* Manchester: Manchester University Press, 1984.

MacNeil, William P. "Enjoy Your Rights! Three Cases from the Postcolonial Commonwealth." *Public Culture* 23 (1997): 377–393.

Mangan, J. A. *The Games Ethic: Aspects of the Diffusion of an Ideal.* New York: Viking, 1986.

———, ed. *Pleasure, Profit, Proselytism: British Culture and Sport at Home and Abroad, 1700–1914.* London: Frank Cass, 1988.

Marshall, J. F. *Whereon the Wild Thyme Flows: Some Memoirs of Service with the Hongkong Bank.* Surrey, UK: Token, 1986.

Mathews, Gordon. "Heunggongyahn: On the Past, Present, and Future of Hong Kong Identity." *Bulletin of Concerned Asian Scholars* 29.3 (1997): 3–13.

Mayers, William Fred, N. B. Dennys, and Charles King. *The Treaty Ports of China and Japan: A Complete Guide to the Open Ports of Those Countries, Together with Peking, Yedo, Hongkong, and Macao.* Hong Kong: A. Shortrede, 1867.

Mei, June. "Socioeconomic Origins of Emigration: Guangdong to California, 1850–1882." *Modern China* 5.4 (October 1979): 463–501.

Mills, Lennox A. *British Rule in Eastern Asia: A Study of Contemporary Government and Economic Development in British Malaya and Hong Kong.* London: Oxford University Press, 1942.

Millward, James A. *Beyond the Pass: Economy, Ethnicity, and Empire in Qing Central Asia, 1759–1864.* Stanford: Stanford University Press, 1998.

Miners, Norman J. *Hong Kong under Imperial Rule, 1912–1941.* Hong Kong: Oxford University Press, 1987.

Mitchell, Timothy. *Colonising Egypt.* Cambridge: Cambridge University Press 1988; Berkeley: University of California Press, 1991.

Mongia, Padmini, ed. *Contemporary Postcolonial Theory.* London: Arnold, 1996.

Morgan, Philip D. "Encounters between British and 'Indigenous' Peoples, c. 1500–c.1800." In *Empire and Others: British Encounters with Indigenous Peoples, 1600–1850,* edited by

Martin Daunton and Rick Halpern, pp. 42–78. London: University College of London Press, 1999.

Morris, Jan. *The Spectacle of Empire: Style, Effect, and the Pax Britannica*. London: Doubleday, 1982.

Munn, Christopher. *Anglo-China: Chinese People and British Rule in Hong Kong, 1841–1880*. Richmond, UK: Curzon, 2001.

———. "The Chusan Episode: Britain's Occupation of a Chinese Island, 1840–46," *Journal of Imperial and Commonwealth History* 25.1 (January 1997): 82–112.

Murray, Dian. *Pirates of the South China Coast, 1790–1810*. Stanford: Stanford University Press, 1987.

Ng, Alice Lun Ngai Ha. *Interactions East and West: Development of Public Education in Early Hong Kong*. Hong Kong: Chinese University Press, 1984.

Ng, Peter Y. C., and Hugh D. R. Baker. *New Peace County: A Chinese Gazetteer of Hong Kong Region*. Hong Kong: Hong Kong University Press, 1983.

Ngo, Tak-Wing, ed. *Hong Kong's History: State and Society under Colonial Rule*. London: Routledge, 1999.

Norton-Kyshe, James William. *The History of the Laws and Courts of Hong Kong*. 2 vols. Hong Kong: Noronha and Company, 1898.

Ong, Aihwa. *Flexible Citizenship: The Cultural Logics of Transnationality*. Durham, NC: Duke University Press, 1999.

Ong, Aihwa, and Donald M. Nonini. "Chinese Transnationalism as an Alternative Modernity." In *Ungrounded Empires: The Cultural Politics of Modern Chinese Nationalism*, edited by Aihwa Ong and Donald M. Nonini, pp. 3–33. New York: Routledge, 1997.

Osterhammel, Jürgen. *Colonialism: A Theoretical Overview*. Translated by Shelley L. Frisch. Princeton: Markus Wiener, 1997.

Ouchterlony, John. *The Chinese War: An Account of All the Operations of the British Forces from the Commencement to the Treaty of Nanking*. London: Saunders and Otley, 1844.

Pennycook, Alastair. *The Cultural Politics of English as an International Language*. London: Longman, 1994.

Pope-Hennessy, James. *Half-Crown Colony: A Hong Kong Notebook*. London: Jonathan Cape, 1969.

Porter, Jonathan. *Macau: The Imaginary City*. Boulder, CO: Westview Press, 1996.

Rabushka, Alvin. *Hong Kong: A Study in Economic Freedom*. Chicago: University of Chicago Press, 1979.

Report of the Special Committee Appointed by His Excellency Sir William Robinson, &c., to Investigate and Report on Certain Points Connected with the Bill for the Incorporation of the Po Leung Kuk, or Society for the Protection of Women and Girls, Together with the Evidence Taken before the Committee and an Appendix Containing Correspondence, Reports, Returns, &c. Hong Kong: Noronha, 1893.

Richards, Thomas. *The Imperial Archive: Knowledge and the Fantasy of Empire*. London: Verso, 1993.

Robinson, Ronald. "Non-European Foundations of European Imperialism: Sketch for a Theory of Collaboration." In *Studies in the Theory of Imperialism*, edited by Roger Owen and Bob Sutcliffe, pp. 117–142. London: Longman, 1972.

Rowe, William T. *Hankow: Commerce and Society in a Chinese City, 1796–1889.* Stanford: Stanford University Press, 1984.

———. *Hankow: Conflict and Community in a Chinese City, 1796–1895.* Stanford: Stanford University Press, 1989.

Said, Edward. *Orientalism: Western Conceptions of the Orient.* New York: Pantheon, 1978.

Sayer, Geoffrey Robley. *Hong Kong: Birth, Adolescence, and Coming of Age, 1841–1862.* London: Oxford University Press, 1937.

———. *Hong Kong 1862–1919: Years of Discretion.* Hong Kong: Hong Kong University Press, 1975.

Schiffrin, Harold Z. *Sun Yat-sen and the Origins of the Chinese Revolution.* Berkeley: University of California Press, 1968.

Sen, Sadatru. "Chameleon Games: Ranjitsinhji's Politics of Race and Gender." *Journal of Colonialism and Colonial History* 2.3 (2001): 1–98 (electronic journal).

Sinn, Elizabeth. "Fugitive in Paradise: Wang Tao and Cultural Transformation in Late Nineteenth Century Hong Kong." *Late Imperial China* 19.1 (1998): 56–81.

———. *Growing with Hong Kong: The Bank of East Asia, 1919–1994.* Hong Kong: Bank of East Asia, 1994.

———. *Power and Charity: The Early History of the Tung Wah Hospital, Hong Kong.* Hong Kong: Oxford University Press, 1989.

Siu, Helen F. "Cultural Identity and the Politics of Difference in South China." *Dædalus* 122.2 (Spring 1993): 19–43.

Skeldon, Ronald. "Hong Kong Communities Overseas." In *Hong Kong's Transitions, 1842–1997*, edited by Judith M. Brown and Rosemary Foot, pp. 121–148. London: Macmillan, 1997.

Smith, Carl T. *Chinese Christians: Elites, Middlemen, and the Church in Hong Kong.* Hong Kong: Oxford University Press, 1985.

———. "The Chinese Settlement of British Hong Kong." *Chung Chi Bulletin* 48 (May 1970): 26–32.

———. "Compradores of The Hongkong Bank." In *Eastern Banking: Essays in the History of The Hongkong and Shanghai Banking Corporation*, edited by Frank H. H. King, pp. 93–111. London: Athlone, 1983.

Smith, George. *A Narrative of an Exploratory Visit to Each of the Consular Cities of China and to the Islands of Hong Kong and Chusan, in Behalf of the Church Missionary Society in the Years 1844, 1845, 1846.* London: Seely, Burnside and Seeley, 1847.

Snow, Philip. *The Fall of Hong Kong: Britain, China, and the Japanese Occupation.* New Haven, CT: Yale University Press, 2003.

South China Morning Post. 1904–1941.

South China Morning Post/Hong Kong Telegraph, Centenary Supplement, 25 January 1941.

Stokes, Gwenneth G. *Queen's College, 1862–1962.* Hong Kong: Queen's College, 1962.

Sweeting, Anthony. *Education on Hong Kong, Pre-1841 to 1941, Fact and Opinion: Materials for a History of Education in Hong Kong.* Hong Kong: Hong Kong University Press, 1990.

Thomas, Nicholas. *Colonialism's Culture: Anthropology, Travel, and Government.* Princeton: Princeton University Press, 1994.

———. *In Oceania: Visions, Artifacts, Histories.* Durham, NC: Duke University Press, 1997.

Tobin, Beth Fowkes. *Picturing Imperial Power: Colonial Subjects in Eighteenth-Century British Painting*. Durham, NC: Duke University Press, 1999.

Tonkin, Elizabeth. *Narrating Our Pasts: The Social Construction of Oral History*. Cambridge: Cambridge University Press, 1992.

Tronson, John M. *Personal Narrative of a Voyage to Japan, Kamtschatka, Siberia, Tartary, and Various Parts of the Coast of China; in H. M. S. Barraracouta, 1854–1856*. London: Smith, Elder & Co., 1859.

Tsai, Jung-fang. *Hong Kong in Chinese History: Community and Social Unrest in the British Colony, 1842–1913*. New York: Columbia University Press, 1993.

———. "The Predicament of the Comprador Ideologists: He Qi (Ho Kai, 1859–1914) and Hu Li-yuan (1847–1916)." *Modern China* 7.2 (April 1981): 191–225.

Tsang, Steve, ed. *Government and Politics: A Documentary History of Hong Kong*. Hong Kong: Hong Kong University Press, 1995.

Turnbull, C. Mary. "Hong Kong: Fragrant Harbour, City of Sin and Death." In *Asia in Western Fiction*, edited by Robin W. Winks and James R. Rush, pp. 117–136. Honolulu: University of Hawai'i Press, 1990.

Vines, Stephen. *Hong Kong: China's New Colony*. London: Aurum, 1998.

Vishnyakova-Akimova, Vera Vladimirovna. *Two Years in Revolutionary China, 1925–1927*. Translated by Steven I. Levine. Cambridge, MA: Harvard University Press, 1971.

Viswanathan, Gauri. *Masks of Conquest: Literary Study and British Rule in India*. London: Faber and Faber, 1990.

Wakeman, Frederic Jr. "*Hanjian* [Traitor]! Collaboration and Retribution in Wartime Shanghai." In *Becoming Chinese: Passages to Modernity and Beyond*, edited by Wen-hsin Yeh, pp. 298–341. Berkeley: University of California Press, 2000.

———. *Strangers at the Gate: Social Disorder in South China, 1839–1861*. Berkeley: University of California Press, 1966.

Wakeman, Frederic Jr., and Wen-hsin Yeh, eds. *Shanghai Sojourners*. Berkeley: Institute of East Asian Studies, 1992.

Wang, Gungwu. "The Study of Identities in Southeast Asia." In *Changing Identities of the Southeast Asian Chinese since World War II*, edited by Jennifer Cushman and Wang Gungwu, pp. 1–31. Hong Kong: Hong Kong University Press, 1988.

Ward, Robert S. *Asia for the Asiatics? The Techniques of Japanese Occupation*. Chicago: University of Chicago Press, 1945.

Welsh, Frank. *A Borrowed Place: The History of Hong Kong*. New York: Kodansha, 1993.

Wesseling, H. L., ed. *Expansion and Reaction: Essays in European Expansion and Reactions in Asia and Africa*. Leiden: Leiden University Press, 1978.

White, Barbara-Sue, ed. *Hong Kong: Somewhere between Heaven and Earth*. Hong Kong: Oxford University Press, 1996.

White, Lynn, and Li Cheng. "China Coast Identities: Regional, National, and Global." In *China's Quest for National Identity*, edited by Lowell Dittmer and Samuel S. Kim, pp. 154–193. Ithaca, NY: Cornell University Press, 1993.

Who's Who in the Far East, 1906–7. Hong Kong: China Mail, 1906.

Williams, Patrick, and Laura Chrisman, eds. *Colonial Discourse and Post-Colonial Theory*. New York: Columbia University Press, 1994.

Wilson, Dick. *Hong Kong! Hong Kong!* London: Unwin Hyman, 1990.

Woollacott, Angela. "'All This Is the Empire, I Told Myself': Australian Women's Voyages 'Home' and the Articulation of Colonial Whiteness." *American Historical Review* 102.4 (October 1997): 1003–1029.

Wong, J. Y. *Anglo-Chinese Relations, 1839–1860: A Calendar of Chinese Documents in the British Foreign Office Records.* Oxford: Oxford University Press, for the British Academy, 1983.

Wong, Siu-lun. *Emigrant Entrepreneurs: Shanghai Industrialists in Hong Kong.* Hong Kong: Oxford University Press, 1988.

Wright, Arnold, and H. A. Cartwright, eds. *Twentieth Century Impressions of Hongkong, Shanghai, and Other Treaty Ports of China: Their History, People, Commerce, Industries, and Resources.* London: Lloyds, 1908.

Wright, Gwendolyn. *The Politics of Design in French Colonial Urbanism.* Chicago: University of Chicago Press, 1991.

Yen, Ching-hwang. "Ch'ing Changing Images of the Overseas Chinese (1644–1912)." *Modern Asian Studies* 15.2 (1981): 261–285.

———. "Ch'ing's Sale of Honours and the Chinese Leadership in Singapore and Malaya (1877–1912)," *Journal of Southeast Asian Studies* 1.2 (September 1970): 20–32.

Yeoh, Brenda S. A. *Contesting Space: Power Relations and the Urban Built Environment in Colonial Singapore.* Kuala Lumpur: Oxford University Press, 1996.

Zhou Hong. "Origins of Government Social Protection Policy in Hong Kong, 1842–1941." PhD diss., Brandeis University, 1991.